Johann Auer / Joseph Ratzinger

Kleine Katholische Dogmatik

KLEINE KATHOLISCHE DOGMATIK

von
Johann Auer und Joseph Ratzinger

Band IX

Eschatologie - Tod und ewiges Leben

VERLAG FRIEDRICH PUSTET REGENSBURG

Joseph Ratzinger

Eschatologie – Tod und ewiges Leben

VERLAG FRIEDRICH PUSTET REGENSBURG

CIP-Kurztitelaufnahme der Deutschen Bibliothek

Auer, Johann
Kleine katholische Dogmatik / von Johann Auer u.
Joseph Ratzinger. – Regensburg : Pustet.
ISBN 3-7917-0191-6

NE: Ratzinger, Joseph:

Bd. 9. Eschatologie, Tod und ewiges Leben / Joseph
Ratzinger. – 1. Aufl. – 1977.
ISBN 3-7917-0517-2

4. Auflage 1978

ISBN 3-7917-0191-6 (Gesamtausgabe)
ISBN 3-7917-0407-9 (Band III)
ISBN 3-7917-0192-4 (Band V)
ISBN 3-7917-0297-1 (Band VI)
ISBN 3-7917-0327-7 (Band VII)
ISBN 3-7917-0517-2 (Band IX)
Mit kirchlicher Druckerlaubnis

Gesamtherstellung: Brönner & Daentler KG Eichstätt
Umschlag: Manfred Sayer Stuttgart
Printed in Germany 1978

MEINEN HÖRERN IN REGENSBURG

1969 – 1977

INHALTSVERZEICHNIS

ABKÜRZUNGEN

BGPhThM, NF	Beiträge zur Geschichte der Philosophie und Theologie des Mittelalters, hrsg. von L. Hödl – W. Kluxen, Neue Folge, München 1970 ff
CA	Confession Augustana, in: Die Bekenntnisschriften der evangelisch-lutherischen Kirche, hrsg. vom Deutschen Evanglischen Kirchenausschuß, Göttingen ^{6}1967
CSEL	Corpus scriptorum ecclesiasticorum latinorum, Wien 1866 ff
DS	H. Denzinger – A. Schönmetzer, Enchiridion Symbolorum, Definitionum et Declarationum de rebus findei et morum, Freiburg i. Br. ^{34}1967
DThCath	Dictionnaire de Théologie Catholique, hrsg. von A. Vacant – E. Mangenot, fortges. von É. Amann, 15. Bde., Paris 1903–1950
HPhG	Handbuch philosophischer Grundbegriffe, hrsg. von H. Krings – H. M. Baumgartner – Ch. Wild, 3 Bde., München 1973/74
KKD	J. Auer – J. Ratzinger, Kleine Katholische Dogmatik, 8 Bde., Regensburg 1970 ff
KuD	Kerygma und Dogma, Göttingen 1955 ff
LThK	Lexikon für Theologie und Kirche. Zweite, völlig neu bearbeitete Auflage, hrsg. von J. Höfer – K. Rahner, 10 Bde. und 1 RegBd., Freiburg i. Br. 1957–1967
MThZ	Münchener Theologische Zeitschrift, München 1950 ff
PG	Patrologia Graeca, hrsg. von J. P. Migne, 161 Bde., Paris 1857–1866 u. ö.
PL	Patrologia Latina, hrsg. von J.-P. Migne, 217 Bde. und 4 RegBde., Paris 1844–1855 u. ö.
ThWNT	Theologisches Wörterbuch zum Neuen Testament, hrsg. von G. Kittel, fortgesetzt von G. Friedrich, Stuttgart 1933 ff
ThZ	Theologische Zeitschrift, Basel 1945 ff
WA	M. Luther, Werke. Kritische Gesamtausgabe (»Weimarer Ausgabe«), 1883 ff
ZThK	Zeitschrift für Theologie und Kirche, Tübingen 1891 ff

VORWORT

Die Kleine Katholische Dogmatik (KKD) ist als kurzgefaßtes Lehrbuch für Theologen gedacht. Es erscheint in Taschenbuchformat, um ein Begleiter des Studierenden auch auf besinnlichen Wegen sein zu können. Wer den ganzen sechssemestrigen Kursus der Dogmatik allein bestreiten muß, weiß, daß es nicht möglich ist, für jeden Traktat das Wissen eines Handbuches, das von vielen Mitarbeitern erstellt wird, wie etwa das neue Mysterium Salutis, zu erarbeiten. Dafür mag ein solches kurzgefaßtes Lehrbuch durch seine Auswahl und seine innere Systematik manches deutlich machen, was in einem Sammelwerk mit vielen Mitarbeitern vielleicht nicht so zum Ausdruck kommt.

Wir haben uns zur Herausgabe dieses kleinen Lehrbuches entschlossen, weil wir glauben, daß es geeignet ist, eine noch vorhandene Lücke auszufüllen: Es soll eine Grundlage bieten für das, was in den Vorlesungen weiter zu entfalten und zu vertiefen ist, und vor allem auch für das theologische Gespräch, das in der Dogmatik nur sinnvoll ist, wenn es eine gewisse Kenntnis des Stoffes voraussetzen kann.

Dieses kleine Lehrbuch möchte besonders auf drei Momente achten, die heute für die Dogmatik bedeutsam erscheinen:

1. auf die biblische Grundlegung der Lehren, weshalb Bibeltexte vielfach wörtlich aufgenommen wurden. Sie sollen nicht nur die Lehrwahrheiten, sondern auch den Geist dieser Lehrwahrheiten vermitteln;

2. auf die Geschichte einzelner Lehren, weil in dieser Geschichte die Vielseitigkeit des Problems ebenso wie die Mannigfaltigkeit der möglichen menschlichen Antworten am leichtesten sichtbar zu machen ist;

3. auf die innere Systematik der Lehre, weil dogmatische Aussagen immer Aussagen über einen Teil eines Ganzen sind, das als Ganzes mehr als die Summe der Teile darstellt, und weil in dieser Darlegung der einzelnen Teile darum auch das Ganze gewahrt sein und in Erscheinung treten soll. Die Hauptnot der Dogmatik besteht ja darin, daß sie in einer Vielheit von Aussagen und wenigstens durch sechs Semester hindurch eine Wirklichkeit und eine Wahrheit zu entfalten hat, die im Grunde ein einziges Ganzes darstellt, das in seiner Größe und Tiefe erst und nur soweit aufscheinen kann, als wir es auf einmal und mit einem einzigen Blick erfassen können.

Im übrigen hoffen wir, daß dieses Lehrbuch den, der es nicht nur als Lehrbuch, sondern auch als Sammlung von Unterlagen für sein theologisches Nachdenken, für seine theologische Besinnung und Betrachtung nimmt, zu dem anregt, was echtes Theologisieren verlangt: Offenheit für die Einmaligkeit des theologischen Gegenstandes; Sinn für die verschiedenen hier notwendigen Methoden und Bereitschaft zu ihrer Einübung; Verständnis dafür, daß zum Wissen das Glauben und aus diesem Glaubenswissen das Existieren und Handeln kommen muß; Aufgeschlossenheit dafür, daß das theologische Bemühen des Einzelnen durch die Arbeit derer, die das für uns schon geleistet haben oder neben uns heute leisten, notwendig ergänzt und in die große Geschichte der Theologie in unserer Kirche eingeordnet und in ihr aufgehoben sein muß; endlich ein Wissen darum, daß alle Theologie als Reflexion auf die Lehre der Kirche an der »Geschichtlichkeit« eben dieser Kirche wie jedes einzelnen Theologen teilhat. Damit behält Theologie immer eine gläubige wie eine kritische, eine personale wie eine kirchliche Seite.

Möge dieses Lehrbuch, das den Evangelien gemäß Nova et Vetera (Mt 13,52) bietet, der Theologie und den Theologen eine kleine Hilfe sein in unserer Zeit großer Umbrüche.

Johann Auer / Joseph Ratzinger

Es sind nun genau zwanzig Jahre, daß ich im Zyklus meiner Vorlesungen zum ersten Mal die Eschatologie vorzutragen hatte. Seitdem mußte ich mich in regelmäßiger Wiederkehr ihren Fragen immer von neuem stellen; die Eschatologie ist neben der Ekklesiologie der Traktat, den ich am öftesten gelesen habe und den ich so nun endlich als ersten geschlossen der Öffentlichkeit vorzulegen wage. Dabei ist es mir mit dem Stoff merkwürdig ergangen: Ich hatte kühn mit jenen Thesen begonnen, die – damals noch ungewohnt – sich heute auch im katholischen Raum fast allgemein durchgesetzt haben, d. h. ich hatte versucht, eine »entplatonisierte« Eschatologie zu konstruieren. Je länger ich aber mit den Fragen umging, je mehr ich mich in die Quellen vertiefte, desto mehr zerfielen mir die aufgebauten Antithesen unter der Hand und desto mehr enthüllte sich die innere Logik der kirchlichen Überlieferung. So steht das hier vorliegende Ergebnis zweier Jahrzehnte nun in umgekehrter Weise quer zur herrschenden Meinung als meine ersten Versuche es damals taten – nicht aus Lust am Widerspruch, sondern vom Zwang der Sache her, wobei freilich auch und gerade jetzt das neue Fragen vertiefend, reinigend und klärend das Ganze meiner Sicht bestimmt.

Der Rahmen der Darstellung war durch die Gestalt der Kleinen Dogmatik vorgegeben, so daß ich auf manche an sich wünschenswerte Auseinandersetzung im Detail verzichten mußte. Ich hoffe, daß aber doch die wesentlichen Fragestellungen in einer dem Rahmen eines Leitfadens gemäßen Weise ausreichend angesprochen sind. Das Manuskript wurde im Herbst 1976 abgeschlossen. Später erschienene Literatur konnte nicht mehr berücksichtigt werden, darunter leider auch die umfängliche Behandlung der Eschatologie, die Schütz – Groß – Schelkle – Breuning in Feiner-Löhrer, Mysterium salutis V (1976) 553–890 bieten. Eine Änderung meiner Auffassung hätte sich von dorther, wie ich nun sehe, nicht ergeben. Vielleicht ist es sogar lehrreicher und nützlicher, daß die zwei Darstellungen des Themas wirklich unabhängig voreinander und unberührt voneinander erscheinen.

Ich möchte dieses Buch nicht ohne Dank hinausgehen lassen. Zu danken habe ich zunächst meiner Sekretärin, Frau Elisabeth Anthofer, für die Geduld und Sorgfalt, die sie dem Manuskript angedeihen ließ. Dank gebührt sodann Herrn Josef Zöhrer, der mir bei der Erstellung der Bibliographie wertvolle Dienste leistete und die Korrekturen mitgelesen hat. Die Register sind ihm und meinen beiden Assistenten, Dr. Stephan Horn und Dr. Siegfried Wiedenhofer, zu verdanken. Endlich danke ich dem Pustet-Verlag, besonders Frau Monika Bock, für die verlegerische Betreuung.

Es trifft sich, daß das Buch in dem Augenblick in Druck geht, in dem für mich durch die Übernahme des Bischofsamtes die bisherige Lehrtätigkeit endet. So widme ich es in dankbarer Erinnerung den Hörern der Regensburger Jahre.

Pentling, am Fest Christi Himmelfahrt 1977

Joseph Ratzinger

EINLEITUNG

§ 1 *Die Problemlage*

Allgemeine Literatur: P. ALTHAUS, Die letzten Dinge. Lehrbuch der Eschatologie, Gütersloh 1956^{6} (1. Aufl. 1922). – J. ALBERIONE, The Last Things, Boston 1964. – H. U. VON BALTHASAR, Eschatologie im Umriß, in: ders., Pneuma und Institution. Skizzen zur Theologie IV, Einsiedeln 1974, S. 410–455. – J. BRINKTRINE, Die Lehre von den Letzten Dingen, Paderborn 1963. – F. BURI, J. M. LOCHMANN, H. OTT, Dogmatik im Dialog. Bd. I: Die Kirche und die Letzten Dinge, Gütersloh 1973. – J.-M. DUFORT, A la rencontre du Christ Jésus. Précis d'Eschatologie chrétienne, Paris-Montreal 1974. – A. C. GIGON, De novissimis, Fribourg 1949^{2}. – W. KRECK, Die Zukunft des Gekommenen. Grundprobleme der Eschatologie, München 1961. – H. LENNERZ, De novissimis, Rom 1950^{5}. – G. MARTELET, L'Au-delà retrouvé. Christologie des fins dernières, Paris 1975. – A. PIOLANTI (u. a.), L'al di là, Torino 1957. – C. POZO, Teologia dell'aldilà, Rom 1970. – A. RUDONI, Escatologia, Torino 1972. – J. L. RUIZ DE LA PEÑA, La otra dimension. Escatologia cristiana, Madrid 1975. – M. SCHMAUS, Kath. Dogmatik IV 2, München 1959^{5}. – D. WIEDERKEHR, Perspektiven der Eschatologie, Einsiedeln 1974. – A. WINKLHOFER, Das Kommen seines Reichs. Von den letzten Dingen, Frankfurt a. M. 1959. – J. ZAHN, Das Jenseits, Paderborn 1916.

Zu § 1: H. U. VON BALTHASAR, Eschatologie, in: J. Feiner - J. Trütsch - F. Böckle, Fragen der Theologie heute, Einsiedeln 1957, S. 403–421 (zit.: Balthasar I). – F. J. DÖLGER, Sol salutis, Münster 1925^{2}. – U. HOMMES - J. RATZINGER, Das Heil des Menschen. Innerweltlich-christlich. München 1975. – H. J. JASCHKE, Der Heilige Geist im Bekenntnis der Kirche. Eine Studie zur Pneumatologie des Irenaeus von Lyon im Ausgang vom altchristlichen Glaubensbekenntnis, Münster 1976. – E. PETERSON, Die geschichtliche Bedeutung der jüdischen Gebetsrichtung, in: ders., Frühkirche, Judentum und Gnosis, Freiburg 1959 S. 1–14. – DERS., Das Kreuz und das Gebet nach Osten, ebd. 15–35. – J. RATZINGER, Eschatologie und Utopie, in: Internat. kath. Zeitschr. 6 (1977) 97–110. – M. WERNER, Die Entstehung des christlichen Dogmas, Bern-Tübingen 1941. – D. WIEDERKEHR, Perspektiven der Eschatologie, Einsiedeln 1974.

1. *Zur gegenwärtigen Situation der Frage nach der Eschatologie*

Die Eschatologie, die Jahrhunderte hindurch, als »Lehre von den letzten Dingen« am Ende der Theologie angesiedelt, ein ruhiges Dasein geführt hatte, ist in der geschichtlichen Krise unserer Zeit ins Zentrum theologischen Denkens gerückt. Hans Urs von Balthasar hat sie vor rund 20 Jahren als den »Wetterwinkel« in der Theologie unserer Zeit bezeichnet (Balthasar I 404); heute erscheint sie geradezu als der Eigentümer des ganzen Geländes der Theologie, wie man daran sehen mag, daß die Synode der Bistümer Deutschlands ihr Glaubensbekenntnis unter den Titel »Unsere Hoffnung« gestellt, Glauben aus der Perspektive der Hoffnung beschrieben hat.

Wie kam es zu dieser Verschiebung? Was ist von ihr zu halten? Als äußeres Datum für den Umbruch kann man die Werke von Joh. Weiß (besonders »Die Predigt Jesu vom Reiche Gottes«, 1892) und Albert Schweitzers frühe exegetische Untersuchungen (Skizze des Lebens Jesu, 1901; Von Reimarus zu Wrede, 1906) angeben. Hier bricht mit der Deckung des modernen wissenschaftlichen Denkens eine Einsicht durch, die vorher in der Aufklärung nur von Außenseitern geäußert und von den übrigen kaum ernst genommen worden war: Die ganze Botschaft Jesu sei eschatologisch gewesen; sie habe ihre Stoßkraft davon empfangen, daß Jesus mit Vollmacht das nahe Ende der Welt, den Einbruch von Gottes Reich verkündet habe. In der Wucht dieser Erwartung sei das Explosive, das Neue, das Große Jesu gelegen, und alle seine Worte müßten einzig von dieser Mitte her verstanden werden. Das Christsein im Sinne Jesu fasse sich zusammen in der zentralen Vater-unser-Bitte: Dein Reich komme – es sei die Bitte um den Untergang der Welt und das Einbrechen dessen, was allein Gott schaffen kann. In solcher Sicht erscheint dann die ganze Geschichte der Gestaltwerdung der Kirche als eine Geschichte der Enteschatologisierung, als die M. Werner sie in der Tat in all ihren Zügen zu beschreiben versuchte.

Mit den angedeuteten Thesen werden wir uns im Verlauf unserer Überlegungen noch eingehend auseinandersetzen müssen; sie betreffen in der Tat nicht nur die Mitte der Eschatologie, sondern die Mitte des Christlichen selbst, dessen wahres Wesen damit zur Debatte steht. Einstweilen geht es uns allein darum, den geistigen Kontext zu sehen, in dem wir uns mit der eschatologischen Fragestellung bewegen. Der explosive Aufbruch eines neuen eschatologischen Bewußtseins in der Exegese, der inzwischen die ganze Aussage des Glaubens in das Thema Hoffnung hineinzieht, ist nicht einfach als Ergebnis verfeinerter wissenschaftlicher Methoden zu erklären. Wenn in der Befragung historischer Quellen ein völlig neuer Ansatz hervortritt, ist dies immer auch ein Zeichen eines veränderten Bewußtseins, das mit neuen Augen in die Wirklichkeit sieht und daher neue Antworten von ihr empfängt. In unserem Fall ist deutlich, daß das plötzlich geschärfte Gehör für die eschatologischen Töne und Untertöne des Neuen Testaments zusammengeht mit der heraufsteigenden Krise der europäischen Zivilisation, dem Untergangsbewußtsein, das seit der Jahrhundertwende wie das Vorgefühl eines nahenden weltgeschichtlichen Erdbebens immer mehr die Geister erfaßt. Dieses Untergangsbewußtsein, das durch den Ersten Weltkrieg eine erste tragische Bestätigung erhielt, hat die damals herrschende Gestalt liberaler Theologie allmählich ausgelaugt, ihr optimistisches Kulturchristentum zerbröckeln lassen; die Theologie ging nun zum Existenzialismus über, einer Philosophie der Bereitschaft, der Entschlossenheit, die sich zugleich als philosophische Auslegung dessen anbot, was eigentlich mit der Botschaft Jesu vom Ende gemeint sei.

Inzwischen hat aber ein zweiter, stärkerer Strom die Theologie erreicht, dem ein viel größerer Realismus eignet: der Marxismus. In ihm steckt etwas von der Urgewalt des alttestamentlichen Messianismus, nun freilich ins Antitheistische gewendet und unbedingten Glauben dadurch erheischend, daß das Ganze die Gestalt der Wissenschaft selbst, der exakten Auslegung von Vergangenheit, Gegenwart und Zukunft des Menschen angenommen hat, vor der jeder Widerspruch nur als Zurückbleiben auf der Leiter der Geschichte erscheinen darf. Aber seine Leidenschaft und seine Faszination zieht dieses Gebilde doch aus der prophetischen Wurzel, die eine Welt verheißt, für deren Kommen es in rationalem Kalkül keine Anzeichen gibt. So findet sich hier gerade bei und mit der Kampfansage an Gott und an die geschichtlichen Religionen ein religiöses Pathos, das die weithin heimatlos gewordenen religiösen Energien vieler Menschen mit geradezu magnetischer Kraft an sich zieht und zusehends auch die Theologie erfaßt, die hier eine Möglichkeit wittert, die eschatologische Botschaft mit einem faßbaren, realistischen Inhalt zu füllen: merkwürdig genug und doch auch wieder verständlich, daß nach Barths rabiater Trennung von Glaube und Religion die Theologie hier, vor die Wahl zwischen Gottesglaube und religiösem Zukunftspathos gestellt, die Religion gegen Gott zu wählen sich bereit zeigt.

So könnte man heute eine Eschatologie ganz als Auseinandersetzung (zustimmend oder kritisch) mit den Theologien der Zukunft, der Hoffnung, der Befreiung schreiben, wie dies D. Wiederkehr in seinen »Perspektiven der Eschatologie« getan hat, in deren Blickfeld praktisch keins der klassischen Themen der Lehre von den letzten Dingen fällt: weder Himmel noch Hölle, weder Fegfeuer noch Gericht, weder Tod noch Unsterblichkeit der Seele. Obwohl in der Tat die Frage nach Zukunft und Gegenwart und mit ihr der ganze Themenkreis Hoffnung und Praxis der Hoffnung in den Bereich der eschatologischen Thematik gehört, kann ein Grundriß der katholischen Dogmatik sich einer solchen Verschiebung der Perspektiven nicht anschließen, und zwar nicht bloß aus dem äußeren Grund, weil man von einem Lehrbuch Information über die klassischen Inhalte eines Faches verlangen muß, sondern auch aus dem inneren Grund, weil diese Fragen selbst das Spezifische der christlichen Sicht auf das Kommende und auf seine Gegenwart einschließen und dem Menschen so nötig sind, wie ihm das Christliche nötig ist, auch wenn es ihm aus mancherlei Gründen in seiner Glaubensgestalt als unaktuell erscheinen mag.

2. *Die geschichtlichen Voraussetzungen der gegenwärtigen Situation*

Aber wie kommt es, daß diese Botschaft den Menschen von heute vielfach so fern liegt? Auf diese, wenn überhaupt, dann gewiß nur äußerst differenziert zu beantwortende Frage gibt es eine weit verbreitete und verblüffend einfache Antwort, die wir im zweiten Teil unserer Überlegungen zur Problemlage noch bedenken müssen. Es wird gesagt, im offiziellen Christentum sei die eschatologische Aussage tiefgehend depraviert worden, die Geschichte der Eschatologie sei eine Abfallsgeschichte; deren Umsetzung aus einer Praxis der Hoffnung in eine Lehre von den letzten Dingen bedeute eine tiefgehende Verkehrung des ursprünglich Gemeinten. Wenn dies zutrifft, dann ist die Folgerung nur logisch, daß das Übel allein durch den Rückgriff auf den Anfang zu heilen ist; ein solcher Rückgriff, der die Aktualität des Ursprünglichen wiederherstellt, wollen die Theologien der Befreiung vielfach sein. Die Belege für die Abfallsthese scheinen hier förmlich auf der Straße zu liegen. So wird seit langem auf den Kontrast hingewiesen, der zwischen dem frühchristlichen Maranatha und dem mittelalterlichen Dies irae liege: dort die freudige Hoffnung auf den bald kommenden Christus, die in der Didache (Anfang 2. Jahrhundert) noch verstärkt erscheint durch die Bitte: kommen möge die Gnade, vergehen die Welt (X 6); hier die Gerichtsangst, die das Ende unter dem Zeichen des Schreckens und des gefährdeten Seelenheils sieht. Als dritter Pfeiler solcher Betrachtungen erscheint gerne das Motto der Volksmission des 19. und 20. Jahrhunderts: Rette deine Seele; die Individualisierung des Christentums scheint darin schlaglichtartig bewiesen und so zugleich der Verlust dessen, was einst Herzstück der Eschatologie und der christlichen Botschaft überhaupt gewesen war: die zuversichtliche und gemeinschaftliche Hoffnung auf das bald bevorstehende Heil der Welt.

Nun sind Geschichtsbetrachtungen, die sich an wenige Formeln klammern, immer problematisch, auch wenn sie unter Umständen Hinweise vermitteln können. So steht zum Beispiel der genaue Sinn des Maranatha-Rufes keineswegs eindeutig fest. Er kann ebenso als Bitte wie als Feststellung gelesen werden: Komm Herr Jesu; der Herr ist gekommen. Einige meinen sogar, es könne eine Art Fluchformel zum Schutz der Heiligkeit der Eucharistie gewesen sein: »So sicher als unser Herr gekommen ist ...« (vgl. K. G. Kuhn, ThWNT IV 470–475). Mit weitgehender Gewißheit kann man jedenfalls sagen, daß das Wort in den Zusammenhang der urchristlichen Eucharistiefeier gehört und aus ihrer Weise des Betens heraus verstanden werden muß. Dieses Beten ist immer präsentisch und futurisch zugleich. Es ist freudige Ankündigung dessen, daß der Herr da *ist* und zugleich Ruf an den gegenwärtigen Herrn, daß er komme, weil er als der Gegenwärtige dennoch der Kommende bleibt. Um dies zu verdeutlichen, mag es nützlich sein, an die Erkenntnisse zu erinnern, die F. J. Dölger und E. Peterson über die Eigenart des urchristlichen Gebetes erarbeitet haben, indem sie den sinnlichen Ausdruck dieses Betens untersuchten. In der frühen Kirche beten ja noch Geist und Leib zusammen, und durch den Leib ist das Gebet zugleich eingeordnet in den Kosmos und in seine Geschichte. Wenn der Israelit betete, wandte er sich in die Richtung des Jerusalemer Tempels: Er bindet sein Gebet damit in die Heilsgeschichte Gottes mit Israel, die im Tempel ihre zusammenfassende Vergegenwärtigung findet. Er betet zu dem Gott, der im Tempel verherrlicht sein will und fügt so sein Gebet auch in das Glaubensgesetz Israels hinein, in die Ordnung, die Gott selbst gesetzt hat. Das frühchristliche Gebet wendet sich demgegenüber nach Osten, der aufgehenden Sonne entgegen. Sie ist das Symbol für den auferstandenen Christus, der aus der Nacht des Todes heraufgestiegen ist in die Herrlichkeit des Vaters und über das All herrscht; sie ist aber zugleich auch das Zeichen des wiederkehrenden Christus, der endgültig aus der Verborgenheit hervortritt und Gottes Reich aufrichtet in der Welt; das Verschmelzen von beiderlei Symbolismus im Bild der von Osten kommenden Sonne kann auch einigermaßen eine Vorstellung davon geben, wie eng Auferstehungsglaube und Parusiehoffnung ineinandergreifen, zusammengebunden sind in der Gestalt des Herrn, der als Auferstandener schon wiedergekommen ist, in der Eucharistie immerfort kommt und gerade so der Kommende bleibt, die Hoffnung der Welt. Peterson hat gezeigt, daß schon sehr früh diese Ostung des Betens, die den Kosmos zum Zeichen Christi und so zum Raum des Gebetes macht, in den Versammlungsräumen der Christen unterstrichen wurde durch ein Kreuzzeichen an der Ostwand, das als Zeichen des wiederkommenden Menschensohnes verstanden werden muß, auch als eschatologische Gerichtsdrohung im Sinn von Sach 12,10/Offb 1,7: »... schauen wird ihn jedes Auge, auch alle, die ihn durchbohrt haben; und alle Stämme der Erde werden seinetwegen wehklagen.« »... Das Kreuz in den Darstellungen der Apsiden stammt aus dem liturgischen Brauch, nach Osten hin zu beten vermittels eines Kreuzes, das Symbol des eschatologischen Glaubens ist« (Peterson 32). In diesem Kreuz reicht gleichsam der Triumphzug des wiederkehrenden Christus in die gläubige Gemeinde hinein, die in ihrer Zuwendung zum Osten den Tempel als überholt und Christus als den wahren Tempel, als Gegenwart und Zukunft der Welt erklärt.

Was ist daraus zu folgern? Wenn das Gebet, die Zuwendung zu Gott durch Christus damals wie heute das eigentliche Herzstück christlicher Existenz überhaupt ist, dann muß in der Tat die Analyse der Gebetsstruktur am ehesten die Möglichkeit eröffnen, die innere Bauart des frühen Christentums zu erkennen. Ohne nach diesen kurzen Notizen schon eine abschließende Formel suchen zu wollen, können wir doch sagen, daß sich im Beten der werdenden Kirche, das die Tempelrichtung durch die Ostung ersetzt, eine starke eschatologische Spannung feststellen läßt. Aber wir müssen nun hinzufügen, daß diese eschatologische Hoffnung mit der spirituellen Spannung des Gebetes und mit der gemeinschaftlichen Vollmacht des Glaubens in der Einheit der Kirche zu tun hat und mit der Erfahrung der Gegenwart des Endgültigen in der Eucharistiefeier verbunden ist. Das bedeutet zugleich, daß man von der christlichen Hoffnung nicht wie von einer Nachricht über morgen oder übermorgen sprechen kann. Wir könnten auch sagen: Die Hoffnung ist personalisiert; ihre Mitte liegt nicht in Raum und Zeit, in der Frage des Wo und des Wann, sondern in der Beziehung zur Person Jesu Christi und im Verlangen nach seiner Nähe.

Hat die Christenheit diese Spannung durchgehalten? Wie kam es zu dem langweiligen und gelangweilten Christentum, das wir in der Neuzeit beobachten, aus eigener Erfahrung kennen? Nun, zunächst – was die zeitliche Erwartung des Endes angeht, so gibt es ein Auf und Ab; um das Jahr Tausend ist auf Grund alter typologischer Datierungen der Weltgeschichte eine wahre eschatologische Hysterie zu beobachten (wenn man hier das Wort »eschatologisch« anwenden will). Auch im Spätmittelalter taucht verstärktes Warten nach dem baldigen Weltende auf. Aber in alledem liegt nun gerade nicht das Eigentliche der eschatologischen Einstellung der Christenheit. Am ehesten kann man wohl wieder versuchen, deren Mitte in einem zentralen Gebetstext zu ertasten; dafür dürfte nun allerdings das Dies irae als religiöse Lyrik mit stark subjektiven Zügen weniger geeignet sein. Das unmittelbare Beten des christlichen Volkes in seiner gemeinschaftlichen Angst und Hoffnung ist vielleicht am besten greifbar in der Allerheiligenlitanei, die in einer noch wenig geklärten Geschichte seit der Spätantike allmählich wuchs, immer mehr alle Bedrängnisse der Zeit in sich hineinzog und ihnen zugleich die Unterpfänder der Hoffnung entgegenstellte, mit denen man diese Bedrängnisse zu bestehen hoffte. Das erste, was sichtbar wird, ist dieses: Der von Gefahren im Diesseits und Jenseits umstellte Mensch birgt sich hinein in die Gemeinschaft der Heiligen; er schart die Geretteten aller Zeiten um sich herum, um in ihrer Deckung geborgen zu sein. Das bedeutet, daß die Mauern zwischen Himmel und Erde, Vergangenheit, Gegenwart und Zukunft durchlässig erscheinen; der Christ lebt in der Gegenwart der Heiligen als seiner Welt und insofern »eschatologisch«, wobei nun freilich die Kirche der schon Geretteten, die schon geschehene Geschichte des Glaubens, bestimmende Bedeutung erhält. Insofern könnte man sagen, die Akzente fielen nun gewichtiger in die Vergangenheit als in die Zukunft, oder noch stärker: der Trost und die Gewißheit lägen in der Vergangenheit, die Furcht in der Zukunft. Aber die wahre Bedeutung, die diesem Hereintreten der Heiligen zukommt, wäre mit solcher Temporalisierung doch nicht richtig erfaßt. Entscheidend ist vielmehr, daß in ihnen die christliche Verheißung sich schon bestätigt hat; sie zählen nicht als Vergangenheit, sondern als Gegenwart der rettenden Macht des Herrn. Eine zweite Beobachtung wird feststellen, daß die letzte Vater-unser-Bitte die erste und zweite überflügelt hat, daß in ihr sich das ganze Beten sammelt. Nicht mehr »Dein Reich komme« spricht die Herzen an, sondern »Erlöse uns vom Übel« – nicht nur an das Böse wird dabei gedacht (wie es die neue Vater-unser-Übersetzung auslegt), sondern die Ausfaltung der Bitte in zehn Anrufungen zeigt, daß alle Furcht und alles ihr antwortende Bitten in diesem Wort seinen Raum findet – zentral der Tod, der als der letzte Feind erscheint, der Feind hinter allen Feinden, vor dem beim Herrn inmitten der Heiligen Schutz zu suchen ist. Der dritte Block von Anrufungen bietet die großen Ereignisse der Heilsgeschichte als Kräfte der Rettung auf, die durch Gebet Mächte des Schutzes gegen die andrängenden Gefahren werden sollen. Hier ist nun in der Tat Unerwartetes zu bemerken. Die positiven Ereignisse der Heilsgeschichte scheinen gänzlich in die Vergangenheit verlagert; auf die Zukunft bezieht sich allein die Bitte »Am Tage des Gerichtes – befreie (erlöse) uns, o Herr«. Das Wort »Adventus«, die Übersetzung des alten griechischen Wortes »Parusie« hat keine eschatologische Bedeutung mehr. Es wird zweimal verwendet: für die »Ankunft« des Heiligen Geistes, also das (in der Christenheit weitergehende) Pfingstereignis, und für die Ankunft des Herrn; diese Bitte steht zwischen dem Verweis auf die Inkarnation und demjenigen auf die Geburt Jesu und muß also wohl seine Empfängnis im Fleische meinen. Stehen wir also hier nicht deutlich vor einem Christentum, welches das Heil ganz hinter sich und vor sich nur noch das Gericht hat? Sehen wir nicht an dieser Stelle eine Auffassung des Christlichen, für die die Gnade Vergangenheit und nur die Drohung Zukunft ist? Und ist nicht eben diese Achsenverschiebung die Ursache für die Krise des Christentums? Hat es sich nicht damit selbst die Vergangenheit als seine Zeit bestimmt und sich die Zukunft genommen?

Nun, eine Gefahr ist in diesem Aufbau gewiß nicht zu leugnen. Unbestreitbar scheint mir, daß seit dem Spätmittelalter immer mehr ein Lebensgefühl aufstieg, in dem das Christentum so sehr an seine Vergangenheit fixiert war, daß es Gegenwart und Zukunft verlor; daß ein Teil der Verkündigung durch einseitige Akzentsetzung auf die Drohung des Gerichts diese tödliche Achsenverschiebung mit herbeiführen half, wird man auch nicht leugnen dürfen. Aber daß mit alledem der Stand des Christlichen im Mittelalter insgesamt beschrieben sei, ist entschieden zu bestreiten. Zunächst ist daran zu erinnern, daß ja gerade auch für die alte Kirche der Gerichtsgedanke prägende Kraft hatte; wie wir sahen, ist er sowohl mit dem Maranatha wie mit dem Kreuz, das die Ostung unterstrich, untrennbar verbunden. Dann wird man daran erinnern müssen, daß von der Anlage der Bitten her, die Rufe um Befreiung sind, der Gerichtsaspekt notwendig in den Vordergrund gerückt wird, vor allem aber daran, daß der Herr, der Richter, hier eben selbst auch als der Befreier angesprochen ist, der den Akt des Gerichts in einen Akt der Erlösung verwandeln kann. Ihm, dem kommenden Richter, wird gleichsam er selbst, der gekommene Retter entgegengehalten; sein eigenes Gekommensein, alles was er getan und gelitten und geschenkt hat, sind die Unterpfänder, mit denen der Betende vor ihn tritt: Er hält ihn selbst ihm selbst entgegen, und da er auf sich selbst nicht hoffen kann, weiß er sich durch den geborgen, der der Retter selber war und nicht aufhören kann, zu sein. Im übrigen kann hier vielleicht auch die Struktur des Glaubensbekenntnisses Hilfe bieten, in dem man bewußt den Gerichtsartikel in den christologischen Teil, als Abschluß der Christologie gesetzt und die Pneumatologie dafür als reine Heilsaussage gefaßt, in ihr den positiven Ausblick auf die Hoffnung des Christlichen gesammelt hatte (vgl. H. J. Jaschke).

Was ist aus alledem zu lernen? Einmal dies, daß auch hier entscheidend der Hinblick auf Christus bleibt, und an der Kraft dieser Spannung hängt der Sinn und die Stärke der Eschatologie, nicht an dem Grad zeitlicher Erwartungen auf Weltuntergang oder Weltveränderung. Festzustellen ist des weiteren, daß die schon geschehene Geschichte des Christlichen erheblich an Gewicht gewinnt, aber, jedenfalls nach der Ansicht dieses Gebetes, als Faktor der Hoffnung eingesetzt wird und so durchaus mit einer vorwärtsweisenden Dynamik. Endlich ist unverkennbar, daß die ganz persönliche Bedrohung durch den Tod und durch die ihm zugeordneten Mächte sehr stark in den Vordergrund rückt. Die eschatologische Frage wird zur Frage meines persönlichen Todesgeschicks. Dementsprechend wird die Frage der persönlichen Rettung dringlich und überlagert die Frage nach der Geschichte als Ganzer; das wird freilich gerade dadurch möglich, daß man sich eingeborgen weiß in eine Geschichte, die die Kräfte der Rettung in sich trägt und daher als solche selber gar nicht zur Frage steht. Es wäre demnach verfehlt, von einem Verlust der Eschatologie im Mittelalter oder von einer vollständigen Veränderung ihres Inhalts zu sprechen. Die eigentliche Konstante ist die Christologie; von ihrer Integrität hängt die Integrität des Übrigen ab, nicht umgekehrt. Die Verschiebung der Akzentuierung (die entsprechend auch in der Christologie zu beobachten ist) bleibt unleugbar; sie hat ihr Positives und ihr Negatives. Die Frage nach dem persönlichen Tod ist nicht zurückzunehmen. Ihre fortschreitende Vertiefung in der Reflexion des christlichen Denkens zurücknehmen oder vergessen zu wollen, wäre nicht Herstellung der Ursprünglichkeit, sondern Barbarisierung, die sich schnell rächt. Wie wenig an dieser Frage vorbeizukommen ist, zeigen die Aufbrüche im marxistischen Denken, die sich gerade bei der Todesfrage notwendig ergeben. Die Lehre von den letzten Dingen ist deshalb mit innerer Logik im Rahmen der Eschatologie entwickelt worden und auch weiterhin für sie unerläßlich. Negativ freilich ist anzumerken, daß die Gefahr der Individualisierung und der Verlagerung des Christlichen ins Jenseitige besteht; beides muß dem Christlichen seine geschichtliche Lebenskraft nehmen, und hier zeigt sich die Aufgabe heutiger Arbeit an der Eschatologie: in der Integrierung der Perspektiven, die Person und Gemeinschaft, Gegenwart und Zukunft zusammenschaut.

Versuchen wir, zum Schluß noch einen Blick auf den Weg vom Mittelalter zu Neuzeit und Gegenwart hin zu gewinnen. Ein entscheidender Vorgang geschieht im Werk des süditalienischen Abtes Joachim von Fiore (ca. 1130–1202), der eine dreistufige Geschichtsentwicklung aus dem Glauben an den Dreieinigen Gott ableitete: Der Zeit des Vaters (AT) und der Zeit des Sohnes (bisherige Kirche) werde ein Zeitalter des Heiligen Geistes folgen, eine Kirche freier Erfüllung der Bergpredigt aus der Kraft des in allen wirkenden Heiligen Geistes. Vorstufen dafür hatte es im sog. Chiliasmus gegeben, einer an Offb 20,2–7 anknüpfenden Erwartung eines tausendjährigen Reiches Christi auf Erden *vor* Weltuntergang und Endgericht. Bei Joachim aber ist diese seit dem 4. Jahrhundert praktisch verschwundene Auffassung vom Gottesbild her systematisiert und in gewisser Hinsicht auch zu einem praktischen Programm geworden, sofern dieser neuen Periode durch entsprechende Ordensgründungen vorgearbeitet werden kann. Die Hoffnung Joachims wurde zunächst von einem Teil der Franziskaner aufgegriffen, dann aber immer mehr säkularisiert und so zur politischen Utopie umgestaltet; der Stachel der Utopie blieb sozusagen im abendländischen Bewußtsein als eine Herausforderung stecken, die die Suche nach Verwirklichung immer neu anstachelte und damit die Bereitschaft zum Eingehen auf die Real-Utopie weckte, die seit dem 19. Jahrhundert immer mehr zur bestimmenden Kraft politischen Denkens wurde. Dieser Säkularisierungsvorgang des christlich-eschatologischen Denkens hat offensichtlich zunehmend Kraft aus dem gläubigen Bewußtsein abgesogen, ihm die Impulse geschichtlicher Hoffnung entfremdet und sie in irdischen Fortschrittsglauben umgewandelt; das spezifisch Christliche erscheint so immer mehr auf die Seele beschränkt und wird damit fortwährend wirklichkeitsärmer.

Das »Heil«, das der Glaube verheißt, verdünnt sich damit zu »Seelenheil«, von dem sich das »Glück« abspaltet, das der Mensch in seinem Leben sucht (vgl. zum Folgenden Hommes-Ratzinger, 33 ff). »Heil« hatte ein Ganzes gemeint, das Heilsein der Welt, das auch mich glücklich macht. Seelenheil und Glück bezeichnen je nur noch einen Teil und erscheinen bald als natürliche Gegner: Das künftige Seelenheil ist der Widerpart des gegenwärtigen Glücks; die christliche Verheißung erscheint als die Schmälerung und Bedrohung der irdischen Gegenwart. Aus diesem Gegeneinander rührt die Bitterkeit, die man auch unter Theologen gegenüber der Eschatologie der letzten Dinge feststellen kann: Deren Aussagen werden geradezu als Verdächtigung des menschlichen Glücks und als seine Schmälerung durch das Gespenst des Übermorgen empfunden. Inzwischen ist freilich dieses Stadium im öffentlichen Bewußtsein weitgehend Vergangenheit und dies kraft einer merkwürdigen Entwicklung. Je freier das »Glück« zu sich selber wurde, je ungehemmter es seine Ansprüche gegen das »Seelenheil« durchsetzte, desto bedürftiger und desto leerer wurde es. Da es keine Möglichkeit der Korrektur mehr vor sich weiß, muß es vom Augenblick das Äußerste verlangen und muß seine Ansprüche an den höchsten Möglichkeiten des Menschen messen. Das »kleine Glück« wird schal, wenn es allein gelassen ist. Das größere Glück der anderen und die Unersättlichkeit des eigenen Empfindens werden seine neuen Feinde in dem Augenblick, in dem es sich von der Drohung durch das Seelenheil befreit hat. Die Welt muß geändert werden, damit Glück möglich wird. So dankt die Suche nach dem Glück gerade in dem Augenblick, in dem ihr Ziel erreicht scheint, vorläufig ab zugunsten der Zukunft der Welt; »Glück« erscheint als kleiner spießiger Geselle gegenüber »Hoffnung«, die nun den Menschen fordert, deren Spannung ihn treibt und beschlagnahmt. Damit sind wir am Schluß unserer Überlegungen genau an dem Punkt wieder angelangt, von dem wir ausgegangen waren, und haben aber vielleicht doch etwas besser verstehen gelernt: Die Wachheit für das Eschatologische entsteht, weil die Frage der Zukunft des Ganzen wieder drängend wird. Die neue Welt zu schaffen – das ist die Aufgabe, die nun alle Kräfte an sich zieht. Die alte Eschatologie wird dabei unter dem Etikett »Seelenheil« in die Ecke des Vergangenen gedrängt; sie scheint kein Beitrag zur »Praxis« einer neuen Zeit zu sein.

In dieser Situation treiben wir Eschatologie. Die Anfrage der Gegenwart muß uns vor Augen stehen. Aber sie kann nicht zum Maßstab unserer Aussagen werden. Wir müssen vielmehr versuchen, von der Mitte des Christlichen her die gegenläufigen Faktoren zu integrieren, die Gewichte richtig zu setzen und die tatsächliche Zusage des Glaubens tiefer verstehen zu lernen.

1. Kapitel

DAS ESCHATOLOGISCHE PROBLEM ALS FRAGE NACH DEM WESEN DES CHRISTLICHEN ÜBERHAUPT

§ 2 Zur Frage nach dem exegetischen Befund

Zu 1: K. Lehmann, Der hermeneutische Horizont der historisch-kritischen Exegese, in: ders., Gegenwart des Glaubens, Mainz 1974, S. 54–93. – Ders., Über das Verhältnis der Exegese als historisch-kritischer Wissenschaft zum dogmatischen Verstehen, in: R. Pesch - R. Schnackenburg, Jesus und der Menschensohn (Festschrift A. Vögtle), Freiburg 1975, S. 421–434. – M. Hengel, Historische Methoden und theologische Auslegung des Neuen Testaments, in: KuD 19 (1973) 85–90. – A. Grabner-Haider, Historisch-kritische Theologie und Glaube, in: Internat. kath. Zeitschr. 3 (1974) 110 bis 128. – G. Maier, Das Ende der historisch-kritischen Methode, Wuppertal 1974. – H. Riedlinger, Buchstabe und Geist. Vom Weg der geistlichen Schriftauslegung in der Kirche, in: Internat. kath. Zeitschr. 5 (1976) 393–405. – P. Stuhlmacher, Schriftauslegung auf dem Weg zur biblischen Theologie, Göttingen 1975.

Zu 2: M. Buber, Königtum Gottes, in: ders., Werke II, München-Heidelberg 1964 S. 485–723. – F. Hahn, Christologische Hoheitstitel, Göttingen 1966^{3}. – H. W. Hertzberg, Die Samuelbücher, Göttingen 1965 S. 231–236. – J. Jeremias, Neutestamentliche Theologie I, Gütersloh 1971. – F. Mussner, Praesentia Salutis. Gesammelte Studien zu Fragen und Themen des Neuen Testamentes, Düsseldorf 1967. – J. Schmid, Das Evangelium nach Markus, Regensburg 1950^{2}. – K. L. Schmidt, βασιλεία, in: ThWNT I 579–595. – R. Schnackenburg, Gottes Herrschaft und Reich, Freiburg 1959.

Zu 3: H. Conzelmann, Die Mitte der Zeit. Studien zur Theologie des Lukas, (1954) Tübingen 1962^{4}. – E. Grässer, Das Problem der Parusieverzögerung in den synoptischen Evangelien und in der Apostelgeschichte, Berlin 1957. – D.-A. Koch, Zum Verhältnis von Christologie und Eschatologie im Markusevangelium, in: G. Strecker (Hrsg.), Jesus Christus in Historie und Theologie (Festschrift H. Conzelmann), Tübingen 1975 S. 395–408. – R. Pesch, Naherwartungen. Tradition und Redaktion in Mk 13, Düsseldorf 1968.

1. Methodisches

a) Wie wir eingangs hörten, wird seit Johannes Weiß mit wachsender Schärfe die Frage formuliert, inwieweit die Botschaft des historischen Jesus Naherwartung von Weltuntergang und Reich Gottes ansagte; wie zentral diese Naherwartung für das Ganze seiner Verkündigung ist und wieweit dementsprechend ein Glaube überhaupt mit dem historischen Jesus zu tun hat, der nicht Naherwartung des Eschaton sein will. Hier geht es also nicht mehr um die relativ vordergründige Frage, ob in der Weltansicht Jesu und in seinem Bild der Zukunft Irrtümer enthalten waren, sondern um die Frage nach dem Grundcharakter dieser Botschaft als solcher. Ist Naherwartung ihre wahre Mitte? Sagt diese Botschaft noch etwas aus, wenn Naherwartung dahinfällt?

In dieser Frage stecken bei näherem Zusehen zwei unterschiedliche Frageebenen, deren Vermischung die ganze Debatte fortwährend verzerrt. Denn hier liegt einerseits ein historisches Problem, also eine Frage der Textauslegung vor: Was kann der Historiker dem Neuen Testament darüber entnehmen? Wie ist nach den Quellen damals tatsächlich verkündigt worden? Welche ältesten Stadien und welche Entwicklungen lassen sich auffinden? Der Historiker (in diesem Fall der Exeget) behandelt die Frage des Damals; er will und soll möglichst genau herausfinden, »wie es gewesen ist«. Etwas völlig anderes aber ist die Frage, was dieser damalige Befund für den Menschen bedeutet, der heute glaubt oder nach Glauben sucht. Die Frage der Aneignung, die Frage der Transposition ins Heute muß von der Feststellung des Befundes streng geschieden werden. Sie ist überhaupt nicht mehr mit historischen Methoden zu beantworten, sondern erfordert ein völlig anderes methodisches Instrumentar, wie ihr auch eine andere geistige Einstellung entspricht. Schon die Voraussetzung, ein damaliger Text sage gegenwärtig Gültiges aus und sei durch Transposition auf Gegenwart hin zu öffnen, überschreitet die Ausgangspunkte der historischen Methode von Grund auf. Grenzüberschreitungen sind hier von beiden Seiten her zu verzeichnen, einerseits von seiten der Dogmatik, die immer wieder dazu neigt, den Befund um des Ergebnisses willen zu korrigieren, wie andererseits von der Exegese her, die selbst das Geschäft der Transformation in die Gegenwart besorgen will und darin die Kompetenz des Auslegers für eine Arbeit in Anspruch nimmt, die damit nicht zu leisten ist; nicht selten wird dann auch hier die historische Diagnose im voraus auf die beabsichtigte Transposition zu stilisiert.

Freilich muß man zugeben, daß die Idealvorstellung von historischer Methode, die reine Erfragung des Damaligen, nicht realisierbar ist gegenüber Texten, deren Aussagen in die Tiefe der menschlichen Grundfragen hinabreichen. Die Begriffe, die dabei verwendet werden, bringen notwendig das Vorverständnis des Auslegers ins Spiel, der ohne ein mitgehendes Verstehen, in dem er seine eigene Sicht der Wirklichkeit in die Waagschale wirft, gar nichts begreifen kann. Die Frage z. B., was Jesus eigentlich mit der Nähe des Reiches gemeint hat, ruft sowohl ein Verständnis von »Nähe« wie von »Reich« auf, das gar nicht ganz von Eigenem zu reinigen sein wird. Vollends unmöglich ist es für den Historiker zu entscheiden, ob diese Aussage Jesu nun wahr oder falsch gewesen ist; der Historiker sucht richtige Interpretation von Texten, aber der Sprung zur Wahrheit selbst liegt wiederum außerhalb seiner Methode. Für unser Thema kann es nützlich sein, gerade die Problematik dieser Frage – Wahrheit der Reichserwartung – etwas näher zu betrachten, um die methodischen Grenzen reiner Wissenschaftlichkeit etwas konkreter zu fassen. Die Frage also, ob man der Aussage von der Nähe des Reiches Wahrheitsgehalt beimißt, hängt davon ab, was man überhaupt unter Wirklichkeit versteht, was ein Mensch für wirklich hält; sie hängt von seinem inneren Standort in der Wirklichkeit ab. So war es vor 200 Jahren für den Großteil der Menschen in Europa noch eine gänzlich sinnlose Behauptung zu sagen, die christliche Hoffnung sei eine Täuschung gewesen. Die Behauptung wurde schon aufgestellt, aber für die meisten blieb sie gehaltlos und unerheblich, weil das Christliche als tragende Wirklichkeit da war: Die Botschaft erwies beständig ihre eigene Realität; das Christliche war Wirklichkeit, auf deren Grund man leben und sterben konnte. Die Freude, die aus solcher Gewißheit inmitten von vielerlei Drangsalen erwuchs, drückt sich in der heiteren Schönheit barocker Kirchenbaukunst und barocker Kirchenmusik aus. Heute stehen wir vor dem genau gegenteiligen Phänomen. Heute zu sagen, das Christliche sei eine Realität, die die Welt trägt, ist für den Durchschnittsmenschen eine leere Behauptung. Für viele ist das Christliche nichts anderes mehr als ein Schwall frommer Worte, die nur von Naiven gläubig als Wirklichkeitsersatz hingenommen werden. Die eine oder andere Einstellung läßt aber den Text ganz anders hören; das Gehörte bildet immer auch den Hörer selbst und nicht nur sein Gegenüber ab.

b) Noch eine zweite methodische Bemerkung dürfte zur richtigen

Einschätzung der Erkenntnisform wichtig sein, um die es geht. Das Erkenntnisideal der letzten 150 Jahre ist die naturwissenschaftliche Erkenntnis, die sich durch ihre Überprüfbarkeit und ihre technische Anwendbarkeit als sichere und als brauch-bare Erkenntnis empfiehlt. Die historisch-kritische Methode versucht, möglichst weitgehend die Erkenntnisformen der Naturwissenschaft auf den Bereich der Geschichte zu übertragen und hier eine ähnliche Sicherheit herzustellen, wie sie dort zu finden ist. Das ist zu einem bemerkenswerten Teil auch gelungen, wo es sich etwa um Sicherung archäologischer Befunde, Entzifferung von Schriften, Datierung von Urkunden, Feststellung von Fälschungen, Abfolge von Ereignissen handelt. Es stößt aber in dem Maß auf Grenzen, in dem Texte mit anspruchsvollen Gehalten ausgelegt werden, einfach weil hier ein ähnlicher Zugriff nicht möglich ist und die schon in der Naturwissenschaft unmögliche Ausschaltung des Beobachters vollends zur Illusion wird. Faktisch aber versteht man doch historisch-exegetische Ergebnisse weithin nach einem naturwissenschaftlichen Modell, während sie in Wirklichkeit nach einem geschichtlichen Modell aufzufassen sind.

Was heißt das? Naturwissenschaftliche Erkenntnisse sind in ihrem Entstehen ohne Zweifel an bestimmte geistesgeschichtliche Voraussetzungen gebunden. Daß von den Griechen die euklidische Geometrie gefunden wurde, während die nichteuklidische Geometrie erst im 19. Jahrhundert Gestalt annahm, hängt an den jeweiligen geistigen Grundeinstellungen, die dort und hier herrschten und den Blick für das eine öffneten, für das andere verschlossen. Wenn aber solche Ergebnisse einmal gefunden sind, so sind sie von der damaligen Weltanschauung und von den geschichtlichen Bedingungen des Findens grundsätzlich unabhängig. Man muß beispielsweise kein Pythagoräer werden, um den pythagoreischen Lehrsatz verstehen und anwenden zu können. Die Ergebnisse streifen ihre geschichtlichen Voraussetzungen ab und bilden zusammen den festen Bestand eines allmählich wachsenden Wissens, in dem die Summe fester Daten von Pythagoras bis Einstein beständig zunimmt und als selbständiges geistiges Gefüge der naturwissenschaftlichen Forschung zuhanden ist. Die Geschichte, in der sich der jeweilige Gedanke ausbildet, gehört nicht in den Gedanken mit hinein; sie ist für den Gedanken nicht Geschichte, sondern nur Vorgeschichte. Der Naturwissenschaftler bedarf ihrer nicht.

Praktisch genau nach diesem ungeschichtlichen Modell der Naturwissenschaften werden heute weithin exegetische Erkenntnisse aufgefaßt, als seien sie eine Summe fester Ergebnisse – ein unumstößlich erworbenes Wissen, das seine eigene Geschichte als Vorgeschichte hinter sich gelassen hat und ähnlich wie Meßdaten verfügbar ist. Aber die Meßdaten des Geistigen sind nun einmal anders als die Meßdaten des Körperlichen; sie als geschichtsenthobene Gewißheiten aufzufassen, heißt, sie von Grund auf verkennen. Wer ein Jahrhundert Exegese verfolgt, wird feststellen, daß sich die ganze Geistesgeschichte dieser Zeit darin spiegelt; daß der Beobachter vom Beobachteten nur sprechen kann, indem er von sich selber spricht, und daß nur in dieser Brechung die Sache selbst zu Worte kommt. Das bedeutet nun umgekehrt nicht, daß hier in Wirklichkeit überhaupt nichts erkannt werde; es liegt vielmehr ein ähnlicher Typus von Erkenntnis vor, wie wir ihn – nicht gleich, aber vergleichbar – aus der Philosophie kennen. Ihr geschichtliches »Ergebnis« ist nicht eine katalogisierbare Summe von Formeln, sondern eine Reihe von Vorstößen in die Tiefe des Seins, je nach den Möglichkeiten einer Zeit. Die Geschichte, in der solches wurde, ist nicht Vorgeschichte, sondern bleibt Geschichte. Platon, Aristoteles, Thomas werden auch im Fortgehen des Philosophierens nicht zu »Vorgeschichte«, sondern bleiben originäre Gestalten eines beständigen Zugehens auf den Grund der Dinge; im Ursprünglichen ihrer Denkgestalt spiegelt sich ein Aspekt des Wirklichen, eine Seite des Seins. Keiner der Genannten ist die Philosophie oder der Philosoph selbst; in der vielschichtigen Aussage der ganzen Geschichte und in ihrer kritischen Zusammenschau enthüllt sich Wahrheit und entsteht zugleich Möglichkeit neuer Erkenntnis. Vergleichbares gilt auch dort, wo es um die Auslegung eines so grundlegenden Textes wie der Bibel geht. Auch hier gibt es, gerade im Zentralen, das um und um fertige Ergebnis nicht, und vergangene Auslegung wird nie einfach Vorgeschichte, wo sie wirklich groß dem Text zugewandt war. Die Selbstkritik der historischen Vernunft steckt leider noch immer in den Kinderschuhen. Aber soviel ist doch deutlich, daß der naturwissenschaftliche Erkenntnistypus hier nur durch ein Mißverständnis in Anspruch genommen werden kann und daß nur im Hören auf die ganze Auslegungsgeschichte sich jene kritische Reinigung des Augenblicks erwarten läßt, die wirkliche Begegnung mit dem Text verspricht.

2. Zur Bedeutung der Reich-Gottes-Verkündigung Jesu

Das Wort »Reich Gottes« (bzw. »Reich der Himmel«: βασιλεία τοῦ θεοῦ, βασιλεία τῶν οὐρανῶν) erscheint uns nach den Texten des Neuen Testaments als das eigentliche Leitwort in der Verkündigung Jesu. Der statistische Befund spricht hier eine deutliche Sprache: Von den insgesamt 122 Vorkommen des Wortes im Neuen Testament fallen 99 Stellen auf die drei synoptischen Evangelien, und davon gehören wieder 90 Texte Worten Jesu zu. Daraus wird sichtbar, daß dieses Wort in der Jesusüberlieferung tragende Bedeutung hat, in der nachösterlichen Verkündigung freilich sehr schnell seinen Rang verliert; es tritt zahlenmäßig und sachlich in den Hintergrund. Man darf sagen: Während die Achse der vorösterlichen Predigt Jesu die Botschaft von Gottes Reich ist, nimmt in der apostolischen Predigt nach Ostern die Christologie diese Stellung ein. Diese historisch feststellbare Abfolge (die im übrigen ein Zeichen für die Treue im Festhalten der Jesusworte ist) kann man natürlich als Zeichen eines Bruches zwischen vorösterlicher und nachösterlicher Predigt, ja als Ausdruck eines Abfalls ansehen. Man kann aber auch fragen, ob nicht gerade dieser Wechsel im Leitwort der Verkündigung die Weise ist, wie dasselbe Thema sich unter verschiedenen Bedingungen durchhält. Für die urchristliche Generation war jedenfalls die Ausbildung der Christologie gerade der Ausdruck ihrer Treue nicht nur zur Person, sondern auch zum Wort und Werk Jesu; daß sie in der Evangelienüberlieferung gleichzeitig das Wort in seiner Anfangsgestalt aufbewahrte, zeigt, daß dieses Wort für sie Gegenwart blieb und gehört werden konnte, ohne daß damit ein Bruch zu dem tatsächlich gelebten Christentum entstand. So wird schon an diesem Beispiel die Schwierigkeit einer Vergegenwärtigung des historischen Befundes erkennbar. Was dem heutigen Leser unweigerlich als tiefgehende Veränderung erscheinen muß, war es im Glauben und Leben von damals ganz offensichtlich nicht. Wenn aber tatsächlich die Christologie die konsequente Fortsetzung des Themas »Reich Gottes« sein sollte, dann sagt dies natürlich auch etwas über den ursprünglichen Gehalt dieses Wortes und über die geistige Spannung aus, die hinter ihm stand; dann hilft uns dies, etwas von dem Verhältnis zur Zeit und zur Wirklichkeit überhaupt zu erkennen, das sich hier Ausdruck schuf.

Zunächst bleibt noch ein zweiter sprachlicher Befund vorzustellen. Mattäus sagt Himmelreich, wo Markus und Lukas Reich Gottes sagen. Beides ist bedeutungsgleich. Hinter dem mattäischen Wortgebrauch steht die jüdische Sprachregel, nicht nur den Namen Gottes, sondern auch den Begriff »Gott« aus Ehrfurcht vor der Größe des Wortes nicht zu gebrauchen, sondern nur in Umschreibungen davon zu sprechen. »Himmel« steht hier also einfach als Umschreibung für »Gott«. Dies ist wichtig, weil damit sichtbar wird, daß Mattäus so wenig wie Markus und Lukas von etwas primär Jenseitigem redet; nicht um das Jenseitige geht es, sondern um Gott, den persönlich Handelnden. Diese Beobachtung verstärkt sich, wenn wir hinzunehmen, daß auch das Wort, das wir gewöhnlich mit »Reich« übersetzen (βασιλεία), im jüdischen Sprachgebrauch nicht einen Herrschaftsraum ausdrückt, sondern eine aktive Wirklichkeit meint, soviel wie »Herrschaft, Kommando« und dergleichen. Das Wort »Reich Gottes« verweist demnach auf das Herrschen Gottes, auf die lebendige Macht Gottes über die Welt; die Ankündigung »das Reich Gottes ist nahe« darf nach J. Jeremias geradezu übersetzt werden: »Gott ist nahe« (Neutestamentliche Theologie I 105). Jesus spricht mit diesem Wort nicht primär von etwas, was im Himmel ist, sondern von etwas, was Gott hier auf Erden tut und tun wird.

Damit hat uns das Zuhören auf den Sinn der Sprache bereits direkt in die Deutung der Sache selbst hineingeführt. Um sie nicht zu verfehlen, müssen wir aber noch erwägen, daß Jesus mit seiner ganzen Botschaft in eine vorhandene Sprach- und Denktradition, in eine Geschichte des Glaubens und Betens eintritt; sein Neues zeigt sich darin, wie er diese Tradition aufnimmt, fortführt und umgestaltet. Der Glaube Israels war, so weit wir ihn verfolgen können, von Anfang an durch das Moment der Verheißung und so durch die Spannung der Hoffnung gekennzeichnet. Diese Hoffnung kristallisiert sich in der Entwicklung, die die Schriften des Alten Testaments erkennen lassen, zu unterschiedlichen Gestaltungen, von denen hier nur andeutungsweise gesprochen werden kann. Aus der davidischen Hoftheologie, wie sie uns zentral in der Gestalt des Propheten Natan begegnet, ist die Erwartung der ewigen Dauer von Davids Königtum und aus ihr die Messiashoffnung erwachsen, die Erwartung des Königs aus Davids Haus, der das vollendete Reich Israels schaffen wird. Hier entsteht allmählich ein Zukunftsbild, dessen Hoffnungen sehr stark mit den politischen Inspirationen der davidischen Reichsidee durchwirkt sind.

Die scharfen Auseinandersetzungen der großen Propheten mit dem Herrscherhaus haben eine stärkere Transzendenz der Hoffnung begünstigt: Die Erwartung zielt hier vielfach unmittelbar auf das Eingreifen Gottes selbst, auf eine unmittelbare Herrschaft Gottes über die Welt. Im einzelnen treten aber auch hier verschiedene Vorstellungen von der Vermittlung dieser Herrschaft hervor: bei

Daniel die Gestalt des Menschensohns, bei Deutero-Jesaja die Figur des Gottesknechts, bei Sacharja die Lehre von den zwei Messiassen – dem Priester und dem König.

Im sog. Frühjudentum wird das Panorama noch differenzierter. Man unterscheidet gewöhnlich zwei Haupttypen der Erwartung, den rabbinischen und den apokalyptischen, die ihrerseits in vielen Varianten und mit vielerlei Querverbindungen auftreten (vgl. Schnackenburg 23–47). Der rabbinische Typus weiß, daß Gott immer Herr der Welt ist und sie regiert, erwartet aber, daß Gott eines Tages aus seiner Verborgenheit hervortritt und offen seine Macht zeigt; so kommt es zur Unterscheidung von zwei Äonen. Noch zu diesem Äon werden die Tage des Messias gezählt, das messianische Zwischenreich, das den Übergang zum kommenden Äon darstellt. An dieser Stelle gliedert sich der zelotische Typus aus, der dieses Reich mit politischen Mitteln herbeizuführen versucht und so die Eschatologie politisiert, die Hoffnung Israels wesentlich als politisches Programm versteht. Eine andere Form, wie Hoffnung in Praxis umgesetzt wird, findet sich bei jenen Rabbinen, die glauben, man könne die Erlösung – die Tage des Messias – annähern durch Buße, durch Halten der Gebote und durch Wohltätigkeit (Schnackenburg 37). Bezeichnend ist hier ein Wort von Rabbi Jochanan (gestorben 279): »Gott sprach zu den Israeliten: Da ich für das Ende eine bestimmte Zeit festgesetzt habe, in der es kommen soll, ob sie Buße tun oder nicht, so kommt es zu einer bestimmten Zeit; wenn sie aber Buße tun auch nur einen Tag, so lasse ich es außerhalb (vor) einer bestimmten Zeit kommen, siehe Psalm 95,7: heute, wenn ihr meine Stimme hört.« (Schnackenburg 38) Die apokalyptische Erwartung betont demgegenüber stärker den radikalen Unterschied der beiden Äone; sie entwickelt sich als Ausdruck der Hoffnung in hoffnungslos-minoritären Situationen, verschmilzt aber in ihren konkreten Gestaltungen weitgehend mit den anderen Hoffnungstypen.

In diesem vielschichtigen Gefüge steht nun die Predigt Jesu, deren Neues weniger in neuen Gedanken besteht als vielmehr in der Vollmacht seiner Sendung, mit der er Spreu und Weizen scheidet. Deutlich ist, daß die davidisch-dynastische Komponente, die sich sachlich in der zelotischen Linie fortsetzte, in seiner Botschaft keinen Platz hat. So hat er sich auch selbst nie direkt als Messias bezeichnet. Erst in der Kreuzesinschrift tritt die Benennung als Messias-Christus hervor und wird von hier zum Ansatz des christlichen Bekenntnisses, aber durch den Katalysator des Kreuzes hindurch hat dieser Titel einen völlig neuen Sinn erhalten (vgl. F. Hahn 133–279, bes. 193–218; Ratzinger, Einführung in das Christentum 164 ff). Um so deutlicher steht Jesus in der Linie der prophetischen Erwartung. Das zeigt sich einerseits daran, daß er das Reich Gottes den Armen in des Wortes vielfältiger Bedeutung, gerade ihnen verheißt (vgl. bes. J. Jeremias, Neutestamentliche Theologie I 110–115), aber nicht weniger daran, daß er es in einen unlösbaren Zusammenhang mit der Buße rückt. Markus hat das in dem Summarium der Botschaft Jesu sehr deutlich ausgedrückt, das er an den Anfang von Jesu Weg und Werk stellt: »Die Zeit ist erfüllt, und das Reich Gottes ist nahe. Bekehrt euch (tut Buße: μετανοεῖτε) und glaubt an das Evangelium« (Mk 1,15).

Dieser Zusammenhang wird in seiner grundlegenden Bedeutung besonders schön sichtbar in einer sehr alten Textgruppe, die den Auftrag Jesu durch den Hinweis auf die Gestalt des Propheten Jona erläutert (Mt 12,38–42; Lk 11,29 f; Mt 16,4). Auf die Zeichenforderung einer Gruppe von Schriftgelehrten und Pharisäern antwortet danach Jesus mit dem Hinweis, diesem Geschlecht werde kein anderes Zeichen gegeben als dasjenige des Jona. Was damit genau gemeint ist, war offenbar schon in der frühen Überlieferung nicht mehr ganz klar. Der Mattäustext (12,38–42) spezifiziert es auf das Todes- und Auferstehungsgeschick Jesu, das im Schicksal des Jona vorgebildet erscheint, der drei Tage und drei Nächte im Bauch des Fisches weilt und von da zur Bußpredigt nach Ninive aufbricht. Bei Lukas hingegen ist die Generation Jesu direkt mit den Niniviten selbst verglichen, die kein anderes Zeichen als eben den Propheten selber und seine Bußpredigt erhielten. Vieles spricht dafür, daß dies die ursprünglichere Fassung ist. Wie dem aber auch sei, zweierlei ist den beiden Überlieferungssträngen gemeinsam: Das Zeichen Jesu ist er selbst, und es liegt von ihm her zugleich im Angebot seiner Botschaft selbst. Diese Botschaft aber ist Ruf zur Buße unter dem Jetzt von Heil und Gericht. Gerade dieser Zusammenhang von Buße und Gnade, von Buße und Eschatologie wird im Durchdenken des Jona-Zeichens einsichtig. Ninive hat an sich sein Heil verwirkt, seine Zerstörung verdient. Die unerwartete und unverdiente Gnade der sündigen Stadt besteht darin, daß mitten in ihre Gottvergessenheit der Prophet gesandt wird, der ihr Verhängnis offenlegt und ihr die Chance der Buße anbietet. Das Unwahrscheinliche geschieht: Die Stadt tut Buße, und das noch Unwahrscheinlichere und nach wie vor Unverdiente folgt darauf: die Verschonung der Stadt – für den Propheten ein Skandal, gegen den er laut protestiert. Die Buße selbst erscheint hier als die Gnade, einmal schon dadurch, daß sie angeboten, zum anderen dadurch, daß sie angenommen wird. In diesem Gefüge stellt sich Jesu Predigt dar, die Buße als Gnade mit Vollmacht ausruft und deshalb sich gerade auch den Sündern zuwendet und gerade von ihnen verstanden wird.

Es entspricht dieser Grundanlage, daß Jesu Reich-Gottes-Botschaft von einem Jetzt geprägt ist, nicht von einem Dort und Dann. Nicht Spekulationen über Raum und Zeit sind ihr Feld, in ihrer Mitte steht die Person Jesu, und ihre Grundkategorien sind in unlösbarer Einheit Gnade und Buße, Gnade und Ethos. Gerade auf diesen Zusammenhang kommt es an; ihn zu verstehen fällt freilich heutiger Auslegung von ihrer Vorgeschichte her überaus schwer. Um die Spannweite der Interpretationen und darin die Spannweite des Problems selbst zu erkennen, mag es nützlich sein, hier zwei Auslegungen nebeneinander zu Wort kommen zu lassen, die in verhältnismäßig kurzem zeitlichen Abstand niedergeschrieben wurden und sich dabei genau gegenteilig zum Sinn des Textes äußern.

J. Schmid: »Daß Jesus dieses Eingehen-dürfen ins Gottesreich von der Erfüllung des Willens Gottes, von einer bestimmten Haltung und bestimmten Leistungen von seiten des *einzelnen* Menschen abhängig macht, gibt seiner Lehre einen individualistischen ... und ausgesprochen sittlichen Charakter ... Er (= Jesus) nennt ausgesprochen religiöse und sittliche Voraussetzungen für den Eingang ins Reich ... Nach den Liebeswerken, die der Mensch vollbracht oder unterlassen hat, wird sich beim Gericht entscheiden, ob er ins Reich eingehen oder davon ausgeschlossen werden und dem ewigen Verderben anheimfallen soll« (Das Evangelium nach Markus, Regensburg 1950^2 S. 28). Demgegenüber K. L. Schmidt: »Das Gottesreich steht jenseits der Ethik. Wer sich an der Ethik orientiert, denkt folgerichtigerweise an das einzelne Individuum. Nun steht aber bei Jesus und seinen Aposteln nicht der Einzelne als Einzelner unter der Verheißung, sondern nur die Gemeinde, als deren Glied der Einzelne das Heil erlangt ... Das Negativum, daß das Gottesreich nichts anderes als ein Wunder ist, muß in seiner strengen Negativität festgehalten werden. Dieses Negativum ... ist das Positivste, was überhaupt ausgesagt werden kann« (ThWNT I 587 u. 588).

Solcher Auslegungsvergleich kann zum Verständnis des Textes äußerst nützlich sein. Zum ersten wird daran sichtbar, wie sehr das Ergebnis der Auslegung von der Weise des Fragens abhängt, wie sehr es immer auch den Frager selbst spiegelt. Zum anderen ist deutlich, daß beide Auslegungen etwas freigeben, was sich tatsächlich im Text findet, aber daß keine von beiden das Ganze sagt. Um es zu vernehmen, müßte man die beiden entgegengesetzten Auslegungen gleichsam ineinanderlegen. Mit K. L. Schmidt (und übrigens gar nicht gegen J. Schmid) werden wir sagen müssen, daß Jesus sich einer Gerechtigkeit entgegenstellt, die das Reich Gottes (politisch oder moralisch) selber leisten will. Solcher selbstgemachten Gerechtigkeit hält er eine Erlösung entgegen, die ganz Geschenk, die ganz Empfangen ist (vgl. Mt 20,1–16; Lk 18,9–14; 17,7–10; 15,11–32; 15,1–10; 7,36–50; Mk 4,26–29). Aber ebenso werden wir festhalten, daß das Reich Gottes in sittlichen Kategorien ausgedrückt wird (vgl. Mt 10,16; 19,17; 7,21–33; 25,31–40). Etwas verändert und darin vertieft erscheint dieser Zusammenhang in den Seligpreisungen der Bergpredigt. Auch hier spielen sittliche Kategorien eine entscheidende Rolle, wenn die Armen, die Letzten, die zugleich Träger des Reiches und so Erste sind, näherhin verdeutlicht werden als die Mildtätigen, als die nach Gerechtigkeit Hungernden, als die Menschen der Erbarmung, des reinen Herzens, als Friedensstifter, als solche, die um der Gerechtigkeit willen Verfolgung auf sich nehmen. Hier erscheint die Gnade als die Änderung der verschobenen Ordnung dieser Welt durch Gott, als ihre Umkehrung durch ihn, die so diejenigen auffängt, die selbst schon umgekehrt waren und umgekehrt zur Welt standen. Hier erscheint das Ethos als die Torheit des Armwerdens, das Ausziehen aus den Leistungen der Welt, das Zugehen auf die Armut Gottes und so das Offenwerden für seinen Reichtum. Mit dieser Spannung wiederum hängt ein weiteres Gegensatzgefüge zusammen, das für das Reich Gottes in der Predigt Jesu kennzeichnend ist: Dieses Reich erscheint sowohl unter den Zeichen der Freude, des Festlichen und Schönen wie unter den Bildern der Ohnmacht (Hochzeits- und Mahlgleichnisse auf der einen Seite; Gleichnisse der Armseligkeit auf der anderen Seite: Senfkorn, Sauerteig, Netz mit guten und schlechten Fischen, Acker mit Weizen und Unkraut). Diese Paradoxie schließt am meisten jede naheschatologische Auslegung aus; durch sie tritt Jesus sowohl aus dem apokalyptischen wie aus dem rabbinischen Schema heraus, der Sieg Gottes in der Gestalt der Unansehnlichkeit, in der Passion – das ist sein neues Bild des Reiches.

Dies alles führt uns so mit innerer Konsequenz zum Ausgangspunkt, zum Jona-Typus zurück. Jesus hat keine explizite Christologie verkündet. Aber die Linien seiner Verkündigung weisen auf ihn selber als das eschatologische Gotteszeichen, auf sein Geschick als das Jetzt Gottes. Die Person Jesu selbst steht im Fluchtpunkt dessen, was er über das Reich Gottes sagt. Es gibt einen Text, Lk 17,20 f, der sich eindeutig sicherer Auslegung entzieht, der aber doch auf dem Hintergrund des allenthalben durchscheinenden Selbstbewußtseins Jesu als ein Fingerzeig für die Richtung des Ganzen gewertet werden darf. Auf die Pharisäerfrage, wann das Reich Gottes komme, antwortet Jesus danach: »Das Reich Gottes kommt nicht so, daß man es dabei beobachten kann (μετὰ παρατηρήσεως); auch wird man nicht sagen: ›Siehe, hier ist es‹ oder: ›Da!‹; denn siehe: Das Reich Gottes ist mitten unter euch (ἐντὸς ὑμῶν ἐστιν).« Der Satz ist außerordentlich schwer zu übersetzen; jede Übersetzung ist hier Auslegung. Aber gerade so spiegelt er das Helldunkel der ganzen Reichsbotschaft Jesu, die als Ganze sich dem bloßen Zuschauen, »Beobachten«, entzieht und deren »Übersetzungen« immer schon Auslegungen sind. Das Wort »Beobachtung«, das in unserem Vers verwendet wird, kennen wir in der Antike sonst aus dem Sprachgebrauch der Medizin im Sinn der Beobachtung von Symptomen sowie aus dem Bereich der Erschließung der Zukunft durch Beobachtung, wie sie in der Astrologie und im heidnischen Kult eifrig betrieben wurde. Solcher Art von Hinschauen also erschließt sich das Geheimnis des Reiches nicht. Sein Kommen verlangt eine andere Art des Sehens.

Aber welche? In der Auslegungsgeschichte lassen sich drei Typen von Erklärung des Textes feststellen, in deren Gegenüber sich wieder zeigt, wie unausweichlich jede Antwort auch den Frager selbst ins Spiel bringt. Den ersten Typus könnten wir den »idealistischen« nennen, der mit freilich wieder sehr unterschiedlichen Sinngebungen von Origenes bis zum Beginn unseres Jahrhunderts im wesentlichen herrschend war. Das »unter euch« wird hier mit »*in* euch« übersetzt, was rein sprachlich richtig sein kann. Dann würde gesagt: Das Reich Gottes ist nicht außen, es ist innen; die Innerlichkeit des Menschen ist sein Raum, und dort muß man es suchen – nur in der Wanderschaft nach innen zeigt es sich. Aber kann man annehmen, daß Jesus eine solche Apotheose der Innerlichkeit formuliert, da wir doch von ihm Worte haben wie dieses: »ihr, die ihr böse seid ...« (Mt 7,11 par) – Worte, in denen sein Realismus hinsichtlich des Menschen deutlich wird, sein Wissen darum, daß »Gott allein gut ist« (Mk 10,18). So hat sich seit der Jahrhundertwende immer mehr ein zweiter Auslegungstypus durchgesetzt, den wir als den eschatologischen kennzeichnen können. Die Grundüberzeugung, daß Jesus ganz und gar naheschatologisch gedacht, das Reich als ein umstürzendes Ereignis der nächsten Zukunft erwartet habe – diese Grundüberzeugung wird nun auf unseren Text angewandt. Dann wird gefolgert: Jesus stellt hier dem beobachtbar, also langsam kommenden Reich das plötzlich kommende Reich entgegen. Man müßte also dann übersetzen: Das Reich Gottes wird plötzlich in eurer Mitte sein (so zuletzt Jeremias, Neutestamentliche Theologie I 104). Aber dieser Gegensatz ist gar zu oberflächlich; die Beobachtung wird nur durch die Vorstellung der Schnelligkeit abgeschnitten, im übrigen bleibt das Reich als eine äußerliche Größe gefaßt. Vor allem aber steht von »plötzlich« nichts im Text.

So rückt heute immer mehr eine dritte Deutungsmöglichkeit in den Vordergrund, die wir die christologische nennen können, wobei wir Pneumatologie in Christologie einschließen müssen. Jesus spricht im Präsens – das Reich Gottes ist nicht beobachtbar, und es ist gerade so mitten unter denen, zu denen er spricht. Es steht unter ihnen – in ihm selbst. »Jesus ist das den Jüngern von Gott ›gegebene Geheimnis des Gottesreiches‹ in Person« (F. Mußner, Praesentia salutis 95). In ihm ist die Zukunft Heute; in ihm ist das Reich Gottes da und doch so, daß man es übersehen kann, einer Beobachtung entzogen, die Symptome messen, Konstellationen berechnen will. Jesus ist nach einem schönen Wort des Origenes die αὐτοβασιλεία, das Reich in Person (vgl. ThWNT I 591). So klingt das eben bedachte Wort des Herrn zusammen mit einem anderen, noch unstreitiger präsentischen Reichswort, das sich bei Mattäus und Lukas findet: »Wenn ich im Finger Gottes die Dämonen austreibe, dann ist das Reich Gottes schon zu euch gekommen« (Lk 11,20). Dieser Vers vertieft das eben Bedachte und klärt es aus der inneren Logik des Evangeliums selbst. Jesus ist das Reich nicht einfach in seiner physischen Gegenwart, sondern durch die Strahlkraft des Heiligen Geistes, die von ihm ausgeht. In seinem pneumatischen Wirken, das die Verknechtung des Menschen unter die Dämonen bricht, ist Gottes Reich Wirklichkeit, nimmt Gott Herrschaft über die Welt in die Hand. Reich Gottes – erinnern wir uns daran – ist Geschehen, nicht Raum; Jesu Tun, sein Wort, sein Leiden bricht die Herrschaft der Entfremdung, die über dem Menschen liegt und macht ihn frei, d. h. richtet Herrschaft Gottes auf. Er *ist* Reich Gottes, weil durch ihn der Geist Gottes handelt in der Welt.

Darin ist zugleich die innere Einheit zwischen vorösterlicher und nachösterlicher Botschaft gegeben. Der Auferstandene ist der Quell des Geistes für die Welt. Das Reichsthema wandelt sich in Christologie, weil von Christus her der Geist kommt, der die Herrschaft Gottes ist.

3. Zur Frage der Naherwartung

Kein Zweifel, im Neuen Testament finden sich unübersehbare Spuren einer Naherwartung des Weltendes. Woher kommen sie? Führen sie auf Jesus zurück? Weisen sie gar auf die eigentliche Mitte seiner Botschaft hin? So sieht es jedenfalls die »konsequente Eschatologie« seit Weiß und Schweitzer. In der von ihnen eröffneten Auslegungsweise des Neuen Testaments hat sich ein Entwicklungskanon ausgebildet, der unmittelbar einleuchtet und einen einsichtigen Leitfaden für die Abfolge der frühesten Stadien der christlichen Botschaft anbietet. Dieser Kanon sagt: Je stärker in einem Text die Naheschatologie betont ist, um so älter ist er. Je mehr die eschatologische Erwartung gedämpft erscheint, desto später muß er angesetzt werden. Wenn Mattäus und Lukas in Gleichnistexten von dem »Hinziehen der Ankunft« des Herrn bzw. des Bräutigams sprechen (χρονίζει μου ὁ κύριος: Mt 24,48; Lk 12,45; vgl. Mt 25,5), dann trage hier die wartende Kirche ihre Erfahrung der »Verspätung« der Parusie in alte Jesusworte ein. Wenn gar der zweite Petrusbrief der drängenden Frage »Wo bleibt die Verheißung seiner Wiederkunft?« (3,4) das Wort von Psalm 90(89),4 entgegenhält, tausend Jahre seien für den Herrn wie *ein* Tag – dann sehe man erst recht, wie eine späte Zeit einen Ausgleich zwischen Nähe und Ferne schaffen und das Ausbleiben der erwarteten Parusie theologisch erklären müsse.

Die erwähnten Beispiele dürften in sich schlüssig sein; sie zeigen das Ringen der Christenheit um die Gestalt ihrer Hoffnung und lassen Erfahrungen der Enttäuschung erkennen, auf die geantwortet werden mußte. Trotzdem bleibt es fraglich, ob man daraus einen generellen Datierungskanon ableiten kann, demzufolge am Anfang die radikale Naheschatologie stehen müßte, die dann Schritt um Schritt gedämpft würde bis hin zu Johannes, bei dem Bultmann die temporale Eschatologie überhaupt gestrichen findet zugunsten einer existentialen. Hier werde zeitlich nichts mehr erwartet (nur die kirchliche Redaktion habe wieder eine Lehre von den letzten Dingen eingefügt); das Eschatologische sei aus einer

Kategorie der Zeitlichkeit zu einer Kategorie der Eigentlichkeit, zu einer Existenzkategorie geworden. Bultmann sieht in dieser Transposition aus Zeit in Existenz das Eigentliche des Christlichen erreicht und im johanneischen Christentum die gültige Auslegung des Christlichen überhaupt. Dabei bleibt für ihn aber klar, daß Johannes Jesus besser verstand als er sich selbst; daß er eine naheschatologische jüdische Prophetie auf ihre existentiale Tiefe hin entmythisierte. Hier brechen in der Tat sehr wichtige methodische Grundfragen auf: Kann es sein, daß spätere Auslegung mehr vom Anfänglichen versteht als ältere Berichte? Kann es sein, daß ursprüngliches Verstehen tiefer in den Grund des Vorgegebenen eindringt als bloße historische Rekonstruktion? Aber diese Fragen sind bei Bultmann verdeckt durch das Entwicklungsschema, das erst langsam aus Naheschatologie tiefere Einsichten hervortreten läßt.

Nun ist aber gerade dieser Kanon durch Arbeiten der Bultmannschule selbst erschüttert worden. H. Conzelmann hat gezeigt, daß bereits einer der drei Synoptiker, Lukas, eine Konzeption ohne Naheschatologie vorlegt. Für ihn ist Christus nicht Ende, sondern Mitte der Zeit; der Weg führt nicht unmittelbar auf die Parusie zu, sondern auf die Kirche der Heiden, die als der weite Raum des Kommenden den Horizont seines Evangeliums darstellt. E. Grässer faßt Conzelmanns Ergebnis in die Formulierung zusammen: »Lukas charakterisiert also die Gegenwart nicht mehr als Zwischenzustand, sondern als Dauerzustand« (183). Andererseits hat Grässer deutlich gemacht, daß bei Mattäus, der etwa zur gleichen Zeit wie Lukas (vielleicht sogar eher später) abgefaßt sein dürfte, die Naheschatologie ungeschmälert gegeben, ja, gegenüber Markus sogar verschärft ist (zur Datierungsfrage W. G. Kümmel, Einleitung in das NT, 1973[17], S. 89 f und 119 f; Generalangriff auf die jetzt eingespielten Datierungen bei J. A. T. Robinson, Redating the New Testament, London 1975). Grässer sagt dazu: »Matthäus hält daneben an der Naherwartung fest! ... Wie er aber – nach 70 schreibend – das in seiner Vorstellung mit dem tatsächlichen Geschichtsverlauf ausgeglichen hat, bleibt für uns das Rätsel des Matthäus« (217 f).

Aus diesen Erkenntnissen geht aber ein grundlegender Tatbestand hervor: Eine geradlinige Entwicklung in Sachen Naherwartung gibt es nicht. Die Zeit hat, je nach Umständen, die temporale Spannung verschärft oder gedämpft. Zugespitzte zeitliche Erwartung kann unter Umständen gerade auch das Produkt von Rejudaisierung sein, denn das Judentum der Zeit Jesu kennt massive Naherwartungen, die insofern auch rein als solche gar nicht das Besondere Jesu sein können. Das Schema geradliniger Entwicklung ist irreal, der Faktor der vorangehenden Geschichte bietet keine eindeutigen Urteilsmaßstäbe. Das Naheschatologische kann gerade auch das Späte sein. Versuchen wir, diese Einsicht zu vertiefen anhand des zentralen Textes für unser Problem, der eschatologischen Rede Jesu in Mk 13 par. Dabei geht es uns nicht um eine Auslegung der Einzelheiten, sondern allein um die Frage, mit welchem zeitlichen Index die Rede vom »Ende« auftritt.

Mt 24,15–22 Mk 13,14–20 Lk 21,20–23
schildern den Untergang Jerusalems. Die lukanische Darstellung hat als Besonderheit einmal dies, daß sie die apokalyptische Topik durch konkrete Hinweise auf die römische Belagerungstechnik ergänzt; vor allem aber setzt sie an die Stelle des aus Dan 12,11 (vgl. 11,32; 9,27) übernommenen Greuels der Verwüstung an heiliger Stätte die Verwüstung der Stadt, ihre Vereinsamung, ihr Leerstehen. Ferner wird das Geschehen im Anschluß an prophetische Texte des Alten Testaments (Hos 9,7; Jer 46,10; Dtn 32,35) als »Tage der Vergeltung« gekennzeichnet, als Einlösung von Worten der Schrift. Insgesamt ist damit der apokalyptische Tenor gedämpft, das Ereignis historisiert und in die Kontinuität der Heilsgeschichte eingeordnet.

Mt 24,22 und Mk 13,20 schließen ein bei Lukas fehlendes Stück über die Furchtbarkeit der endzeitlichen Drangsal an. Mt 24,23 f und Mk 13,21–23 bringen des weiteren gemeinsam ohne Lukas eine Warnung vor falscher Parusieverkündigung, vor Pseudopropheten und vor falschen Wundern. Mt 24,26–28 bietet dann allein einen Text über die Plötzlichkeit, mit der die »Parusie des Menschensohnes« erfolgt, wobei hier anzumerken ist, daß in den Evangelien *nur* Mattäus überhaupt den Ausdruck Parusie kennt. In
Mt 24,29–31 Mk 13,24–27 Lk 21,25–28
schließt sich an die Vorhersage der Zerstörung Jerusalems die Rede über die Wiederkunft des Menschensohnes an. Für unser Problem entscheidend ist nun die Frage, in welcher Weise die beiden Teile miteinander verknüpft werden, wie also die nah erwartete Zerstörung der Heiligen Stadt zeitlich der Parusie zugeordnet wird. Die Art dieser Zuordnung ist charakteristisch für die unterschiedliche Perspektive der drei Evangelisten. Lukas vollzieht sie in einem nur ihm gehörenden Vers (21,24) noch im Rahmen der Vorhersagen über Jerusalem: »Mit dem Schwert wird man sie erschlagen, als

Gefangene wird man sie in alle Länder verschleppen, und Jerusalem wird von den Heiden zertreten werden (Sach 12,3; Ps 79,1; Jes 63,18; Dan 9,26; 1 Makk 3,45.51), bis sich die Zeiten der Heiden erfüllen (Dan 12,7; Tob 14,5)«. Mit wenigen Worten wird hier ein weiter Horizont aufgerissen: Das Ende Jerusalems ist nicht das Ende der Welt, sondern der Beginn einer neuen Spanne der Heilsgeschichte. Es eröffnet die Diaspora Israels, die Zeit der Heiden. Das ist die Stunde, die jetzt geschlagen hat. Nicht auf die Parusie weist das Heute, sondern auf die Zeit der Heiden, in der nach der Zerstreuung Israels das Wort unterwegs ist zu den Völkern. Es gibt keine »Naherwartung«.

Im Gegensatz dazu scheint bei Markus eine direkte zeitliche Verknüpfung zwischen den beiden Geschehnissen – Untergang Jerusalems und Ende der Welt – hergestellt, denn hier lautet der Anschluß: »Aber in jenen Tagen nach jener Drangsal . . .«. Blickt man jedoch auf die markinische Redaktionstechnik insgesamt, so stellt sich der Sachverhalt doch komplizierter dar. Die Formel »in jenen Tagen« ist ein typisches redaktionelles Versatzstück, eine Formel, die zur Verkettung von vorgegebenen Texteinheiten dient. »In illo tempore« ist keine datumsmäßige Feststellung, sondern ein redaktionelles Schema. Über den tatsächlichen temporalen und sachlichen Zusammenhang sagt es nichts aus. Vergleichen wir die beiden Evangelien, so können wir feststellen, daß Lukas eine explizite geschichtliche Vision entwirft, in der sich die Zeit der Heiden als die offene Zukunft der Welt darstellt, während Markus es bei einer bloß technischen Verkoppelung der Überlieferungsstücke bewenden läßt, in der die wirkliche Art des Zusammenhangs offenbleibt.

Wieder anders ist das Problem bei Mattäus gelöst. Er setzt ein mit den Worten »Sofort nach der Bedrängnis jener Tage . . .« (Vers 29). Hier ist tatsächlich eine temporale Verknupfung vorgenommen, das schematische »in illo tempore« des zweiten Evangeliums in ein »Sofort« umgesetzt, das die Ereignisse des Weltendes förmlich an die Zerstörung Jerusalems heranzuschieben scheint. Freilich wird man bedenken müssen, daß dieses »Sofort« den Tenor der vorherigen Verse aufgreift, die berechnender Erwartung die Unberechenbarkeit und Plötzlichkeit des Ereignisses entgegenstellen; dementsprechend wird man das griechische εὐθύς an dieser Stelle eher mit »plötzlich« als mit »sofort« übersetzen und die Richtung der Aussage von da her verstehen müssen. Immerhin bleibt der Eindruck, die Drangsal bei der Zerstörung Jerusalems sei auch zeitlich mit den Geschehnissen des Weltendes ineinander gerückt.

Was soll man zu dieser Differenz in der synoptischen Überlieferung und zu der damit berührten Sachfrage selber sagen? Drei Gesichtspunkte drängen sich vorab auf.

a) Zunächst wird sichtbar, daß wir nur im Vierklang der Evangelien (Johannes gehört dazu!) das eine Evangelium vernehmen. Das Wort Jesu gibt es immer nur als gehörtes, als kirchlich rezipiertes Wort. Es kann gar nicht anders in die Geschichte eintreten als dadurch, daß es gehört und im Hören anverwandelt wird. Jedes Hören und folglich jedes Überliefern ist auch ein Auslegen; indem es eine Seite klärt, verdunkelt es eine andere. Deswegen hat die Kirche zu Recht Tatians Versuch abgelehnt, ein Einheitsevangelium zu schaffen. Keine Literarisierung kann selbst *das* Evangelium sein. Durch den Vierklang hindurch wird es immer neu dem gläubigen Verstehen zugestellt und aufgegeben.

b) Demgemäß steht das Evangelium aber der Kirche nicht als ein in sich geschlossenes »Ding an sich« gegenüber. Darin besteht der fundamentale methodische Irrtum des Versuchs, eine ipsissima vox Jesu zu rekonstruieren und daran Kirche wie Neues Testament zu messen. Diese Einsicht muß keineswegs zur Skepsis führen, wenn sie auch die Reichweite historischer Erkenntnis begrenzt. Sie bedeutet nämlich dies, daß die Botschaft Jesu auch und gerade für uns erkennbar wird durch das geschichtliche Echo, das sie gefunden hat. In diesem Echo leuchten ihre eigenen Möglichkeiten, ihre Vielschichtigkeit und Vielgestaltigkeit auf; es sagt über die Wirklichkeit mehr als Rekonstruktionen, deren Maßstäbe zweifelhaft bleiben.

c) Die entscheidende Einsicht scheint mir, daß in der neutestamentlichen Literatur gerade in unserer Frage die Differenz von Schema und Wirklichkeit offen bleibt; die literarische Aussage ist – auch vom Autor selbst her gesehen – schematisch, sie kann das Kommende nicht einfach erzählen wie Vergangenes. Die Art der Annäherung von Schema und Wirklichkeit fällt bei den einzelnen Autoren unterschiedlich aus, aber bei keinem entsteht der platte Anspruch einer Identität zwischen beiden. Schon die geschehene Geschichte wird nicht als historisch-genetischer Zusammenhang konstruiert, sondern in schematischen Gruppierungen mit schematischen Verknüpfungen dargeboten, weil die Frage des genauen zeitlichen Verlaufs und einer etwaigen Kausalität der Entwicklung nicht interessiert, sondern die innere Einheit der Sache das Beherrschende ist. Erst recht bleibt im Blick auf das Kommende deutlich, daß es nicht als lückenloser Ablauf chronologisch erzählt werden kann, sondern unter der Dominanz der Sachaussagen hingestellt werden muß, für deren Verbindung die klassischen Erzähltechniken die Hilfsmittel bieten, ohne das noch Ausständige und noch Unerfahrene historisieren zu können.

Die Tatsache, daß das empirisch nicht zu Erzählende hier dennoch mit den ererbten Mitteln der Erzähltechnik wiedergegeben werden muß, macht aber zugleich klar, daß der schematische Charakter der Aussage dabei nicht an einer zufälligen und an sich überwindbaren Unfähigkeit der Evangelisten hängt. Die Differenz von Schema und Sache ist bei diesem Thema wesensnotwendig. Sie kann gar nicht rein literarisch geschlossen werden, sondern allein dadurch, daß die voranschreitende Realität selbst die Spannweite des Schemas klärt. Erst im geschichtlichen Ausschreiten der Realität füllt sich das Schema mit Inhalt und zeigen sich Bedeutung wie Zusammenhang der verschiedenen Aspekte. Dies ist die hermeneutisch grundlegende Einsicht, auf die hier alles ankommt: Die nachfolgende Geschichte gehört in die Spannung des Textes selbst hinein. Sie liefert nicht nur nachträgliche Kommentare, sondern in ihr erschließt sich mit dem Hervortreten der vorher ausständigen Wirklichkeit die Weite des Wortes selbst. Deshalb ist die Auslegung dieser Texte ihrem Wesen nach unabgeschlossen. Deshalb kann Johannes eine Generation später authentisch in die Tiefe des Wortes hinabdringen und sein Gemeintes reiner verstehen als die Früheren. Deshalb ist seine Aussage nicht nur nachträgliche Adaptation an eine veränderte Lage, sondern das innere Mitgehen mit dem Wort selbst. Deshalb ist schließlich die Rekonstruktion, die den Text in seine früheste Gestalt einschließt und nur von da her Auslegung zuläßt, hier von der Sache selbst aus fehl am Platz. Die offene Spannung von Schema und Wirklichkeit ruft nach der Wirklichkeit und zieht die weitere Geschichte mit in den Text hinein. Nur im Einbringen der geschichtlichen Erfahrungen gewinnt das Wort allmählich seinen vollen Sinn, füllt sich das Schema auf Realität hin auf, während man bei einer leeren Schematik bleibt, wenn man allein aus dem ältesten rekonstruierten Wortlaut die Sache abschließend wissen möchte. So ist der Leser selber in das Abenteuer des Wortes mit hineingenommen und kann es nur als Teilhaber, nicht als Zuschauer verstehen.

Freilich muß auch die andere Seite betont werden. Der offene Raum für die weitergehende Wirklichkeit, den die Differenz von Schema und Realität deutlich freihält, bedeutet nicht, daß das Wort nun selbst inhaltslos und der Beliebigkeit übereignet würde, wie es in jenen Theologien geschieht, die die »Situation« zur obersten Quelle des Christlichen und zu seiner normierenden Instanz machen. Auf dem schmalen Pfad zwischen Archaismus und Modernismus bewegt sich die Spur der wahren Aneignung des Wortes. Vom gekreuzigten und auferstandenen Christus her gibt es eine eindeutige Richtung vor, die weit genug ist, um die ganze Wirklichkeit in sich aufzunehmen, aber auch eindeutig genug, um ihr ein Maß gegenüberzustellen.

Die Geschichte der Kirche führt in gewisser Hinsicht damit fort, was grundlegend in der Zeit Jesu selbst geschehen ist. Denn die Differenz von Schema und Wirklichkeit, die uns hier begegnet, hat ihre Grundform in der Differenz zwischen dem Wort des Alten Testaments und der geschichtlichen Wirklichkeit Jesu Christi. In den Worten des Alten Testaments, in denen sich die Glaubenserfahrung Israels mit Gottes Wort niederschlug, ist die Geschichte Jesu, des lebendigen Gotteswortes in dieser Welt, vorentworfen, und von diesem Wort her wird ja überhaupt nur die Gestalt Jesu theologisch verstehbar, von ihm her wird er ausgelegt und so sein ganzes Dasein als »Wort« aneignungsfähig. Aber so sehr das Wort ihn im voraus auslegt, so sehr wird doch erst durch die reale Gestalt des Gekommenen sichtbar, was im bloßen Wort verborgen blieb und auch rein historisch aus ihm nicht rekonstruiert werden könnte. Die Spannung von altem Wort und neuer Wirklichkeit bleibt aber die Grundform des christlichen Glaubens und immer ist nur durch sie hindurch die verborgene Wirklichkeit Gottes zu erkennen. Von da aus wird klar, warum es sinnlos ist, eine geradlinige Chronologie der Enteschatologisierung oder der Reeschatologisierung zu versuchen: Die Erfahrungen der Menschen mit dem Wort und mit der Zeit verlaufen nicht geradlinig. Aber es wird nun auch tiefer verstehbar, warum es die Differenz der Evangelien-Traditionen geben muß und wieso sie dennoch eine Einheit bleiben. Die Einheit des Glaubens kann, das verdeutlicht sich hier endgültig, nicht auf einer Rekonstruktion des angeblich Ältesten beruhen; sie beruht auf der Einheit des glaubenden Subjekts Kirche, das die verschiedenen Erfahrungen mit dem einen Wort verantwortet und zusammenhält (vgl. Internat. Theologenkommission, Die Einheit des Glaubens und der theologische Pluralismus, Einsiedeln 1973, bes. 17–29 und 36–42).

Fragen wir unter diesen Voraussetzungen abschließend, was an Aussagen aus dem bisherigen Kreis der Überlegungen bleibt, so können wir in Kürze feststellen: Es bleibt, daß Jesus in vielschichtigen Gleichnissen die Botschaft vom Reich Gottes als einer zugleich gegenwärtigen und kommenden Wirklichkeit verkündet hat. Es bleibt, daß die werdende Kirche sich dieser Botschaft des Anfangs treu wußte, indem sie Jesus als Christus, als den im Geist Wirkenden und so als die Jetztgestalt des Reiches verkündete. Es bleibt so dieses, daß die Christenheit im Blick auf den Auferstandenen von einer schon geschehenen Ankunft wußte; daß sie nicht mehr eine reine Theologie der Hoffnung verkündete, vom bloßen Blick in die Zukunft lebte, sondern auf ein Jetzt verwies, in dem die Verheißung bereits Gegenwart wurde. Gerade diese Gegenwart ist allerdings Hoffnung – sie trägt Zukunft in sich.

Ins Spirituelle übersetzt besagt dies, daß die Gläubigen einerseits von Gottes Freude wußten, andererseits von der Drangsal der Gewalt angefochten waren. Es besagt, daß sie den Herrn nahe wußten, aber auch erkannten, daß der Herr seine eigene Zeit hat; daß zu seinem Kommen die Zeit der Völker voll werden muß. Sie leben selbst in dieser Zeit der Völker, die sowohl die Zeit der Bedrückung Gottes in dieser Welt ist wie die Zeit des weltweit Frucht tragenden Weizenkorns. Endlich besagt dies alles, daß die Spannung zwischen Schema und Wirklichkeit den Existenzort des Christen angibt – damals wie heute.

§ 3 *Wort und Wirklichkeit in der Sicht der Gegenwart*

Zu 1: H. U. von Balthasar, Karl Barth. Darstellung und Deutung seiner Theologie, Köln 1951. – K. Barth, Der Römerbrief, Bern 1919, München 1922². – F. M. Braun, Neues Licht auf die Kirche, Einsiedeln 1946. – R. Bultmann, Glauben und Verstehen I–III, Tübingen 1933, 1952, 1960. – Ders., Theologie des Neuen Testaments, Tübingen 1953, 1958³. – Ders., Geschichte und Eschatologie, Tübingen 1958. – O. Cullmann, Christus und die Zeit. Die urchristliche Zeit- und Geschichtsauffassung, Zürich 1948². – Ders., Heil als Geschichte, Tübingen 1965. – C. H. Dodd, The Parables of the Kingdom, London 1935. – Ders., History and the Gospel, Welwyn 1938. – G. Greshake - G. Lohfink, Naherwartung – Auferstehung – Unsterblichkeit, Freiburg 1975, 1976². – G. Hasenhüttl, Der Glaubensvollzug. Eine Begegnung mit Rudolf Bultmann aus katholischem Glaubensverständnis, Essen 1963. – M. Hengel, War Jesus Revolutionär?, Stuttgart 1970. – Ders., Gewalt und Gewaltlosigkeit. Zur »politischen Theologie« in neutestamentlicher Zeit, Stuttgart 1971. – F. Holmström, Das eschatologische Denken der Gegenwart, Gütersloh 1936. – G. E. Kafka - U. Matz, Zur Kritik der Politischen Theologie, Paderborn 1973. – F. Kerstiens, Die Hoffnungsstruktur des Glaubens, Mainz 1970. –

H. KÜNG, Rechtfertigung. Die Lehre Karl Barths und eine katholische Besinnung, Einsiedeln 1957. — J. B. METZ, Zur Theologie der Welt, Mainz 1968. — J. MOLTMANN, Theologie der Hoffnung, München 1964. — DERS., Der gekreuzigte Gott, München 1972. — S. WIEDENHOFER, Politische Theologie, Stuttgart 1976.

Zu 2: H. U. VON BALTHASAR, Theologie der Geschichte, Einsiedeln 1959[4]. — DERS., Zuerst Gottes Reich, Einsiedeln 1966. — J. DANIÉLOU, Christologie et eschatologie, in: A. Grillmeier - H. Bacht, Das Konzil von Chalkedon III, Würzburg 1954, S. 269–286. — DERS., Vom Geheimnis der Geschichte, Stuttgart 1955. — H. SCHLIER, Das Ende der Zeit, Freiburg 1971, bes. S. 67–84.

Die Spannung zwischen Wort-Schema und Wirklichkeit, die wir vorhin als die notwendige Form der eschatologischen Rede erkannten, bleibt solange erträglich, solang sich das Wort in der Kirche verantwortet findet, d. h. solange Kirche als die zusammenhaltende Mitte zwischen Wort und Wirklichkeit intakt ist, auch wenn dann der Geigerzähler, der die eschatologische Radioaktivität anzeigt, je nach den Erschütterungen eines Jahrhunderts verschieden ausschlagen mag. Problematisch oder gar unannehmbar wird die Spannung, wo Kirche als Stätte des Wortes fragwürdig wird oder zerbricht, vor allem wenn zugleich die Zeit brüchig wird und ihre Risse zeigt: Das nackt gewordene Wort wird dann entweder bedeutungslos oder muß von Grund auf neu zu dem in Beziehung gesetzt werden, was nun als Wirklichkeit erscheint. Dies ist die Situation, die nach dem Dornröschenschlaf des 19. Jahrhunderts die eschatologische Hektik des 20. ausgelöst hat. In den verschiedenen Auslegungsmodellen, die dabei hervorgetreten sind, spiegeln sich die Erfahrungen der Gegenwart mit der offenen Wirklichkeit des Wortes. Bei dem Mühen um seine Aneignung müssen sie gehört werden, auch wenn sie solange letzten Endes ungedeckt bleiben, solange nur die Autorität des einzelnen Theologen für sie steht: Wenn es die Gemeinschaftlichkeit der Kirche nicht gibt, die die Beständigkeit des Wortes und so auch seine Zukunft verbürgt, bleiben alle Erklärungen Vorhersagen ohne Vollmacht. Dennoch kann die gegenseitige Selbstkritik der Entwürfe weiterhelfen und den Weg zu neuer Aneignung des Wortes freigeben.

1. Das Panorama der Lösungen

a) Karl Barth

Johannes Weiß und Albert Schweitzer hatten zwar den streng eschatologischen Charakter der Botschaft Jesu als Historiker proklamiert, aber systematisch nichts damit anzufangen vermocht, sondern sich sachlich dann doch in den Bahnen der liberalen Theologie bewegt. Hier bedeutet erst der frühe Barth die entscheidende Wende. Sein »Römerbrief« wird zum Posaunenstoß, der eine neue Phase der Theologie eröffnet: »Christentum, das nicht ganz und gar und restlos Eschatologie ist, hat mit Christus ganz und gar und restlos nichts zu tun« (2. Aufl. 1922, S. 298). Aber wie soll das geschehen? Barth setzt hier den von E. Troeltsch formulierten Gedanken voraus, daß die letzten Dinge eigentlich in keinem Verhältnis zur Zeit stehen. Wörter wie »Ende der Zeit«, »nach der Zeit«, könnten nur Hilfsbegriffe unseres im Zeitlichen gefangenen Denkens sein, während in Wirklichkeit die Ewigkeit als das andere der Zeit dieser nicht kommensurabel ist: In ähnlicher Weise schlägt jede Woge des Zeitenmeers an den Strand der Ewigkeit (vgl. Braun 116). »Die Parusie erwarten« bedeutet deshalb für den frühen Barth nicht das Kalkül eines irgendwann einmal eintretenden temporalen Ereignisses, sondern etwas für jeden Menschen höchst Aktuelles: den Blick auf die Grenze lenken, auf die meine Existenz stößt. Es bedeutet »unsere tatsächliche Lebenslage so ernst nehmen wie sie ist« (Römerbrief 240); »Auferstehung ist Ewigkeit« (234) – die Vorstellungen der letzten Tage versinnbilden das Allerletzte im metaphysischen Sinn, nämlich die absolute Transzendenz Gottes (243, vgl. Braun 114).

Das Christentum eschatologisch und nichts als das verstehen heißt auf dem Hintergrund solcher philosophischer Überzeugungen, es ganz und gar nicht als Lehre oder als Institution ansehen, sondern als Akt der Entscheidung, als Sich-aussetzen an das Ganz-anders-sein Gottes. »Eschatologisch« ist hier kein Zeitbegriff mehr, sondern ein Existenzbegriff, der Christentum als ständig neuen Akt der Begegnung auslegt.

Der fordernde Ernst solcher Aussagen konnte eine ganze Generation erwecken; eine beständige Antwort konnte er gewiß nicht sein, weil der formlose Aktualismus auf Dauer nicht genügen kann, zu dem die Konsequenz des Ansatzes zwingen würde. So mußte die Entwicklung weitergehen. Sie führt einerseits vom frühen zum späten Barth, zur kirchlichen Dogmatik, die sich als radikal christozentrische Theologie versteht (vgl. H. Küng, K. Barth, 1957, S. 26) – ein Weg, in dem die innere Logik der neutestamentlichen Entwicklung erneut deutlich wird. Sie führt auf der anderen Seite zur Systematisierung des existenzphilosophisch-eschatologischen Ansatzes bei Rudolf Bultmann.

b) Rudolf Bultmann

Für Bultmann heißt Christsein nichts anderes als »eschatologisch existieren«. Der Begriff »eschatologisch« verliert dabei aber jede zeitliche Komponente. Er stellt den Gegensatz zum »Subjekt-Objekt-Schema« dar, zu der vorfindlichen Wirklichkeit, die wir als Objekt uns gegenüberstellen und zergliedern können. Diese »objektive« Wirklichkeit ist das Uneigentliche. Wenn der Mensch ihr verfällt, sie als die einzige Realität überhaupt ansieht, dann geht er am Eigentlichen vorbei. Das Eigentliche des Menschen liegt nicht in den Dingen, die wir uns gegenüberstellen können, sondern im Ereignis der Begegnung. Menschliches Sein ist seinem Wesen nach Sein-können, es wird in der Entscheidung. Diese Entscheidung aber setzt der Mensch nicht einfach aus sich selbst heraus, sie wird möglich in dem Augenblick, in dem der Anspruch des Du ihn trifft. Die Bedeutung Christi läßt sich auf diesem Hintergrund damit beschreiben, daß er »das eschatologische Ereignis« sei. So heißt Christsein: In diesem Ereignis der Begegnung zur Eigentlichkeit vorstoßen – eben das ist der Inhalt von »Eschatologie«, denn dies ist der Ausbruch aus dem Subjekt-Objekt-Zirkel, der Ausbruch aus der Zeit, Ende der Zeit, radikale Entweltlichung. Eschatologie wird mit dem Akt der Hingabe identisch, der freilich immer nur fallweise geschehen kann. Gewänne er Kontinuität, so wäre er selbst Zeit und nicht mehr das Ende der Zeit (Belege bei Hasenhüttl, bes. 165–177).

Der unbezweifelbare sittliche Ernst dieser philosophischen Theologie erscheint uns heute merkwürdig leer. Seine außerordentliche Wirkung ist in der Tat wohl nur zeitgeschichtlich zu erklären. Sie beruht darauf, daß hier das Dilemma des modernen Christen gelöst schien, der sich vor der Wahl sieht, entweder im Blick auf die moderne Wissenschaft an seinem Glauben erhebliche Abstriche zu machen und so als Christ unredlich zu werden oder um der Integrität des Glaubens willen moderner Erkenntnis zu widerstehen und so als Mensch in ein fragwürdiges Niemandsland abzuwandern. Hier war nun ein radikaler Glaubensernst am Werk, der Christentum als neue Geburt, als das Ganz-andere der Hingabe an die eschatologische Existenz lebt; gerade dieses Abgehen von den Kompromissen der liberalen Theologie, gerade diese Strenge des Glaubens aber gab der Wissenschaft unbeschränkte Bewegungsfreiheit: Sie braucht auch nicht mehr, wie noch bei Harnack, einen christlichen Minimalgehalt historisch zu beweisen, denn alles wissenschaftlich Faßbare gehört ja der Subjekt-Objekt-Welt zu und hat daher an sich mit dem Glauben nichts zu tun. Ein Zusammenstoß beider Bereiche ist per definitionem unmöglich, und er ist es deshalb, weil das Christentum eschatologisch zu verstehen ist. Die Eschatologie, vorher der Grund der Schwierigkeiten, wird nun zur Lösung des gordischen Knotens.

Nur für einen Augenblick des Erstaunens konnte man übersehen, daß diese Lösung zu teuer erkauft ist. Denn sie beruht darauf, daß das Christentum außerhalb der Wirklichkeit, auf der Nadelspitze des Augenblicks angesiedelt wird. Ein Glaube, der mit der Geschichte (mit der erfahrbaren Wirklichkeit überhaupt) nicht mehr in Konflikt kommen kann, hat der Geschichte auch nichts mehr zu sagen. Der Leerraum, den Bultmanns »eschatologisch« konzipiertes Christentum geschaffen hatte, war eine der Voraussetzungen für die Faszination, die alsbald die marxistischen Verheißungen in der Theologie gewinnen sollten: In das entweltlichte Christentum kehrt die Welt mit Macht zurück. Ein rein formaler und aktualistischer Glaubensbegriff versagt in der Auseinandersetzung um den Menschen; wo die Wucht der Leiden und der Aufgaben der Welt auf eine Generation stößt, zerfließt er seiner eigenen Definition entsprechend ins wahrhaft Gegenstands-lose.

c) Oscar Cullmann

Der Basler Exeget Oscar Cullmann hat in seinen Werken eine radikale Gegenposition zu Bultmanns Begriff des Christlichen ausgearbeitet. Er stellt sich in die Linie der von Erlanger Theologen des 19. Jahrhunderts entwickelten heilsgeschichtlichen Theologie. Für ihn ist »Heilsgeschichte« so sehr das Wesen des neutestamentlichen Christentums wie für Bultmann »Eschatologie«. Das heißt aber: Genau das, was für Bultmann ausscheidet, nämlich die reale, inhaltlich gefüllte und kontinuierlich voranschreitende Geschichte, ist für Cullmann das Wesentliche.

Fürs erste freilich entfaltet der Basler Gelehrte seine Konzeption nicht nur im Gegenüber zu Bultmann, sondern nicht minder im Kontrast zum Erbe des griechischen Geistes, zur Metaphysik, die besonders in der katholischen Theologie entscheidende Bedeutung hat. Cullmann stellt fest, daß sich hier zwei gegensätzliche Auffassungen von Zeit gegenüberstehen. Die griechische Weise, Zeit zu verstehen, sei zyklisch: Zeit ist ein geschlossener Kreis und damit stetige Wiederkehr. Deswegen müsse Zeit als Versklavung, als Fluch empfunden werden. In solcher Sicht erscheine es als unmöglicher Gedanke, das Heil in der Zeit zu suchen; es könne nur im Ausbruch aus dem Zirkel der Zeit, in der Flucht in die zeitlose Ewigkeit bestehen (Christus und die Zeit 43 ff). »Metaphysik«, d. h. die Suche nach dem Heil außerhalb der Zeit, ist so Ausdruck einer Negation der Zeit, aber gerade darin (nach Cullmann) strikter Gegensatz zur tragenden Vision des christlichen Glaubens. »Die Auflösung der urchristlichen Auffassung der an die aufsteigende Zeitlinie gebundenen Heilsgeschichte in Metaphysik ist die Wurzel der Häresie, wenn wir als Häresie den Abfall vom Urchristentum bezeichnen« (ebd. 47).

Gegenüber dem zyklischen Zeitbegriff der Griechen stehe in der Bibel ein lineares Verständnis von Zeit: Zeit wird im aufsteigenden Zusammenhang von Gestern, Heute, Morgen gesehen. Als aufsteigende Linie bietet sie den Raum an, in dem sich die Erfüllung eines göttlichen Planes vollziehen kann, mit anderen Worten: das Heil trägt sich *in* der Zeit zu; Zeit und Heil sind aufeinander bezogen. Cullmann will selbst auf Gott nicht den Begriff der Zeitlosigkeit angewandt sehen. »Seine Ewigkeit kann und muß in diesem Sinne also doch ›naiv‹ als unendliche Zeitlichkeit bezeichnet werden« (ebd. 55). Demgemäß ergibt sich zunächst eine Dreiteilung der Zeit, in der Cullmann die gemeinsame Grundanschauung von Altem und Neuem Testament vorfindet. Der Verfasser stellt sie graphisch folgendermaßen dar (ebd. 71):

Mitte

⟨——————————|——————————★——————————⟩

1. Vor der Schöpfung	2. Zwischen Schöpfung u. Parusie	3. Von der Parusie an

Auf diesem Hintergrund wird aber dann zugleich das Neue der Botschaft Jesu deutlich, das auch für Cullmann in der Eschatologie besteht, deren Stachel dadurch entfällt, daß »Eschatologie« ganz in Heilsgeschichte rückgebunden erscheint. Für jüdisches Denken gibt es nach Cullmann nach der Schöpfung nur noch *eine* entscheidende Markierung in der Zeit: die Parusie, mit der der neue Äon beginnt. Diese »Mitte«, die die Äonen trennt, liegt in der Zukunft. Jesus aber habe mit seiner Botschaft diese Grundvorstellung der Teilung der Zeiten entscheidend geändert, so daß sich nun folgendes Schema ergebe:

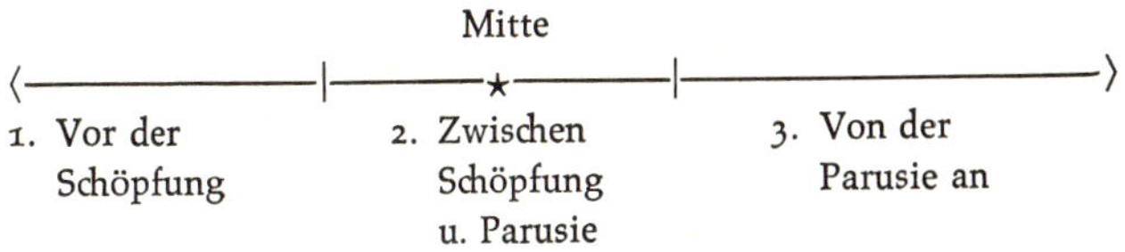

Die Mitte der Zeit liegt nun nicht mehr in der Zukunft, sondern in der Vergangenheit bzw. in der Gegenwart Jesu und der Apostel. »Sein Kommen bedeutet für ihn selbst die Mitte des Geschehens bereits zu seinen Lebzeiten« (72). Cullmann wählt zur Verdeutlichung in seinem am Ende des Zweiten Weltkrieges erschienenen Buch den Vergleich mit dem Krieg, in dem zwischen Entscheidungsschlacht und »Victory Day« beträchtliche Zeit verstreichen könne und doch liege die zentrale Markierung in der Entscheidungsschlacht, wie lang auch ihr endgültiges Ergebnis noch auf sich warten lassen möge. Nicht anders verhalte es sich mit dem Auftreten Christi: Die Wende, die Mitte ist da; sie fällt aber nicht mit dem faktischen Ende der Weltgeschichte zusammen, die äußerlich noch geraume Zeit weiterlaufen kann. Christus selbst hat, indem er sich als Mitte wußte, eine neue Sicht der Heilsgeschichte gelehrt; mit der Trennung von Mitte und Ende, der Verlegung der Mitte in die Vergangenheit, ist eine neue Zeit, die Periode des Schon und Nochnicht, der geschehenen Mitte und des zu erwartenden Endes proklamiert. Diese prinzipielle Trennung gehört zur Botschaft Jesu selbst; gegenüber dieser zentralen Sicht, mit der Jesus ein neues Verständnis von Geschichte und Eschatologie schafft, ist die Frage der faktischen Dauer dieser Zwischenzeit sekundär. Damit verliert das Problem der Naherwartung alles Belastende. Denn das Entscheidende der Botschaft Jesu liegt nicht in der Frage einer kurzen Dauer bis zur Parusie, sondern im Herausstellen der schon geschehenen Mitte. Damit schafft er selbst Begriff und Wirklichkeit der »Zwischenzeit«. Diese neue, vom jüdischen Denken nicht vorgesehene Phase der Heilsgeschichte, widerspricht nicht seiner Botschaft, sondern ist ihr Produkt, auch wenn ihre Dauer das Erwartete überschreitet.

Diese Vorstellungen Cullmanns hatten gegenüber Bultmanns Konzept nicht nur den Nachteil, daß sie kritischer Kühnheit in der Auslegung des Neuen Testaments weit weniger Raum geben, sondern – was schwerer wog – auch die Schwäche, daß sie die Frömmigkeit in viel geringerem Maß ansprachen. Das Ganze konnte leicht in den Verdacht des Apologetischen geraten; vor allem aber entstand der Eindruck, daß es sich hier um eine »objektivistische« Philosophie handle, in der Eschatologie zur Theorie wird, aber keine Weisung mehr für menschliche Existenz bietet.

Auf diese Einwürfe hat Cullmann ausführlich mit seinem 1965 erschienenen Buch »Heil als Geschichte« geantwortet. Er verfeinert dort zunächst die frühere Schematik, indem er die »Linie« als Wellenbewegung charakterisiert, also dem Auf und Ab, der Diskontinuität in der Kontinuität Raum gibt. Vor allem aber versucht er, nun auch den »existentiellen« Gehalt von »Heilsgeschichte« deutlicher zu klären. Glauben bedeutet danach Solidarität mit der Heilsgeschichte, Aufnehmen des heilsgeschichtlichen »Schon« und Wirken von diesem »Schon« her auf das »Noch-nicht« zu. Die »existentiellen« Kategorien Glaube, Hoffnung, Liebe werden mit den Dimensionen der Heilsgeschichte vermittelt: Glaube ist das Aufnehmen der geschehenen Geschichte, die durch die Liebe in Gegenwart transponiert und so erneut zur Hoffnung des Kommenden wird (313). Heilsgeschichte ist nicht bloß Vergangenheit, sondern auch Gegenwart und Zukunft, weitergehend bis zur Wiederkunft des Herrn.

Obgleich die gegenwärtige Stimmung in der Theologie dem Ansatz von »Heilsgeschichte« her nicht günstig ist, muß man sagen, daß hier konkreter und schriftnäher gesprochen wird als in den Entwürfen, die uns bisher begegneten. Insofern ist hier der bleibende Ertrag für die Übersetzung und Aneignung des Wortes größer als dort. Dennoch bleibt die Verhältnisbestimmung von Zeit und Ewigkeit, die hier der Bibel entnommen wird, denkerisch problematisch und exegetisch nicht zwingend. Zu sehr ist in solcher Auslegung die Frage der Vermittlung (das hermeneutische Problem) ausgeklammert und damit auch die Grenze der biblischen Aussage übersehen, die eine Entscheidung über philosophische Begriffe wie Zeit und Ewigkeit nicht geben will.

d) C. H. Dodd

Eine von den in Deutschland herrschenden Lösungstypen durchaus abweichende Vision hat der Engländer C. H. Dodd in seinem seit 1935 immer wieder aufgelegten Buch über die Reich-Gottes-Gleichnisse entwickelt. Das Kennzeichnende für die Botschaft Jesu läßt sich in seiner Sicht zusammenfassen in das Stichwort »realisierte Eschatologie«. Mit dem Wirken Jesu ist jetzt und hier in die Geschichte Gottes Handeln eingebrochen (198). »Er erklärte, daß die ewige Ordnung gegenwärtig sei in der jetzigen Lage und daß dies die Stunde der Ernte für die vorangegangene Geschichte sei« (207). Die Dramatik der Verkündigung Jesu rührt nicht von einer besonders angespannten Naherwartung, sondern aus dem Anspruch, die Gegenwart Gottes zu bringen. Dodd verbindet diese Auslegung der Reichsbotschaft Jesu mit einer christologischen und sakramentalen Konzeption, die sich der inneren Entwicklung der Gestaltwerdung des Christlichen anschließt: Jesus verkündet die Wachsamkeit für das Unerwartete, das bald kommen wird, in Gleichnissen, und an dieser Stelle fällt der Vorhang über die von den Gleichnissen erleuchtete Szene. Der plötzliche Schlag kommt, und darin *spricht* Jesus nicht mehr: er handelt und leidet. Angesichts der Auferstehung begreifen die vom Schlag getroffenen und überraschten Jünger, daß das Geheimnis des Reiches Gottes sich schließlich offenbart hat in seinem Tod und seiner Auferstehung (202). Die Kirche schaut auf diesen Augenblick zurück, in dem das Entscheidende geschehen ist. Sie rekapituliert ihn in dem wirksamen Zeichen der Eucharistie, die man so nach Dodd als »Sakrament der verwirklichten Eschatologie« bezeichnen könnte (203). Die Gegenwart des Geschehenen im Sakrament der Kirche öffnet in der Verbindung mit dem erhöhten Herrn zugleich die Tür auf die Ordnung des Ewigen hin, die unsere Bestimmung ist »und kein Auge hat gesehen, kein Ohr gehört und in keines Menschen Herz ist gedrungen, was der Herr denen bereitet hat, die ihn lieben« (210). – Dodd hat damit im Grunde, von der modernen Exegese ausgehend, die kirchliche Synthese nachgezeichnet, in der der Glaube der Jahrhunderte sich das Ineinander von Vergangenheit, Gegenwart und Zukunft in der eschatologischen Botschaft des Neuen Testaments ausgelegt hatte. In der deutschsprachigen Exegese und der ihr folgenden Theologie konnte diese Sicht keinen Raum finden. In der Tat muß die methodische Vermittlung dieser Synthese neu erarbeitet werden. Aber gleichzeitig sollte klar sein, daß die alle akademischen Konzepte überdauernde Kraft des Christlichen gestern wie heute davon kommt, daß *diese* Synthese trägt, Glauben und Leben in einer realen und wirksamen Weise aneinander bindet, während weder der Aktualismus des frühen Barth noch Bultmanns theologischer Existentialismus noch auch eine formale Theologie der Heilsgeschichte ohne diesen Hintergrund auch nur erarbeitet worden wären.

e) Theologie der Hoffnung – Politische Theologie

Mit dem Blick auf Cullmann und Dodd haben wir vom Hauptstrang der theologischen Entwicklung im deutschsprachigen Bereich weggeblickt, dem wir uns nun abschließend noch einmal zuwenden müssen. Bultmanns formale Eschatologie der Entscheidung hatte fasziniert, weil sie radikale Frömmigkeit und völlige Freigabe der Welt an die profane Vernunft miteinander verband. Aber sie hatte dabei den Glauben jedes Inhalts beraubt und die Sinnfrage für Welt und Geschichte abgeschnitten. Dies konnte keine Lösung auf Dauer sein. In dem Augenblick, in dem nach der Phase des Wiederaufbaues mit der Frage der Zukunft die Frage neuer Aufgaben und neuer Sinngebungen hervortrat, war ihre Stunde zu Ende. Der Paukenschlag, der die Wende ankündigte, war Moltmanns 1964 erschienene »Theologie der Hoffnung«, der alsbald Metz mit seinem Programm der Politischen Theologie folgte. Auch für Moltmann bleibt die Eschatologie der Mittelpunkt der Theologie, aber in radikaler Umkehrung der Perspektive ist sie für ihn nicht mehr Entweltlichung, sondern »das Leiden und die Leidenschaft, die am Messias entstehen« (12). Demgemäß geht es in der Eschatologie nicht um die Gegenwart und den »Augenblick«, auch nicht um die vergangene »Mittezeit«, auch nicht um die Ewigkeit, sondern das eschatologische und damit das christliche Tempus ist die Zukunft. Der Widerspruch zwischen der gegenwärtigen Welt und dem Glauben wird nicht gelöst durch den Verweis auf den »Augenblick«, auch nicht durch den Verweis auf die Ewigkeit, sondern bewußt aufrecht erhalten als der Widerspruch der Zukunft zur Gegenwart. Christsein heißt, den Tatsachen der Gegenwart von der Zukunft her entgegentreten. »Lehrsätze finden ihre Wahrheit in ihrer kontrollierbaren Entsprechung zur vorliegenden erfahrbaren Wirklichkeit. Die Hoffnungssätze der Verheißung aber müssen in einen Widerspruch zur gegenwärtig erfahrbaren Wirklichkeit treten. Sie resultieren nicht aus Erfahrungen, sondern sind die Bedingung für die Möglichkeit neuer Erfahrungen. Sie wollen nicht die Wirklichkeit erhellen, die da ist, sondern die Wirklichkeit, die kommt ... Sie wollen der Wirklichkeit nicht die Schleppe nachtragen, sondern die Fackel voran« (13 f).

Das neue Programm also hieß, Christentum als Weltveränderung vom Maßstab der Hoffnung her zu praktizieren. Die Fackel, die so den Tatsachen vorangetragen wurde, zündete schnell. Sie wurde zu Politischer Theologie, zu Theologie der Revolution, zu Theologie der Befreiung, zu schwarzer Theologie (vgl. Greshake-Lohfink 30–34). Die Theologie war nach den Abstraktionen Bultmanns in einem lang nicht mehr für möglich gehaltenen Maß realistisch geworden, Theorie von Praxis mit weltweiter Wirkung. Nun kann sicher nicht Moltmanns vielschichtiger und theologisch reicher Entwurf einfach an solchen Wirkungen gemessen und von ihnen her pauschal abgetan werden; selbst in den verschiedenen Theologien der Befreiung und der Revolution fehlt es übrigens nicht an einzelnen Goldkörnern.

Auch wenn dies alles unbestritten bleibt und eine umfassende Sonderung von Spreu und Weizen in diesem Zusammenhang nicht möglich ist, so bleiben doch, gerade im Blick auf unser Problem, zwei grundlegende Einwendungen zu erheben. Wenn Christentum als Strategie der Hoffnung ausgelegt wird, ist zu fragen: welcher Hoffnung? Das Reich Gottes ist kein politischer Begriff und daher auch kein politischer Maßstab, von dem her unmittelbar politische Praxis aufgebaut werden kann und Kritik an politischen Verwirklichungen zu üben ist. Die Herbeiführung des Reiches Gottes ist kein politischer Prozeß, und wo sie dennoch als solcher gefaßt wird, wird beides verfälscht: die Politik und die Theologie. Dann entstehen falsche Messianismen, die ihrem Wesen nach und vom inneren Anspruch des Messianischen her, der hier auf die falsche Ebene tritt, zu Totalitarismen werden.

Ein erster Einwand muß also dahin gehen, daß bei einer Umwandlung der Eschatologie in politische Utopie die christliche Hoffnung depotenziert wird; während man sie scheinbar ins Realistische wendet, verliert sie ihren eigenen Gehalt und verwandelt sich unter der Hand in ein trügerisches Surrogat. Der zweite Einwand besagt, daß damit auch das Politische verfälscht ist, weil nun das Mysterium des Reiches Gottes zur Rechtfertigung politischer Irrationalität mißbraucht und damit zum Pseudomysterium gemacht wird. Denn wo das nur durch ein Wunder der Gnade Mögliche, die Veränderung der menschlichen Natur und mit ihr der Welt insgesamt, zum Konstruktionspunkt alles politischen Handelns gemacht wird, wo also das Unmögliche zum Leitfaden des Wirklichen wird, ist Gewalttätigkeit, Zerstörung der Natur und mit ihr des Humanen innere Notwendigkeit (vgl. G. E. Kafka - U. Matz, Zur Kritik der Politischen Theologie, 1973, bes. 18 ff).

Das bedeutet keineswegs, daß die Verkündigung des Reiches Gottes ins praktisch Belanglose abgeschoben und damit im stillen in eine Rechtfertigung des Bestehenden umgewandelt wird. Das Reich Gottes ist keine *politische* Norm des Politischen, aber es ist eine *moralische* Norm des Politischen, und das Politische steht unter moralischen Normen, auch wenn die Moral als solche nicht

Politik und die Politik als solche nicht Moral ist. Anders ausgedrückt: Die Botschaft vom Reich Gottes hat Bedeutung für die Politik, aber nicht auf dem Weg über die Eschatologie, sondern auf dem Weg über die politische Ethik. Die Frage einer christlich verantworteten Politik gehört nicht in die Eschatologie, sondern in die Moraltheologie, und auf diesem Weg hat ihr die Reich-Gottes-Botschaft Entscheidendes zu sagen. In ihr geht es gerade um das Nicht-Eschatologische, und insofern stellt die Trennung von Eschatologie und Politik eine der grundlegenden Aufgaben der christlichen Theologie dar; gerade mit dieser Trennung weiß sie sich auf dem Weg Jesu und seiner dem Zelotismus entgegentretenden Eschatologie. Nur so wird einerseits der Hoffnungsgehalt der Eschatologie gerettet und davor bewahrt, in den Schreckensgehalt eines »Archipel Gulag« umzuschlagen; nur so wird umgekehrt die Moral in der Politik und damit deren Humanität gerettet, denn wo Eschatologie und Politik ineinanderfallen, löst sich die Moral auf, weil sie identisch wird mit der Frage nach den zweckmäßigsten Methoden zur Erreichung des absoluten Zieles, das die einzige Norm bleibt (so deutlich z. B. bei S. Silva, Glaube und Politik: Herausforderung Lateinamerikas. Von der christlich inspirierten Partei zur Theologie der Befreiung, Frankfurt 1973, S. 192–228).

2. *Vorläufige Bilanz*

Was bleibt nach alledem? Nun, zunächst der Mut, den jeweils modernsten Theorien gelassener zu begegnen, sie im Rahmen einer Selbstkritik der historischen Vernunft geschichtlich einzuordnen und sie im Ganzen einer geschichtlichen Bewegung zu verstehen. Die andere Seite dieses Mutes sollte die Bescheidenheit sein, die nicht glaubt, auf das Konto der eigenen Genialität erst jetzt das wahre Christentum entdecken zu müssen; hinter dieser Bescheidenheit aber könnte das Größere auftauchen: die Demut, die sich der Realität beugt, die christliche Wirklichkeit nicht er-findet, sondern findet in der sakramentalen Gemeinschaft des Glaubens aller Zeiten.

Auch was dessen Inhalte anlangt, dürfte sich einiges geklärt haben. Greifen wir, um das Bisherige fortzuführen und zu vertiefen, noch einmal auf den zentralen Gedanken von O. Cullmann zurück. Danach gehört entscheidend zur Botschaft Jesu die Diastase von »Mitte« und »Ende«; der kosmische Umbruch und das Kommen von Gottes Reich fallen nicht mehr ineinander. In dieser Diastase liegt unsere ganze Not, in ihr gründet unsere Ungeduld und unsere Verlegenheit, sie ist der eigentliche Skandal – doch halt, wollte Christus nicht »Skandalum« sein, etwas worüber man stolpert, um so erst wach zu werden für das Eigentliche und im Skandal, im »Stolperstein« den Eckstein zu entdecken?

Was also hat es mit dieser Diastase auf sich, mit dieser merkwürdigen Verschiebung des »Victory-Day«, die uns dazu nötigt, zu sagen, das Eigentliche sei schon gekommen und es uns doch unmöglich macht, zu zeigen, wo es denn nun gekommen ist? Jedenfalls bedeutet sie weit mehr als eine bloß chronologische Verschiebung, als eine differenziertere Zeiteinteilung – das könnte wenig besagen. Die Trennung von Mitte und Ende, vor der wir stehen, verändert von Grund auf Idee und Wirklichkeit des »Heils«; richtiger: sie nötigt uns, überhaupt erst der vollen Erstreckung des Unheils inne zu werden. Die Juden zur Zeit Jesu hatten das Heil von einer den ganzen Kosmos umgreifenden Veränderung der Verhältnisse erwartet und es sich als eine Art von religiös begründetem Schlaraffenland vorgestellt. Die Versuchungen Jesu, wie sie bei Mattäus und Lukas berichtet werden, schildern genau diese Erwartung: Brot aus der Wüste, sensationelle Wunderzeichen, gesicherte politische Macht über die ganze Welt. Der Messias der Wüstenversuchungen – der Messias der menschlichen Erwartungen – wäre durch die Sicherung von Konsum und Macht definiert. Jedem, der indes diese Zusammenhänge bedenkt, muß klar sein, daß die »Juden« hier für den Menschen überhaupt stehen: Wenn *wir* Erlösung für uns, für die Welt zu entwerfen hätten, würde sie auf nichts anderes zielen – die politische Propaganda lebt von dieser Erwartungshaltung. Die Geschichte des neuzeitlichen Fortschrittsglaubens und seine Transformation in den marxistischen Messianismus zeigt freilich, daß dabei nicht haltzumachen ist. Freiheit und Gleichheit treten mit innerer Notwendigkeit in Widerspruch zueinander und doch kann keins ohne das andere befriedigen; der ungehemmte Konsum macht erst recht die tragische Entfremdung zwischen Welt und Mensch, zwischen Mensch und Mensch deutlich und wandelt sich so zum zerstörerischen Fluch. Deshalb wird das Programm von selbst radikaler und steigert sich zum Verlangen nach einer Emanzipation, die in der Sache auf die Forderung nach der Gottwerdung des Menschen hinausläuft. Das heißt aber auch, daß der Fortschrittsglaube in eine negative Dialektik umschlagen muß: Die Emanzipation in dem beschriebenen Sinn setzt die Zerstörung des Bisherigen voraus.

Das alles ist durchaus logisch, und in den verflossenen hundert Jahren hat die Menschheit mit dem Zwang der Logik einen Schritt nach dem anderen in dieser Kette getan. Der Konstruktionsfehler des Ganzen liegt nur darin, daß der Mensch zwar zur Zerstörung fähig ist, daß ihm aber die Kraft fehlt, aus der Zerstörung die Emanzipation aufsteigen zu lassen. So zeigt sich, daß nur *ein* Ziel genügen kann: die Befreiung aus den Zwängen von Welt und Geschichte in die Gottgleichheit hinein; aber es zeigt sich zugleich, daß dieses Ziel eine Unmöglichkeit darstellt. Was bleibt? Der Mensch – das absurde Wesen?

An dieser Stelle könnte uns die Gestalt Jesu Christi neu begegnen. Denn das Reich Gottes, das er verheißt, besteht nicht in geänderten irdischen Verhältnissen (was nach unseren Erfahrungen ohnedies wenig besagen würde); es besteht in dem Menschen, den der Finger Gottes getroffen hat und der sich zum Sohn Gottes machen läßt (Lk 6,35; Mt 5,9.45). Auch hier ist klar: Nur durch den Tod hindurch kann solches geschehen. Insofern hat »Reich Gottes«, hat »Heil« in seiner Vollgestalt notwendig mit Tod zu tun. Die Ähnlichkeit der Erfahrungen, in die unser Jahrhundert hineintrieb, mit dem Grundmuster der neutestamentlichen Botschaft hat für denjenigen, der ihrer gewahr wird, etwas Erregendes an sich und auch etwas Erschreckendes. Denn diese Ähnlichkeit geht mit einer fundamentalen Gegensätzlichkeit in der spirituellen Richtung Hand in Hand.

Der Mensch will totale Emanzipation, d. h. Freiheit ohne jede Beschränkung, und Gleichheit, in der jede Entfremdung beseitigt und in der die völlige Einheit mit sich selbst, mit der Natur und mit der Menschheit verwirklicht ist – d. h.: er will Göttlichkeit. Darin hat er recht, sagt uns das Neue Testament, nur sucht er dies alles auf dem genau falschen Weg. Es gibt einen Text, der diese Zusammenhänge in einer die ganze biblische Theologie zusammenfassenden Vision reflektiert: den Christushymnus Phil 2,5–11. Hören wir zuerst den Wortlaut:

»Seid so gesinnt, wie es Christus Jesus war. Er war in Gottes Gestalt, hielt aber die Gottgleichheit nicht fest wie ein Beutestück, sondern erniedrigte sich, nahm Knechtsgestalt an und wurde den Menschen gleich. Er ward erfunden wie ein Mensch und wurde gehorsam bis zum Tod, zum Tod am Kreuz. Darum hat Gott ihn über alle erhöht und ihm den Namen verliehen, der über allen Namen ist, damit im Namen Jesu alle Mächte im Himmel, auf der Erde und unter der Erde ihre Knie beugen und ihre Zunge bekennt: Herr ist Jesus Christus, zur Ehre Gottes des Vaters.«

Eingebaut in diese Verse ist ein Gottesschwur, der sich bei Jes

45,23 findet: »Vor mir werden alle Knie sich beugen und jeder Mund wird bekennen: Nur beim Herrn gibt es Rettung und Schutz.« In diesen Worten aus dem Ende der Exilszeit spürt man die sieghafte Freude des aus der Gefangenschaft heimkehrenden Israel, das den Triumph seines Gottes erlebt, der die mächtigen Könige – Nebukadnezzar wie Kyros – als seine Knechte benützt und sich durch das Exil wie das Exilsende, durch Sieg und Sturz Babylons als den wahren Herrn der Geschichte, den König aller Könige der Erde erweist: Sie stehen letztlich alle in seinen Diensten. Trotz der Erfahrung der Erfüllung muß aber dieser Vers im Futur stehen: Die Heiden wissen ja selber noch nicht, daß sie gar nicht ihre eigenen Pläne ausführen, sondern Jahwe dienen. Die Stunde, da sie seinen Namen bekennen werden, steht noch aus. Im Philipperbrief ist nun das Futur von damals ins Präsens versetzt. Die Christen erleben die unerhörte Freude, daß das Futur Gegenwart wurde, denn nun geschieht das Unausdenkbare: die Heiden beugen tatsächlich die Knie vor Jahwe in der Gestalt Jesu; sie beten sein Credo, anerkennen ihn als den Gott der ganzen Welt. Christliche Liturgie und christlicher Glaube sind von diesem Grundzug der Freude, der Erfüllung getragen. Das Wort ist wahr geworden.

Das Erregende aber ist, daß dieser Sieg Jahwes, die Anbetung der Heiden, im Kreuz, in der äußersten Erniedrigung erfolgt. Um das zu erklären, reißt der Hymnus die universal-anthropologische Perspektive auf, um die es uns hier geht. Der Mensch will Gott sein, so sagt er in Vers 6 mit einer Anspielung auf eine Fassung des Adams-Mythos, die in Ijob 15,8 anklingt. Er will es und hat darin letztlich nicht unrecht, aber er will es in der Weise des Prometheus: dadurch, daß er sich selbst die Gottgleichheit raubt, sie an sich reißt mit Gewalt. Aber er ist kein Gott; indem er sich zum Gott macht, stellt er sich gegen die Wahrheit, und so endet dieses Experiment notwendig im Nichts der Wahrheitslosigkeit. Der wirkliche Gott-Mensch verfährt genau umgekehrt. Er ist Sohn und das heißt: er ist ganz die Gebärde des Sich-Verdankens und des Sich-Freigebens. Das Kreuz ist in Wirklichkeit nur die letzte Radikalisierung der Sohnesgebärde. Nicht Prometheus, sondern der Kreuzesgehorsam des Sohnes ist die Stätte, in der die Gottwerdung des Menschen aufgeht. Der Mensch kann »Gott« werden, aber nicht dadurch, daß er sich dazu macht, sondern allein dadurch, daß er »Sohn« wird. Dort, in der Sohnesgebärde Jesu, nirgend anders, geht das »Reich Gottes« auf. Deshalb sind die Ersten die Letzten und die Letzten die Ersten; deshalb die Seligpreisungen über diejenigen, die die Kreuzesform des Lebens darstellen und darin die Sohnesform. Deshalb die Lobpreisung der Kleinen, die Forderung des Kindseins. Therese von Lisieux hat in ihrer Theologie der Kindheit dieses Sohnesgeheimnis wieder entdeckt: Wo die Form des Sohnes angenommen wird, da entsteht Gottgleichheit, weil Gott selbst Sohn und als Sohn Mensch ist.

Die Antwort auf die Frage des Reiches ist der Sohn. In ihm ist auch die unschließbare Diastase von Schon und Nochnicht geschlossen: In ihm sind Tod und Leben, Vernichtung und Sein zusammengehalten. Das Kreuz ist die Klammer, die die Diastase schließt. Wenn die Antwort auf die Frage des Reiches der Sohn ist, dann versteht sich von selbst, daß die Botschaft Jesu einer Eschatologie der Verhältnisse entschieden widerstehen muß; nicht bei den Verhältnissen ist anzusetzen, sondern bei der Person. Dann ist auch klar, daß Erlösung nicht durch die Befriedigung der Egoismen kommt, wie unsere stille Privat-Eschatologie es sich träumt. Sie kann nicht kommen durch die Saturierung des Egoismus, sondern allein durch Umkehren, durch den Weg in die andere Richtung – durch die Abwendung vom Egoismus. Deshalb muß die wahre Eschatologie universalistisch sein; sie muß auf alle zielen. Von da aus begreift man, daß die Zeit der Heiden, die dem Ende vorausgeht, keine positivistische Willkür ist, sondern eine innere Notwendigkeit, die aus dem Wesen des Heils kommt: Es muß für alle gewollt und es muß allen angeboten werden. Daraus folgt dann auch, daß das Heil dem Menschen nicht einfach von außen verordnet werden kann, wie man ihm eine Summe Geldes übereignet, sondern ihn als Subjekt beansprucht. Von hier wird die Diastase von Ende und Wende noch einmal verständlich. Der Mensch mit seinem Ja und Nein ist Subjekt in Gottes Heilsplan und empfängt von da her seine Zeit. Aber noch einmal: er ist Subjekt nicht als Produzent von Gottes Reich, sondern Subjekt vom Du her – Subjekt als Sohn. Das Gottsein, die »Emanzipation« in das Reich Gottes, das jede Entfremdung und jede Fremdherrschaft aufhebt, ist nichts Produziertes, sondern Geschenk, wie reine Liebe ihrem Wesen nach nur Geschenk sein kann. Gerade so ist das Reich Gottes »Hoffnung«. In einem Laboratorium (als welches Ernst Bloch die Welt definiert) gibt es nichts zu hoffen. Hoffnung gibt es nur dort, wo es Liebe gibt. Weil im gekreuzigten Christus die Liebe über den Tod hinaus aufgegangen ist, darum darf der Mensch hoffen.

2. Kapitel

TOD UND UNSTERBLICHKEIT
DIE INDIVIDUELLE DIMENSION DES ESCHATOLOGISCHEN

§ 4 Theologie des Todes

Zu 1–3: L. Boros, Mysterium mortis. Der Mensch in der letzten Entscheidung, Olten u. Freiburg 1962, 1971[9]. – K. Dirschauer, Der totgeschwiegene Tod, Bremen 1973. – A. Faller, Biologisches von Sterben und Tod, in: Anima 11 (1956) 260–268. – G. Haeffner, Leben angesichts des Todes. Philosophische Vorüberlegungen, in: Internat. kath. Zeitschr. 4 (1975) 494–501. – J. Chr. Hampe, Sterben ist doch ganz anders. Erfahrungen mit dem eigenen Tod, Stuttgart 1975[2]. – H. Holz, Tod, in: HPhG III (1974) 1514–1523. – E. Jüngel, Tod, Stuttgart-Berlin 1971. – E. Kübler-Ross, Interviews mit Sterbenden, Stuttgart-Berlin 1969. – Dies., Was können wir noch tun?, ebd. 1974. – J. B. Lotz, Tod als Vollendung, Frankfurt 1976. – G. Marcel, Gegenwart und Unsterblichkeit, Frankfurt 1961. – A. Paus (Hrsg.), Grenzerfahrung Tod, Graz 1976. – J. Pieper, Tod und Unsterblichkeit, München 1968. – K. Rahner, Zur Theologie des Todes, Freiburg 1958. – O. B. Roegele, Wie modern ist der Tod?, in: Internat. kath. Zeitschr. 4 (1975) 502–517. – A. M. Roguet (Hrsg.), Das Mysterium des Todes, Frankfurt 1955. – J. L. Ruiz de la Peña, El hombre y su muerte. Antropologia teologica actual, Burgos 1971. – Leben angesichts des Todes. H. Thielicke zum 60. Geburtstag, Tübingen 1968. – H. Volk, Das christliche Verständnis des Todes, Münster 1958. – F. Wiplinger, Der personal verstandene Tod, Freiburg 1970.

Zu 2 u. 3: A. Ahlbrecht, Tod und Unsterblichkeit in der evangelischen Theologie der Gegenwart, Paderborn o. J. (1964). – G. Beer, Der biblische Hades, in: Theol. Abhandlungen für H. J. Holtzmann, Tübingen 1902, S. 1–29. – E. Bickel, Homerischer Seelenglaube. Grundzüge menschlicher Seelenvorstellungen, Berlin 1926. – R. H. Charles, A critical history of the doctrine of a future life in Israel, in: Judaism and Christianity, London 1899. – U. Duchrow, Christenheit und Weltverantwortung. Traditionsgeschichtliche und systematische Struktur der Zweireichelehre, Stuttgart 1970. – J. A. Fischer, Studien zum Todesgedanken in der Alten Kirche, München 1954. – P. Hoffmann, Die Toten in Christus. Eine religionsgeschichtliche und exegetische Untersuchung zur paulinischen Eschatologie, Münster 1966. – U. Kellermann, Überwindung des Todesgeschicks in der atl. Frömmigkeit vor und neben dem Auferstehungsglauben, in: ZThK 73 (1976) 259–282. – J. LEIPOLDT, Der Tod bei Griechen und Juden, Leipzig 1942. – F. MUSSNER, Die Auferstehung Jesu, München 1969. – E. ROHDE, Psyche. Seelenkult und Unsterblichkeitsglaube der Griechen, Tübingen 1925[10] (Neudruck Darmstadt 1961). – P. VOLZ, Die Eschatologie der jüdischen Gemeinde im neutestamentlichen Zeitalter, Tübingen 1934[2].

1. Die Problemstellung

Das Verhältnis zum Tod erscheint in unserer Gesellschaft auf den ersten Blick merkwürdig widersprüchlich. Auf der einen Seite gibt es die Tabuisierung des Todes, der als etwas Unpassendes möglichst versteckt, aus dem Bewußtsein verdrängt werden soll; dem steht aber auf der anderen Seite ein Zur-Schau-Stellen des Todes gegenüber, das eine genaue Entsprechung zum Abbau der Schamgrenze in allen übrigen Lebensbereichen bildet. Wie soll man dies erklären? Man muß bei näherem Zusehen wohl von einer Entwicklung in zwei Phasen sprechen, die sich gewiß vielfach durchdringen, aber doch auch deutlich unterscheidbar sind. Die bürgerliche Welt verbirgt den Tod. Josef Pieper hat eine Reihe bezeichnender Einzelheiten zu diesem Thema zusammengetragen: Er berichtet, daß in einer angesehenen amerikanischen Tageszeitung das Wort »Tod« nicht gedruckt werden darf; sogar die amerikanischen Bestattungsinstitute suchen durch eigene Sprachregelungen das Faktum des Sterbens möglichst unerwähnt zu lassen (192). Ähnliches ist uns aus unseren Krankenhäusern geläufig, in denen das Faktum des Sterbens meist, wenn irgend möglich, sorgfältig verborgen wird. Die Tendenz, den Tod zu verstecken, wird durch die Struktur der modernen Gesellschaft wirksam unterstützt. In ihr wird die Lebensgemeinschaft der Familie immer mehr abgelöst durch die Logik der Produktion und die von ihr entwickelten Spezialisierungen. Die Familie, die häufig nur noch als Schlafstätte figuriert, löst sich tagsüber auf; sie kann nicht der bergende Raum sein, der die Menschen in Geburt, Leben, Krankheit und Sterben zusammenführt. Krankheit und Tod werden so zu technischen Spezialproblemen, die in den dafür vorgesehenen Einrichtungen entsprechend behandelt werden. So werden diese grundlegenden menschlichen Phänomene nicht nur bewußtseinsmäßig, sondern auch soziologisch und strukturell marginalisiert. Sie sind nicht mehr physisch-metaphysische Probleme, die im Bereich einer Lebensgemeinschaft erlitten und bewältigt werden müssen, sondern technische Aufgaben, die von Technikern technisch behandelt werden.

Wird damit rein durch die äußere Strukturierung der Gesellschaft zunächst das Todestabu unterstützt, so ist in diesen Vorgängen doch zugleich auch eine andere Entwicklung mit angelegt, die heute immer stärker in den Vordergrund tritt. Ich meine damit nicht eigentlich den nihilistischen Trotz, von dem Pieper gleichfalls spricht: Dies ist eher eine elitäre Haltung, die es ablehnt, am allgemeinen Versteckspiel teilzunehmen und die Sinnlosigkeit dadurch bestehen möchte, daß sie ihr geradewegs ins Auge blickt. Immer breiter um sich greift dagegen eine dritte Einstellung, für die wiederum Pieper die Bezeichnung gefunden hat, wenn er von der materialistischen Bagatellisierung des Todes spricht. Im Fernsehen tritt der Tod als Spektakel auf; er wird zum Nervenkitzel, den man der allgemeinen Langeweile des Daseins entgegensetzt. Im letzten geht es freilich in dieser Versachlichung des Todes um das gleiche wie vordem im bürgerlichen Todestabu: Dem Tod soll der Charakter der Einbruchsstelle des Metaphysischen genommen werden; seine Banalisierung soll die unheimliche Frage bannen, die aus ihm aufsteigt. Schleiermacher hat einmal von Geburt und Tod als »durchgehauenen Aussichten« gesprochen, durch die der Mensch ins Unendliche hinausblickt. Aber eben dies Unendliche stellt seine Gewöhnlichkeit in Frage; so sucht er es zu bannen: Die Todesverdrängung wird wirksamer möglich in der Naturalisierung des Todes. Der Tod soll so sachlich, so gewöhnlich, so öffentlich werden, daß ihm nichts von metaphysischer Frage mehr bleibt.

Dies alles hat einschneidende Folgen für das Verhältnis des Menschen zu sich selbst und zur Wirklichkeit insgesamt. Die Allerheiligenlitanei drückt die Gesinnung des christlich Glaubenden dem Tod gegenüber in der Bitte aus: A subitanea morte, libera nos, Domine – von jähem und unversehenem Tode befreie uns, o Herr. Das jähe Hinweggenommenwerden, ohne sich bereiten zu können, ohne gerüstet zu sein, erscheint als *die* Gefahr des Menschen, vor der er gerettet werden will. Er möchte die letzte Wegstrecke bewußt durchwandern; er will selber sterben. Müßte man heute eine Litanei der Ungläubigen formulieren, so würde die Bitte zweifellos umgekehrt lauten: plötzlichen und unbemerkten Tod gib uns, o Herr. Der Tod soll schlagartig eintreten und zum Nachdenken keine Zeit lassen oder zum Leiden. Hier zeigt sich zunächst, daß die vollkommene Bannung der metaphysischen Furcht nicht gelungen ist; man möchte sie am liebsten dadurch zuwege bringen, daß man den Tod selbst produziert und daß er so als eine die Technik übersteigende Frage nach dem Menschsein überhaupt verschwindet. Die Bedeutung, die die Euthanasie-Frage zusehends erhält, beruht darauf, daß der Tod als ein mir widerfahrendes Phänomen vermieden und durch den technischen Tod ersetzt werden soll, den ich selbst nicht zu sterben brauche. Der Metaphysik soll die Tür zugeschlagen werden, ehe sie hereintreten kann.

Der Preis für diese Bannung der Furcht ist hoch: Die Dehumanisierung des Todes zieht mit Notwendigkeit die Dehumanisierung des Lebens nach sich. Wenn Krankheit und Tod auf die Ebene des technisch Machbaren reduziert werden, wird es der Mensch damit. Wo es zu gefährlich wird, den Tod menschlich anzunehmen, da wird das Menschsein überhaupt zu gefährlich. In dem Streben nach einer Rücknahme des Menschseins begegnen sich heute merkwürdig die gegensätzlichen Einstellungen: Einer positivistisch-technokratischen Weltsicht steht der Mensch ebensosehr im Weg wie der nostalgischen Sehnsucht nach der unzerstörten Natur, die im Geist die eigentliche Störung des Friedens sieht und immer mehr daran geht, den Menschen als das mißglückte Tier zu verketzern. Mit der Einstellung zum Tod ist die Einstellung zum Leben mitentschieden: Der Tod wird so zum Schlüssel für die Frage, was eigentlich der Mensch ist. Die Brutalisierung, die wir heute dem Menschenleben gegenüber erfahren, hängt mit der Abweisung der Todesfrage tief zusammen. Verdrängung wie Banalisierung können die Frage schließlich nur dadurch lösen, daß sie darangehen, den Menschen selbst aufzuheben.

2. *Die geistesgeschichtlichen Voraussetzungen der Frage*

a) Die herrschende Sicht

Wenn positivistische und materialistische Antworten den Menschen an diesem zentralen Punkt zuletzt ratlos lassen, könnte vielleicht sichtbar werden, daß Tod und Leben nicht zu den Fragen gehören, die durch einen Fortschritt an exakter Wissenschaftlichkeit aufzuklären sind. Es könnte sichtbar werden, daß es eine Gruppe von Fragen gibt – die eigentlich menschlichen –, bei denen andere Wege der Antwort einbezogen werden müssen: In diesem Bereich bleibt die in der Weisheit der Überlieferung eingeborgene Erfahrung eine zentrale Instanz. Wenn man nun die professionellen Verwalter der Überlieferung im christlichen Bereich, die Theologen, befragt, so findet man, aufs Große des Trends hin gesehen, einen ziemlich deprimierenden Befund.

Dabei darf man in der neueren Entwicklung der Probleme wohl zwei Phasen unterscheiden, die sich freilich nicht chronologisch säuberlich voneinander trennen lassen. Die erstere Tendenz ist vor allem durch die Arbeiten von P. Althaus und E. Jüngel repräsentiert. Ihr liegt die Antithese von biblischem und griechischem Denken zugrunde, die seit dem 16. Jahrhundert immer mehr die Signatur theologischer Arbeit geprägt hat. In unserer Frage sieht die Anwendung dieses Schemas, kurz gesagt, etwa so aus: Das griechische, von Platon entscheidend geprägte Todesverständnis sei idealistisch und dualistisch. Hier werde die Materie als in sich schlecht angesehen; nur der Geist, die Idee, gelte als das Positive, als die gott-artige, wahre Wirklichkeit. Der Mensch sei in dieser Auffassung das merkwürdige Gebilde, in dem die beiden gegensätzlichen Wirklichkeiten – Materie und Geist – ineinandergerückt sind. So sei der Mensch ein widersprüchliches, fatales Wesen: Der Geist, die Flamme des Göttlichen, ist verbannt in den Kerker des Leibes. Der Weg des Weisen bestehe demgemäß darin, den Leib als Grab des Geistes zu behandeln und sich in solcher Leibfeindlichkeit zur Unsterblichkeit zuzurüsten. Der Tod wäre dann ja der große Augenblick, in dem sich die Gefängnistore öffnen und die gefangene Seele heraus in die ihr angestammte Freiheit und Unsterblichkeit tritt. Der Tod erscheine so als der wahre Freund des Menschen, der ihn aus der unnatürlichen Verkettung an die Materie löst. Als Exponent solch idealistischer Todesverklärung erscheint der platonische Sokrates, der seinen Tod als Fest begeht und im Augenblick des Sterbens ein Opfer an den Gott des Lebens, Apoll, aufträgt, um so den Tod als die wahre Geburt, als das wirkliche Heraustreten ins Leben zu kennzeichnen.

Hier wird nun eine Schlußfolgerung sichtbar, die für die Frage nach dem christlichen Glauben und seiner Verkündigung im letzten Jahrzehnt äußerst folgenreich wurde: Der Glaube an die Unsterblichkeit der Seele, so wird gesagt, sei in diesem idealistisch-dualistisch-leibfeindlichen Denken des Platonismus zu Hause; mit dem biblischen Denken habe er nichts zu tun. Denn hier werde ganz im Gegenteil der Mensch in seiner ungeteilten Ganzheit und Einheit als Gottes Geschöpf angesehen, das sich nicht in Leib und Seele auseinanderteilen lasse. Daher werde auch der Tod nicht idealistisch verklärt, sondern in seinem vollen, ungeschminkten Realismus als der zerstörerische Feind des Lebens erfahren. Erst die Auferstehung Christi bringe hier eine neue Hoffnung, die aber nichts von dem Ganztod wegnehme, in dem nicht der Leib, sondern der

Mensch stirbt, wie denn die Sprache ganz mit Recht sage: Ich sterbe – nicht »mein Leib stirbt«. Am Ganztod sei nicht zu rütteln, der den Menschen als Menschen ohne Rest verschlingt. Freilich komme vom auferstandenen Christus her die Hoffnung, daß durch Gottes Gnade dieser ganze Mensch auch wieder erweckt werde zu neuem Leben. Die biblische Hoffnung könne auf jeden Fall nur mit dem Wort Auferstehung gefaßt werden und setze den Ganztod voraus – Unsterblichkeit der Seele müsse als ein dem Biblischen zutiefst widersprechender Gedanke eindeutig verabschiedet werden. Wir werden auf das Problem der Unsterblichkeit im folgenden Paragraphen ausführlich zurückkommen müssen; einstweilen geht es um das vorgelagerte Problem, wie der Tod zu interpretieren ist.

Heute ist in Teilen der theologischen Literatur eine Radikalisierung der These vom Ganztod festzustellen, in der der biblizistische Aspekt dieser Auffassung zusehends abgestreift wird (vgl. bes. Concilium 11 [1975] Heft 5, vor allem den Beitrag von J.-M. Pohier S. 352–362). Hier wird die sadduzäisch-archaisierende Sicht des Alten Testaments konsequent übernommen und gesagt, das Alte Testament als solches kenne weder Unsterblichkeit noch Auferstehung; dieser Gedanke tauche nur als Anleihe aus parsistischem Denken an seinem Rand auf. Auf der Linie dieses Ansatzes liegt eine Rekonstruktion der bei Mattäus und Lukas greifbaren Logienquelle, die sozusagen als die Urform jesuanischen Christentums erhoben wird, in dem nicht nur das Thema Kirche, sondern auch die Thematik von Tod, Auferstehung, Opfer, Sühne fehle. Der Ganztod erhält in dieser Betrachtungsweise erst seine für den einzelnen Menschen unwiderrufliche Gänze; Auferstehung bleibt nur noch eine Chiffre, deren Gehalte je nach dem philosophischen Standort des Autors wechseln. Man kann diesen Überlegungen insofern eine gewisse Konsequenz nicht absprechen, als eine dem Ganztod unverbunden gegenübergestellte Auferstehung ins Mirakulöse entgleitet und von keiner zusammenhängenden anthropologischen Einsicht mehr getragen ist. Ihre Suggestivkraft empfängt die neuere Sicht davon, daß hier durch geschickte literarkritische Manipulation eine völlige Übereinstimmung zwischen der biblischen Aussage und den vorgeschobensten Forderungen des Zeitgeistes erreicht ist. Aber zugleich bedeutet dies, daß der Glaube als Instanz einer Antwort auf die letzten Fragen des Menschen abdankt und auf die allgemein empfundene Sinnlosigkeit als letztes Wort verweist. Dazu aber wird er nicht benötigt.

b) Versuch einer Revision

Wenn man versucht, dem geistesgeschichtlichen Befund um seiner sachlichen Konsequenz willen auf den Grund zu gehen, zeigt sich folgendes. Zunächst wird man gewahr werden, daß die statische Gegenüberstellung von Kulturen und Denkformen (hier griechisch-biblisch) historisch betrachtet unsinnig ist. Die großen Kulturen und das auf ihrem Boden wachsende Denken sind keine ruhenden, fest gegeneinander abgegrenzten Gebilde. Die Größe einer Kultur zeigt sich in ihrer Aufnahmefähigkeit, in ihrer Kraft, sich bereichern und wandeln zu lassen; sie hängt daran, daß sie nicht statisch in ihr Eigenes verkapselt ist, sondern eine Dynamik des Wachstums in sich trägt, für die der Austausch im Empfangen und Geben wesentlich ist.

In unserer Frage bedeutet dies, daß ihr gegenüber alle Kultur- und Denkkreise einen Prozeß der Verwandlungen durchgemacht haben, dessen einzelne Stadien untereinander große Ähnlichkeit aufweisen. In allen Kulturen steht am Anfang die vom Mythos genährte Geborgenheit im Stirb und Werde, die satte Diesseitigkeit, das Verlangen nach Erfüllung im Reichtum langen Lebens und durch das Weitergehen in Kindern und Kindeskindern. Das ist keineswegs bloß die Sicht der frühen Welt des Alten Testaments; es ist genauso auch die Sicht des frühen Griechentums – Achill will lieber Bettler im Diesseits als König der Schatten sein, deren Leben ein Nicht-Leben ist; es gilt auch für die Frühzeit der spiritualistischsten aller Kulturen, der indischen (vgl. z. B. H. von Glasenapp, Die fünf großen Religionen I, Düsseldorf 1952, S. 29; C. Regamey, in: F. König, Christus und die Religionen der Erde, Freiburg 1951 I, S. 73 ff; für den griechischen Bereich P. Hoffmann, Die Toten in Christus, 26 ff). Man muß freilich hinzufügen: Trotzdem wird der Tod nirgendwo als Ganztod im strikten Sinn gefaßt. Überall wird irgendeine Art von Weiterexistenz angenommen; das reine Nichts ist gar nicht denkbar gewesen. Dieses Weiterleben, das doch kein Leben, eine seltsame Mischung aus Sein und Nichtigkeit darstellt, wird einerseits durch die Riten der Totenfürsorge ermöglicht, zugleich aber auch gefürchtet: Der Tote und in ihm das Nichts könnten einbrechen in die Zone des Lebens; so sind die Totenriten zugleich Schutzriten, die die Verstorbenen in ihrer Welt halten. Irgendwelche Formen von Ahnenkult und Totenglaube sind koextensiv mit der Menschheit überhaupt; auf der Straße der Gräber führt unser Weg in die Vergangenheit (Bachofen).

Diese allen frühen Kulturen gemeinsame Sicht, nach der nur das irdische Leben Leben, der Tod das Sein im Nichtsein ist, hat sich im Fortgang der geistigen Entwicklung nirgends als endgültig behaupten können. Mit dem Zerbrechen der unreflektierten Geborgenheit in den Clan-Verfassungen und dem Heraustreten des einzelnen in sein ganz persönliches Schicksal ist sie in unterschiedlichen Gestalten überall, auch in Israel, in die Krise geraten durch »Aufklärung«, die das Eigene des Menschen neu erfragte. Nur in solchen Zusammenhängen wird auch das besondere Anliegen des platonischen Denkens richtig erkennbar. Schon in Homers höchst menschlicher Darstellung der Götter läßt sich etwas von Ironie und wohl auch von Aufbegehren gegen die launische Willkür der höheren Mächte erkennen. Erst recht wird dies in der griechischen Tragödie spürbar; der Deus ex machina ist auch die theatralische Form des Widerspruchs gegen die wirkliche Welt und ihre Götter: Wären sie Götter, so müßten sie rettend eingreifen und das Recht herstellen. Was so sich zunächst noch innerhalb der mythischen Welt vorbereitete, nahm bei den Sophisten die offene Gestalt rationaler Kritik an und wurde zugleich zu einem Programm der Emanzipation des eigenen Lebens aus den vorgegebenen Mächten. An ihre Stelle tritt das Naturrecht, das aber nur als das Recht des Stärkeren, des Sich-Durchsetzenden erscheint – im Grund ist dies schon in der Odysseus-Gestalt Homers vorgebildet.

Wo aber solchermaßen das Vertrauen in das Sein und in die Gemeinschaft zerfällt und als einzige Orientierung der eigene Vorteil übrigbleibt, wird die Gemeinschaft zerstört. Die seelische Krise des 6. und des 5. Jahrhunderts v. Chr. ist zugleich die politische Krise des alten Griechenland. Auf die politische Krise, die in Wahrheit eine geistige Krise ist, versuchen Platon und Aristoteles zu antworten, nicht indem sie das Rad der Geschichte zurückzudrehen und die zerbrochene mythische Welt wiederherzustellen versuchen, sondern auf eine voranführende Weise: Sie treten selbst in die Aufklärung ein und gehen sophistisch vor, um gerade mit dieser Methode neu nach orientierenden Kräften zu suchen, die wieder Gemeinschaft ermöglichen. Platon stellt, auf Sokrates gestützt, dem Naturrecht des Schlau-Starken das Naturrecht des Seins entgegen, in dem dem einzelnen ein Platz im Ganzen zukommt. Auch er nimmt den Gedanken des Naturrechts auf, interpretiert ihn aber nicht individualistisch und rationalistisch, sondern als Gerechtigkeit des Seins, die dem einzelnen und dem Ganzen Existenzmöglichkeit gibt. Wichtig ist für ihn, daß die Gerechtigkeit die eigentliche Wahrheit und diese Wahrheit die eigentliche Wirklichkeit ist; daß also Wahrheit wirklicher ist als bloßes biologisches Leben und Sich-Durchsetzen. Ja, der Gerechtigkeit und Wahrheit gegenüber erscheint das bloße biologische Dasein geradezu als Unwirklichkeit, als Schatten; wer auf die Gerechtigkeit setzt, setzt auf das eigentlich Wirkliche. Dieser Gedanke, der zur Wiederbegründung des Politischen und zu neuer Ermöglichung der Polis als Gemeinschaft wird, wird bei ihm auch religiös begründet; Platon entwickelt ihn von religiöser Überlieferung her und will damit zugleich der oberflächlichen Religiosität des ausgelaugten Mythos gegenüber auf ursprünglichere Quellen der Weisheit verweisen. Sein Denken zielt nicht auf eine Philosophie der reinen Vernunft; er will die Vernunft vielmehr dahin führen, sich von jenen Grundüberlieferungen her neu zu finden, die wahre Gemeinschaft ermöglichen. Das philosophische Martyrium des Sokrates gehört in diesen Zusammenhang; es ist zugleich ein politisches Martyrium und steht als Erweis für den Wirklichkeitsrang, den Gerechtigkeit gegenüber bloßem Bios hat (vgl. J. Pieper, Über die platonischen Mythen, München 1965; U. Duchrow, Christenheit und Weltverantwortung, S. 61–80).

Diese scheinbar von unserem theologischen Problem weit abführenden Überlegungen sind nötig, weil sie das Unhaltbare der geläufigen Platonismus-Schematik zeigen, auf der so viele theologische Klischeevorstellungen beruhen. Die wahre Zielrichtung von Platons Denken wird völlig verkannt, wo er als individualistischer und dualistischer Denker eingestuft wird, der das Irdische verneint und die Menschen zur Flucht ins Jenseits anleitet. Sein eigentlicher Konstruktionspunkt ist in Wirklichkeit gerade die Wiederermöglichung der Polis, die Neugründung der Politik. Seine um die Gerechtigkeit kreisende Philosophie entwickelt sich in der Krise des Politischen und aus der Erkenntnis heraus, daß die Polis nicht Bestand haben kann, wenn Gerechtigkeit nicht Wirklichkeit, Wahrheit ist. Die Erkenntnis von der Lebenskraft der Wahrheit, die den Unsterblichkeitsgedanken einschließt, ist nicht Bestandteil einer Philosophie der Weltflucht, sondern in eminentem Sinn politische Philosophie – Einsichten, die auch für die heutigen Versuche »politischer Theologie« und politischer Eschatologie grundlegend sind. Wenn sich solche Denkbemühungen nicht dem Todesproblem und dem Gerechtigkeitsproblem in der bei Platon aufgebrochenen Tiefe stellen, können sie letztlich nur die Mitte der Sache verdecken.

Versuchen wir also, den Kern von Platons Einsicht zu umschreiben, so könnten wir sie etwa so formulieren: Um biologisch leben zu können, muß der Mensch mehr sein als Bios; er muß sterben können für ein eigentlicheres Leben. Die Gewißheit, daß die Hingabe an die Wahrheit Hingabe an die Wirklichkeit und nicht ein Schritt ins Nichts ist, ist die Voraussetzung der Gerechtigkeit, die ihrerseits die Lebensvoraussetzung der Polis und so zuletzt auch die Bedingung für das biologische Überleben des Menschen ist. Über das mythische und politische Instrumentar, mit dem Platon diese Einsichten dargestellt hat, wird zu sprechen sein, wenn wir uns unmittelbar der Frage nach der Unsterblichkeit der Seele und der Auferstehung der Toten zuwenden. Dann wird sich zeigen, wie sehr hier der christliche Glaube korrigierend und reinigend eingreifen mußte – es gibt tatsächlich eine tiefgehende Differenz zwischen Platon und dem Christentum, aber das darf doch den Blick dafür nicht trüben, daß hier Möglichkeiten für die philosophische Aufschließung des christlichen Glaubens vorlagen, die in einer tiefen Verwandtschaft der bestimmenden Intentionen begründet sind.

3. Die Entwicklung der Frage im biblischen Denken

a) Altes Testament

Die Todesvorstellung Israels partizipiert zunächst vollkommen an den gemeinsamen Anschauungen einer archaischen, in der Clan-Verfassung geborgenen Welt; die Veränderungen der Wirklichkeitssicht, die aus der Negation der mythischen Götter und aus dem Glauben an die Einzigkeit Jahwes folgen müssen, prägen sich erst zögernd aus. Sie stehen zur Debatte in der Krise der Weisheitsschulen, die man als eine jüdische Parallele zur griechischen Aufklärung ansehen darf, und werden dann noch einmal zur Frage in der Krise des jüdischen Bewußtseins, die mit der Gestalt Jesu Christi verbunden war und zur Ausbildung des Christlichen führte.

Zunächst erscheint es als die normale Erfüllung des Lebens, »alt und lebenssatt« zu sterben, das heißt die Fülle des irdischen Lebens auskosten zu können, Kinder und Kindeskinder zu schauen, um in ihnen an der Zukunft Israels, an seiner Verheißung zu partizipieren. Kinderlosigkeit oder zu früher Tod erscheinen allein als ein Zugriff des Todes, der nicht natürlich zu erklären ist, als Strafe, die den Menschen trifft und seinen Anteil am Leben zerschlägt. Die Erklärung solcher Geschehnisse scheint möglich aus dem Tun-Ergehens-Zusammenhang, das heißt: sie gelten als Folge von Sünde, so daß prinzipiell auch hier das Leben und die Vorstellung von seiner Gerechtigkeit intakt bleiben. Zu dieser archaischen Gesamtauffassung, in der ein entscheidendes Proprium Israels nicht zu erkennen ist, gehört es auch, daß der Tod nicht einfach als Vernichtung gilt: Der Tote steigt hinab in die Scheol, in der er ein nichtiges Dasein als Schatten führt. Er kann erscheinen und wird insofern als unheimlich, gefährlich empfunden. Dennoch ist er vom Raum der Lebendigen, des Lebens abgeschnitten, in eine Zone der Kommunikationslosigkeit verwiesen, die eben durch ihre Beziehungslosigkeit Lebenszerstörung ist. Der ganze Abgrund der Nichtigkeit zeigt sich darin, daß Jahwe dort nicht ist, daß er dort nicht gelobt wird: Auch ihm gegenüber besteht dort völlige Kommunikationslosigkeit. Der Tod ist so eine Gefangenschaft, die nie mehr endet; Sein und Nichtsein zugleich – ein irgendwie Noch-Sein und doch Nicht-mehr-leben.

Beim Hinschauen auf dieses Nicht-Sein, das andererseits kein völliges Nichts ist, wird es nun freilich doch unmöglich, den Tod schlicht als das Natürliche auf sich beruhen zu lassen. Von da aus hat sich vor allem im Beten Israels eine Phänomenologie von Krankheit und Tod entwickelt, die beides als geistige Phänomene interpretiert, ihren tiefsten geistigen Grund und Gehalt aufdeckt und mit Jahwe darum ringt, so aber das Leiden des Menschen vor Gott und mit Gott auf eine neue Stufe führt. Das Kranksein wird mit den Prädikaten des Totseins beschrieben: Es drängt den Menschen in den Kommunikationsverlust hinein. Krankheit erscheint als Zerstörung der Lebensbeziehungen; das Sozialgefüge zerfällt wie die innere Struktur des Körpers. Der Mensch ist ausgeschlossen von der Gemeinschaft der Freunde, von der Gemeinschaft des Gotteslobes. Er befindet sich in den Klauen des Todes und ist vom Land der Lebendigen abgeschnitten. Krankheit erscheint hier als die Sphäre des Todes bzw. umgekehrt wird der Tod als eine Sphäre gefaßt, die ins Leben des Menschen hineingreift. Ihr Wesen ist die Verlassenheit, die Isolierung, die Vereinsamung und darin die Preisgabe ans Nichts. Diese Phänomenologie der Krankheit, die faktisch zur Phänomenologie des Todes und zu einer Erhellung seines geistigen Gehalts führt, schließt eine Phänomenologie des Lebens ein: Nicht jedes Dasein ist auch schon Leben. Es gibt Leben, das Un-Leben ist und das fortzusetzen nicht Unsterblichkeit, sondern Verewigung einer Quälerei, eines Widerspruchs wäre. Das menschliche Leben ist nicht einfach in seinem Vorhandensein schon Leben – das eigentliche Leben berühren wir nur immer wieder, um zu erfahren, daß es uns verweigert ist. Leben im eigentlichen Sinn ist eben, wo Krankheit und Einsamkeit und Isolation nicht sind:

wo Reichtum der Erfüllung, der Liebe, der Gemeinschaft, wo Berührung mit Gott ist. So wird Leben identisch mit Segen, Tod mit Fluch. Leben heißt Gemeinschaft, das Wesen des Todes ist die Beziehungslosigkeit. Das rein Physische des Existierens oder Vergehens tritt zurück gegenüber dem bestimmenden humanen, sozialen und letztlich theologischen Phänomen dessen, was in der Tiefe Leben als Mensch ausmacht. So muß eines Tages die Frage aufstehen, ob denn dieser Sachverhalt nicht in zwei Richtungen weist: Wenn einerseits der physisch lebende Mensch »tot« sein kann, in der Gemeinschaftslosigkeit, muß dann nicht andererseits die Kraft der Gemeinschaft, der Gottesgemeinschaft jedenfalls, stärker sein als der physische Tod; kann dann nicht Leben bleiben auch über das physische Versinken hinaus?

Auf diesen genuin vom Jahwe-Glauben herkommenden Zugang zum Glauben an das ewige Leben aus Gottes Kraft hat mit Recht F. Mußner nachdrücklich hingewiesen (Die Auferstehung Jesu, 1969): Wenn man diese Zusammenhänge sieht, kann man gerade nicht sagen, daß die Zueignung des Auferstehungsglaubens bloß Hereindrängen fremden Gutes war. Man muß dann umgekehrt feststellen, daß das archaische Verständnis von Scheol Partizipation an einem in dieser Stufe allgemeinen Bewußtseinsstadium bedeutete; es zeigt, daß der Jahwe-Glaube in seiner inneren Konsequenz noch nicht entfaltet war. Denn sachlich ist die Vorstellung vom Tod als der Schranke, an der der Bereich Jahwes endet, ein Widerspruch zu dem umfassenden Anspruch des Jahwe-Glaubens; es liegt ein Widerspruch in der Auffassung, daß er, der das Leben ist, an eine Grenze seiner Macht stößt. Insofern steht man hier vor einer Situation, die gar nicht endgültig sein konnte; letzten Endes konnte nur entweder der Jahwe-Glaube aufgehoben werden, oder die Schrankenlosigkeit von Jahwes Macht und damit die grundsätzliche Endgültigkeit der von ihm gestifteten Gemeinschaft mußte hervortreten.

Der These, daß aus dem Gottesbegriff Israels die Unzerstörbarkeit der Gottesgemeinschaft und so das ewige Leben des Menschen als streng theo-logische Aussage folgen mußte, stellt sich freilich ein historischer Einwand von einigem Gewicht in den Weg. Aus einer Vielzahl von alttestamentlichen Texten kann man deutlich entnehmen, daß in Israel die Frömmigkeit genau wie in den umliegenden Religionen die Kommunikation mit den Toten gesucht und geliebt hat; das Volk hat den Glauben an das Weiterleben der Toten in der Weise der Nachbarn gekannt und gepflegt. Die amtliche Religion Israels, wie sie in das Gesetz und die Propheten, auch in die geschichtlichen Bücher Eingang gefunden hat, hat aber diesen Glauben und diese Praktiken gerade nicht aufgenommen. Sie leugnet zwar die Scheol-»Existenz« nicht einfach (vgl. 1 Sam 28,3–25; ausführliches Material bei Hoffmann, Die Toten in Christus, 61–73, bes. 67 ff), wie sie ja auch die Existenz der Götter zunächst nicht schlechthin bestreitet. Aber sie befaßt sich auch nicht damit, im Gegenteil: Alles, was mit Tod zu tun hat, wird als »unrein« qualifiziert, das heißt als kultunfähig; es steht der Kommunikation mit Jahwe entgegen. Zielt also hier nicht doch eine betonte und spezifische Option des Jahwe-Glaubens im Widerspruch zur religio humana et pagana auf Ausschaltung des Unsterblichkeitsglaubens in jeder Form? Darauf läßt sich zweierlei sagen:

a) Die kultisch negative Qualifikation des ganzen Bereiches »Tod« ist eine Absage an jede Art von Totenkult. Anders ausgedrückt: Das Nein zu den Ahnenkulten (die freilich faktisch doch weitgehend geübt wurden) ist der eigentliche Grund für die Naturalisierung des Todes. In einem breiten Strang der Religionsgeschichte läßt sich zeigen, daß der Ahnenkult zusehends die ganze religiöse Aufmerksamkeit absorbierte und den Hochgott als Deus otiosus – als abgedankten und unnützen Gott – an den Rand des Bewußtseins drängte. Im Ahnenkult liegt ein Sog, dem Israel widerstehen mußte, wenn sein Gottesbegriff nicht zerstört werden sollte. Der umfassende und ausschließliche Anspruch Jahwes, der den Gedanken der Unzerstörbarkeit der Gottesgemeinschaft in sich schließt, verlangte zunächst die kompromißlose Ausscheidung jeder Art von Totenkult. Die vorherige Entmythisierung des Todes war notwendig, um die besondere Art hervortreten zu lassen, in der Jahwe das Leben der Toten ist.

b) Die kultisch negative Qualifikation des Todesbereichs blieb nicht ohne theologische Folgen. Ihre Konsequenz ist, daß Tod und Sünde in Zusammenhang gesehen werden; der Tod hängt mit der Abwendung von Jahwe zusammen und läßt deren Gestalt deutlich werden. Wir werden diesem Motiv noch mehrmals begegnen, das sich von der primitiven Logik des Tun-Ergehens-Zusammenhangs allmählich zu Einsichten läutert, die den Weg in die Christologie hinein weisen.

Als Ergebnis können wir feststellen, daß die Diesseitigkeit des alttestamentlichen Glaubens einerseits aus der Zugehörigkeit einer langen Spanne seiner Geschichte zu archaischen Lebensformen, andererseits aus den besonderen Ansprüchen seines Gottesbegriffs folgt, der die Ausscheidung der Totenkulte und der in ihnen wirkenden Unsterblichkeitsideen verlangte; zugleich freilich hinderte dieser Gottesbegriff daran, bei solcher Diesseitigkeit als letztem Wort verbleiben zu können. Wir stehen so vor einem instabilen, offenen geschichtlichen Prozeß, den als ein statisches dogmatisches Gehäuse zu betrachten unsachlich ist. Die gegenläufigen Forderungen des Gottesbegriffs, auf die wir gestoßen sind, haben freilich den weiteren Weg nicht leicht werden lassen. Die endgültige Krise des Bisherigen wird in den Dokumenten israelitischer »Aufklärung«, den Weisheitsbüchern deutlich; Kohelet und Ijob lassen auf unterschiedliche Weise das Scheitern bisheriger Geborgenheiten erkennen, das hier sozusagen kanonische Gestalt empfängt.

Beide Bücher führen zu einer radikalen Kritik am alten Tun-Ergehens-Zusammenhang: ihn gibt es nicht; das Leben und Sterben des Menschen hat keine manifeste Logik (Koh 2,16 f). Bei Kohelet führt das in eine tiefe Skepsis hinein: Alles ist unsinnig, ist nichtig; sie wird von einer skeptisch-gläubigen Resignation notdürftig aufgefangen, die im Unsinn dennoch bereit ist, zu leben und einem unbekannten Sinn zu vertrauen, wenn auch die Frage nicht zurückgehalten wird, ob das Nicht-Geboren-Sein nicht doch besser wäre als das Leben. Das Leben gerät in die Krise. Ijob bringt noch dramatischer den inneren Streit der Weisheitsschulen und die Verurteilung der klassischen Tun-Ergehens-Weisheit Israels; sein Höhepunkt ist wohl die Appellation an Gott als Erlöser gegen den erfahrenen Gott der sinnlosen Zerstörungen (19,22–25): Ijob hofft auf den geglaubten Gott gegen den erfahrenen Gott und vertraut sich dem Unbekannten an; etwas von Hoffnung auf ein endgültiges Leben scheint darin aufzuklingen, auch wenn uns die undeutliche Textüberlieferung kein Urteil darüber erlaubt, wie weit solche Gedanken deutliche Gestalt gewonnen haben.

Wenn Ijob und Kohelet für uns die beiden Dokumente der Krise sind, hinter denen wir das Ausmaß der Erschütterung ahnen können, das der Zusammenbruch bisher gültiger Lehr- und Lebensweisheit nach sich zog, so waren dem aus der Erfahrung prophetischer und ganz persönlicher Frömmigkeit Aufbrüche ins Neue vorangegangen, die dem Glauben über die Krise hinweg Dauer zu geben vermochten. Der erste große Vorstoß kam aus der leidvollen Erfahrung des Exils, in den Liedern vom Gottesknecht bei Deutero-Jesaja. Krankheit, Tod und Verstoßung werden als stellvertretendes Leiden begriffen und damit wird dem Todesbereich ein neuer, positiver Gehalt aufgetan: Tod und Verstoßung in die Krankheit sind nicht einfach rechnerische Strafe für die Sünde, sondern sie können gerade auch der Weg des Gott-Zugehörigen sein, in dem er für die anderen die Tür zum Leben aufleidet und als Leidender zu ihrem Retter wird. Das Leid um Gottes willen und für die anderen Menschen kann die höchste Weise werden, Gott zu vergegenwärtigen, und in den Dienst des Lebens zu treten. Krankheit und Tod sind nicht mehr die Schranke, an der der Mensch nutzlos und sinnlos wird, nutzlos auch für Gott, den er nicht mehr preisen kann; sie sind nicht mehr die Verstoßung in die absolute Leere der Scheol, sondern sie sind die neue Möglichkeit des Menschen, darin er mehr tun und sein kann als im Heiligen Krieg und im kultischen Dienst des Tempels: jene Barmherzigkeit, die schon nach Samuel mehr ist als Opfer. Diese Einsichten sind deshalb so wichtig, weil die phänomenologische Identifikation von Krankheit und Tod, von Krankheit und Scheol bestehenbleibt, aber gerade so Tod nicht mehr als Letztes, als Nichtigkeit und Strafe ohne Wiederkehr erscheint, sondern als Kraft der Reinigung und der Verwandlung: Krankheit und Tod sind nun, wie schon gesagt, Weg und Geschick des Gerechten, in dem sich das Recht in die Barmherzigkeit stellvertretenden Dienens hinein vertieft. Die Frage, ob in Jesaja 53, 9–12 schon im eigentlichen Sinn von Auferstehung die Rede ist, ist im Grunde nebensächlich, denn in der Sache ist Auferstehung auf jeden Fall impliziert: Die Scheol behält den so Leidenden nicht, sondern sein Leid ist die Weise, wie durch das Scheinleben Leben in seiner Eigentlichkeit und Fülle durchbricht.

Die angefochtene persönliche Frömmigkeit vieler Psalmen hat die hier aufklingenden Erfahrungen auf ihre Weise vertieft und ausgereift. Auch nach der Rückkehr aus dem Exil konnte ja die alte Clan-Situation mit ihrer tragenden Kraft nicht mehr hergestellt werden; die Frommen gerieten vielfach in die Minderheit gegenüber den Zynikern und Skeptikern. Sie mußten so die Frage nach dem Sinn ihrer Frömmigkeit ohne die Stütze des Clans im persönlichen Ringen mit Gott bestehen. Ich verweise nur auf zwei Psalmen, die für die christliche Reflexion wichtig wurden. Zunächst soll kurz ein Text erwähnt werden, der eines der tragenden Stücke der frühchristlichen Auferstehungspredigt wurde, Psalm 16 (bes. Vers 9 ff). Aus seinem tiefen Vertrauen auf Gottes rettende Macht heraus wagt der Beter hier die Worte: »Auch mein Leib wird wohnen in Sicherheit. Denn du gibst mich nicht der Unterwelt preis; du läßt deinen Frommen das Grab nicht schauen ...

Vor deinem Angesicht herrscht Freude in Fülle, zu deiner Rechten Wonne für alle Zeit.« Auch wenn hier ein direkter Glaube an die Todesüberwindung nicht ausgesagt sein sollte, so klingt doch die Gewißheit, daß Jahwe stärker ist als die Scheol, mit aller Deutlichkeit auf; der Beter weiß sich geborgen in Gottes Händen, die unzerstörbar die Macht des Lebens sind. »Der Lebensgrund Gottes trägt den Leib des Menschen *mitten im Bereich des Todes.* Daß aber Gottes Lebensmacht den Menschen auch *durch den Tod hindurch* in ein neues Leben hinüberträgt – diese Gewißheit liegt im alttestamentlichen Wort noch verborgen. Eine geheimnisvolle Transparenz ist aber unverkennbar«, bemerkt selbst ein so vorsichtiger Ausleger wie H. J. Kraus (Psalmen I, Neukirchen 1960, S. 127).

Noch tiefer führt Psalm 73, besonders die Verse 23–28 (nebenbei bemerkt einer der Lieblingspsalmen des heiligen Augustinus). Der Beter steht in derselben Problematik, wie sie in Kohelet und Ijob begegnete. H. J. Kraus macht freilich mit vollem Recht darauf aufmerksam, daß es nicht um eine Abhandlung über ein Problem geht, sondern um »eine bis an den Rand des Irrewerdens sich steigernde Lebensnot« und eine Erfahrung, die darauf antwortet (Psalmen I 511). Der Psalmist erlebt das Glück der Sünder, denen nichts ankann. Sie scheinen geradezu eine Art Übermenschen zu sein, denen alles hinausgeht (Vers 4 f). Die Welt scheint verkehrt zu sein und eigentlich nur eins zu bleiben: wie sie zu leben; Gott wegzuwerfen und in den Zynismus der Machtmenschen, der Erfolgreichen, dieser »Götter«, die keine Sterblichen scheinen, miteinzustimmen. »Sie reißen ihr Maul auf bis zum Himmel und lassen auf Erden ihrer Zunge freien Lauf« (Vers 9). Frömmigkeit scheint sinnlos, eine einzige Vergeblichkeit. Und in der Tat: Solange man vom Tun-Ergehens-Zusammenhang ausgeht, Religion unter dem Gesichtspunkt irdischen Nutzens, irdischer Gerechtigkeit betrachtet, bleibt nur die Verzweiflung oder der Abfall. Die Antwort erfährt der Psalmist im Tempel – das heißt: nicht in der Reflexion, im Hinschauen auf die anderen, im Vergleichen zwischen sich und ihnen, in der Analyse des Weltenlaufs, die zur Religion des Neides führt; er erfährt sie im Hinschauen auf Gott. Im Hinschauen darauf erkennt er das Scheinhafte, Nichtige und Erbärmliche dieses Glücks – erkennt er, daß der Neider ein Narr ist: wie ein Vieh (Vers 22). Und nun tritt eine Erfahrung ein, die alles Bisherige sprengt: »Du hältst mich nach deinem Ratschluß und nimmst mich am Ende auf in Herrlichkeit. Was habe ich im Himmel außer dir? Neben dir erfreut mich nichts auf der Erde. Mag auch schwinden mein Leib – Gott ist der Fels meines Herzens und mein Anteil auf ewig« (Vers 24–26). Mit Recht hat Harnack gesagt, die Kraft dieses Verses 25 könne nicht mehr überboten werden (Wesen des Christentums, 1950, S. 28). Hier ist ohne jede Anleihe von außen, ohne philosophische oder mythologische Schemata einfach aus dem Inneren der tief erfahrenen Gottesgemeinschaft des Betenden die Gewißheit aufgestiegen: Gottesgemeinschaft ist stärker auch als der Zerfall des Leibes. Sie ist die eigentliche Wirklichkeit, vor der alles andere, was sich noch so massiv als Wirklichkeit aufdrängt, als scheinhaft und nichtig durchschaubar wird. »Die Leere ist durch eine alle Diesseitigkeit sprengende Gottesgemeinschaft gefüllt« (Kraus, Psalmen I 520). Die Kommunikation, so sagten wir früher, ist das Leben, und die Kommunikationslosigkeit ist der Tod. Diese durchaus empirische Aussage ist hier in der konkreten Erfahrung des Beters zu ihrer entscheidenden Konsequenz geführt: Die Gottesgemeinschaft *ist* die Wirklichkeit. Sie ist das eigentlich Reale. Diese Kommunikation als das eigentlich Reale ist realer auch als der Tod. Hier wird nichts geschildert, ausgemalt, in der Reflexion begründet und erklärt. Das ist die Schwäche und die Stärke des Textes. Er gibt keine Theorie der Unsterblichkeit. Er spricht nur eine erfahrene Gewißheit aus, die dann das Denken mit seinen Möglichkeiten ausschmücken oder ausdeuten wird; aber die Modelle des Denkens werden immer zurückbleiben hinter dem originären Kern des Erfahrenen. Man wird sagen müssen, daß dies einer der Texte ist, in denen das Alte Testament am meisten ins Neue übergreift und am meisten zu sich selber kommt. Er entwickelt eine originäre Idee von der Überwindung des Todes, die weder auf griechische noch auf persische Muster zu verrechnen ist. Er operiert weder mit dem Seelenbegriff noch mit dem Auferstehungsgedanken, sondern kommt allein aus dem Gottesbegriff und der Idee der Gemeinschaft bzw. der Erfahrung der Gemeinschaft zu seiner Aussage. Das Hinschauen auf Gott, das Sein-mit-ihm wird hier als der Ort erkannt, wo der Mensch die Scheol bestehen kann, die mitten in seinem Leben ständig anwesend ist und ihn aufzufressen droht.

Wir müssen zuletzt, unseren Rundgang durch das Alte Testament abschließend, als dritte Gruppe von Texten die Martyrienliteratur erwähnen, die in der Erfahrung des Martyriums zur Gewißheit des Lebens kommt und im Martyrium zugleich eine neue Weise findet, den Tod zu bestehen. In diesen Zusammenhang gehört Daniel 12,2: »Von denen, die im Land des Staubes schlafen, werden viele erwachen; die einen zum ewigen Leben, die anderen zur Schmach, zu ewigem Abscheu.« Dies ist die deutlichste Formulierung des Auferstehungsglaubens im Alten Testament; sie steht im Zusammenhang mit den hellenistischen Judenverfolgungen, in denen einige der großartigsten Zeugnisse von Israels Glauben Gestalt gewannen. Es sei erinnert an das Bild von den drei Jünglingen im Feuerofen, dies zeitlose Symbol des leidenden Gottesvolkes, das im Feuerofen den Lobpreis Gottes anstimmt.

Neben Daniel gehören hierher die zwei spätesten Bücher des Alten Testaments überhaupt: das Buch der Weisheit und das zweite Makkabäerbuch. Der Denk- und Erfahrungszusammenhang beider Werke wird besonders in der Schilderung der Martyrien in 2 Makk anschaulich, die man etwa so umreißen könnte: Der Glaubende steht angesichts der Verfolgung vor der Frage, ob er die Gerechtigkeit Jahwes oder sein Leben, seinen Bios vorziehen soll – er ist in die Wahl zwischen Recht und Bios gesetzt. Kein Tun-Ergehens-Zusammenhang hilft hier; gerade der Glaube, die Gerechtigkeit, bewirkt im Gegenteil den vorzeitigen und grausamen Verlust des Lebens. Die Situation von Psalm 73 gewinnt ihre äußerste Schärfe. In dieser Lage wird dem Glaubenden durchsichtig, daß Jahwes Gerechtigkeit mehr ist als sein eigenes biologisches Vorhandensein und daß der, der in Gottes Recht hineinstirbt, nicht ins Nichts, sondern in die eigentliche Wirklichkeit, ins Leben selbst eingeht. Es wird sichtbar, daß Gerechtigkeit und Wahrheit Gottes nicht nur Ideen oder Ideale sind, sondern »Wahrheit« im Sinn von Wirklichkeit, eigentlicher Wirklichkeit: Wer in sie hineingeht, geht nicht ins Nichts, sondern ins Leben hinein. Das Weisheitsbuch drückt in 3,1 ff und in 16,13 (vgl. auch 2,3) diese Gewißheit mit Hilfe von Anleihen aus griechischem Denken aus; dennoch wäre es töricht, hier von einem Sieg des Hellenismus über das hebräische Denken zu sprechen: Was Weish 3 bietet, ist in seinem Kern eindeutig Martyrerfrömmigkeit in der Linie, die von Jesaja 53 bis zu Psalm 73 führt. Denn nun wird sichtbar, daß letztlich alle diese Texte, auch Ijob, einer martyriumsähnlichen Situation entspringen – daß im Weg des Alten Testaments gerade das durchlittene und geistig bestandene Leid zum hermeneutischen Ort wurde, an dem sich Wirklichkeit und Unwirklichkeit scheiden, an dem die Gottesgemeinschaft als die Stätte des wahren Lebens erkennbar wurde. Daß 2 Makkabäer wie Daniel zur inhaltlichen Auffüllung mehr östliche Gedankenmuster (Auferstehung), Weisheit ein in Griechenland gewachsenes (Seele in Gottes Hand) heranziehen, ist demgegenüber durchaus sekundär. Das Eigentliche liegt tiefer: in der Erfahrung, daß Gottesgemeinschaft Leben ist über den Tod hinaus. Daß es zu dieser in der Passion des Glaubens entstandenen Einsicht eine innere Parallele in der von Platon vermittelten Erfahrung des für die Gerechtigkeit sterbenden Sokrates gibt, war das eigentlich Verbindende zwischen dem Denken der Bibel und demjenigen der platonischen Philosophie, so daß von hier aus Begegnung der Traditionen möglich wurde.

b) Die im Neuen Testament eröffnete Deutung von Tod und Leben

Wenn man das dramatische Ringen des Alten Testaments in seiner ganzen Erstreckung überblickt, dann liegt die Einheit der Testamente zutage. Das Neue Testament braucht keine vollends neuen Gedanken zu formulieren; sein Neues besteht in dem neuen Faktum, das alles Bisherige aufnimmt, sammelt und so erst ganz zu sich selber bringt: im Martyrium des treuen Zeugen Jesus und in seiner Auferstehung. Das Martyrium und die Auferwedkung des Gerechten schlechthin geben der Vision von Psalm 73 und der hoffenden Zuversicht der Makkabäer Fleisch und Blut. Im auferstandenen Christus hat der Notschrei des angefochtenen Glaubens seine Antwort gefunden.

Es bleibt die Frage, welche Wertung des Todes sich in dieser neuen Beleuchtung ergibt. Dazu ist zunächst zu sagen, daß das Neue Testament die Grundrichtung des Alten eindeutig beibehält. Auch im Zeichen des Kreuzes tritt nicht etwa Todesverherrlichung an die Stelle der frühen Freude am Leben. Das Ja zum Leben und die Beurteilung des Todes als des Gegengöttlichen zeigt sich am Ende der neutestamentlichen Entwicklung, in Offb 20,13 ff noch einmal nachdrücklich: zuletzt muß das Meer als das mythische Bild für die Unterwelt, die Welt des Todes, die Toten herausgeben, und nun werden der Tod und der Hades, d. h. das Tot-Sein, insgesamt in den Feuersee geworfen und für immer verbrannt. Es gibt keinen Tod mehr. Es gibt nur noch Leben.

Der Sache nach wird das gleiche auch in 1 Kor 15 gesagt. Der Tod wird als »der letzte Feind« (15,26) abgetan. Sein Ende bedeutet die endgültige Alleinherrschaft Gottes, des unbesiegbaren Lebens, das den Todesschatten von sich stößt. Insofern steht die christliche Grundeinstellung gemeinsam mit der alttestamentlichen in deutlichem Gegensatz zu anderen großen religiösen Deutungen der Wirklichkeit, wie sie z. B. Indien in der buddhistischen Frömmigkeit entwickelt hat, deren oberster Grundsatz es ist, den Durst nach

Sein als die tiefste Quelle des Leidens zu löschen. Das Christentum geht in die genau entgegengesetzte Richtung: Es dramatisiert den Durst nach Sein zum Durst nach Gott selbst und sieht darin die Fülle des Heiles.

Gleichzeitig ist das Neue Testament von dem vorhin besprochenen Faktum bestimmt, das scheinbar, aber eben nur scheinbar die Grundoption verschiebt: Der Christus selbst, der wahre Gerechte, ist als Gerechter ein Leidender und in den Tod Verstoßener. Der Gerechte ist in die Scheol, in das unreine Land hinabgestiegen, wo Gott nicht gelobt wird. Mit diesem Hinabsteigen Jesu steigt Gott selbst in die Scheol: damit aber hört der Tod auf, das gottverlassene Land der Finsternis und der Bereich der erbarmungslosen Gottesferne zu sein. In Christus ist Gott selbst in den Bereich des Todes eingetreten und hat den Raum der Kommunikationslosigkeit zum Raum seiner Anwesenheit gemacht. Das ist nicht Glorifizierung des Todes; indem Gott ihn durch Christus heimgesucht hat, hat er ihn als Tod aufgehoben und überwunden.

Aber sind damit nicht doch die Wertungen umgekehrt? Ehedem hatte das Leben selbst als das Heil gegolten. Nun wird dem Menschen gerade ein Tod zum Leben. Mit der Verkündigung des Kreuzes als der Erlösung des Menschen rückt der Tod ins Zentrum der Glaubensverkündigung. Ist das nicht doch Verdächtigung des Lebens, Verherrlichung des Todes? Um Antwort zu finden, müssen wir uns an die Phänomenologie von Tod und Leben erinnern, die im Ringen des Alten Testaments gewachsen war; sie läßt sich leicht in der eigenen Lebenserfahrung verifizieren. Wir hatten festgestellt, daß das Leben, so wie wir es Tag um Tag vorfinden, meist nur ein Schatten von Leben ist, eine Art von Hades, in dem wir nur manchmal ahnen, was Leben eigentlich wäre. Daran liegt es, daß der Mensch durchschnittlich kein unmittelbares Verlangen nach Unsterblichkeit hat: Das Leben, so wie es ist, ins Endlose zu verlängern, kann niemandem wünschbar erscheinen. Aber die naheliegende Schlußfolgerung, dann eben den Tod möglichst schmerzlos und spät, als das fraglos Normale einzuplanen und aus dem Leben zuvor soviel wie möglich herauszuholen – diese Schlußfolgerung geht auch nicht auf. Gegen sie steht jenes Urempfinden, das Nietzsche auf die Formel gebracht hat: Alle Lust will Ewigkeit, will tiefe, tiefe Ewigkeit. Es gibt Augenblicke, die nie vergehen sollten. Was darin berührt wird, dürfte nie enden. Daß es dennoch vorübergeht, ja, überhaupt nur in Augenblicken erfahrbar ist, ist die eigentliche Melancholie der menschlichen Existenz.

Aber wie sieht der Augenblick aus, in dem der Mensch erfährt, was Leben ist? Es ist der Augenblick der Liebe, der für ihn zugleich zum Augenblick der Wahrheit, der Entdeckung des Lebens wird. Das Unsterblichkeitsverlangen steigt nicht aus der isolierten, in sich verschlossenen Existenz auf, die unbefriedigend ist, sondern aus der Erfahrung der Liebe, der Gemeinschaft, des Du. Es entsteht aus der Forderung, die das Du an das Ich stellt und umgekehrt. Die Entdeckung des Lebens schließt ein Überschreiten des Ich, ein Zurücklassen des Ich mit ein. Sie trägt sich nur dort zu, wo der Mensch sich wegwagt von sich selbst und sich fallen läßt. Wenn das Mysterium des Lebens mit dem Mysterium der Liebe identisch ist, dann ist es auch an ein Todesgeschehen gebunden.

Damit sind wir wieder bei der christlichen Botschaft vom Kreuz mit ihrer Deutung von Tod und Leben angelangt. Sie deutet den Tod dadurch, daß sie uns lehrt, in ihm mehr als den Schlußpunkt unseres biologischen Daseins zu sehen. Der Tod ist in der Uneigentlichkeit, in der Verschlossenheit und Leere unseres Alltags fortwährend zugegen. Der physische Schmerz, die Krankheit, die den Tod ankündigen, bedrohen unser wirkliches Leben weniger als das Vorbeiexistieren an uns selbst, das die Verheißung des Lebens ins Banale verfließen läßt und am Ende ins Leere führt.

Wenn wir an diesem Punkt unsere bisherigen Überlegungen zu ordnen versuchen, werden wir festellen, daß sich das Phänomen Tod nun in drei sehr verschiedenen Dimensionen darstellt:

1. Tod ist anwesend als die Nichtigkeit einer leeren Existenz, die auf ein Scheinleben hinausläuft.

2. Tod ist anwesend als der physische Prozeß der Auflösung, der das Leben durchzieht, in der Krankheit spürbar wird und im physischen Sterben zum Abschluß kommt.

3. Tod begegnet im Wagnis der Liebe, die sich selbst zurückläßt und an den anderen weggibt; er begegnet in der Preisgabe des eigenen Vorteils zugunsten von Wahrheit und Gerechtigkeit.

Damit entsteht die Frage, wie diese drei Gestalten von Tod zunächst untereinander zusammenhängen und wie sie dann auf den Tod Jesu zu beziehen sind; in der Beantwortung dieser doppelten Frage muß sich das christliche Verständnis des Todes klären. Der Ausgangspunkt der Lösung muß bei Bedeutung zwei liegen, das heißt in der biologischen Komponente des Humanen, in der Tod zunächst und zuerst zu Hause ist. Der Schmerz, die Krankheit kann den Menschen als Menschen paralysieren, ihn nicht nur physisch, sondern auch psychisch und geistig zersetzen. Er kann aber auch die Selbstzufriedenheit, die Abstumpfung des Geistes aufsprengen und den Menschen zur Selbstfindung führen. Die Auseinandersetzung mit dem Leid ist die eigentliche Entscheidungsstätte des Menschlichen. Denn darin wird der Mensch konkret und unausweichlich mit der Tatsache konfrontiert, daß er über sein eigenes Leben nicht verfügen kann, daß ihm sein eigenes Leben nicht zu eigen ist. Darauf kann er mit Trotz antworten, der sich selbst dennoch die Macht zu beschaffen versucht, und sich so einem verzweifelten Zorn als Grundhaltung ausliefern. Darauf kann er aber auch antworten, indem er versucht, der fremden Macht zu vertrauen und sich furchtlos führen zu lassen, ohne sich angsterfüllt nach sich selber umzusehen. Auf solche Weise verschmilzt seine Haltung zum Schmerz, zur Präsenz des Todes im Leben mit der Grundhaltung, die wir Liebe nennen. Denn nun zeigt sich dies: Der Unmöglichkeit, über das eigene Leben zu verfügen, begegnet der Mensch nicht nur an der physischen Grenze des Lebens, die ihn die Krankheit spüren läßt, sondern im zentralen Bereich des Humanen, sofern er darauf angelegt ist, geliebt zu werden, der Liebe als der eigentlichen Nahrung seiner Seele zugewiesen ist. Aber die Liebe, also das, was er als Mensch am meisten braucht, kann er wiederum nicht selbst herbeiführen; er muß ihrer warten und erhält sie dann sicher nicht, wenn er sie selber besorgen will. Wieder kann er ob dieser Angewiesenheit zürnen, sie abschütteln wollen, sie auf eine Bedürfnisstillung zurückschrauben, die ohne das Abenteuer des Geistes und des Herzens zu erreichen ist. Wieder kann er umgekehrt dies annehmen und sich vertrauend offenhalten in der Gewißheit, daß die Macht, die ihn so gewollt hat, ihn auch nicht betrügen wird.

Das bedeutet: Die Auseinandersetzung mit dem physischen Tod stößt den Menschen auf die Grundverfassung seines Seins überhaupt. Sie stellt vor die Entscheidung, die Struktur »Liebe« anzunehmen oder ihr die Struktur »Macht« entgegenzuhalten. Das aber löst die entscheidende Frage aus: Kann man den Anspruch des physischen Sterbens, der mitten im Leben fortwährend begegnet, in der Gesinnung des Vertrauens aufnehmen, die in die Grundhaltung der Liebe führt, oder verspielt man dabei die schönsten Angebote des Lebens durch das Warten auf eine Wirklichkeit, die es nicht gibt oder nicht so gibt, wie sie vorausgesetzt wird? Wenn sich uns in den bisherigen Überlegungen der innere Zusammenhang der drei Bedeutungen von »Tod« aufgehellt hat, die wir erarbeitet haben, so öffnet sich nun die Beziehung zur christologischen Frage.

Der Gott, der in Christus selber stirbt, ist der Gott, der die Struktur Liebe über alles Erwarten hinaus erfüllt und das Vertrauen rechtfertigt, dessen einzige Alternative im letzten die Selbstzerstörung ist. Der Christ stirbt in den Tod Christi hinein – diese überlieferte Formel gewinnt nun einen ganz praktischen Sinn: Die unverfügbare Macht, die allenthalben sein Leben begrenzt, ist nicht eine blinde Naturgesetzlichkeit, sondern eine Liebe, die sich ihm selbst so in die Verfügung gegeben hat, daß sie für ihn und mit ihm gestorben ist. Der Christ weiß: Er kann die Selbstenteignung, die ihm fortwährend widerfährt, verschmelzen mit der Grundgesinnung eines auf Liebe geschaffenen Wesens, das sich gerade im Vertrauen auf das nicht zu erzwingende Geschenk der Liebe unbedingt geborgen weiß. Der Tod, der Feind des Menschen, der ihn berauben, ihm das Leben stehlen will, wird besiegt, wo der Mensch dem Raubzug des Todes mit der Gesinnung der vertrauenden Liebe entgegentritt und so den Raub umwandelt in ein Mehr an Leben. Der Tod als Tod ist besiegt in Christus, in dem dies aus der Vollmacht unbegrenzter Liebe geschah; er wird besiegt, wo mit Christus und in Christus hineingestorben wird. Deshalb steht die christliche Gesinnung dem modernen Wunsch nach der subitanea mors entgegen, die den Tod zum ausdehnungslosen Moment machen und damit den Anspruch des Metaphysischen aus dem Leben bannen will: In der verwandelnden Annahme des Sterbens, das im ganzen Leben immer wieder präsent wird, reift der Mensch zum wirklichen, zum ewigen Leben.

Wenn wir diese Gedanken nun zusammenschließen mit dem, was im Rahmen der biblischen Entwicklung über die Bedeutung des Martyriums sichtbar wurde, eröffnet sich noch eine weitere Dimension. So wie das Sterben des Menschen nicht auf den Augenblick seines klinischen Todes zusammenzuziehen ist, so beginnt Beteiligung an der Martyria Jesu nicht erst in dem Augenblick, in dem sich jemand dafür hinrichten läßt. Ihre grundlegende Form ist auch hier sehr unansehnlich und gewöhnlich: Sie besteht in der alltäglichen Bereitschaft der Überordnung des Glaubens, der Wahrheit, der Gerechtigkeit über den Vorteil des eigenen Davonkommens. Nun zeigt sich aber bei näherem Zusehen, daß erst diese Überordnung der Wahrheit über den Nutzen des Ich den Menschen kommunikabel macht für den anderen. Denn warum und auf welche Weise können Menschen überhaupt kommunizieren miteinander? Eben dadurch, daß es dies Dritte, das Rechte, die Wahrheit über ihnen als ihr Gemeinsames gibt, das sich dann zugleich auch für jeden als sein Eigenes erweist. Aber auch hier gilt wieder, daß solches Zutrauen zur Wahrheit erst vollends möglich ist, wenn feststeht, daß es sie wirklich gibt, und wenn sie geantwortet hat. Darin aber verschmilzt das Ganze mit dem vorhin Gesagten: Martyrium mit Christus ist als Prozeß der Überordnung der Wahrheit über das bloße Ich mit der Bewegung der Liebe identisch. Wenn der Tod seinem Wesen nach Inkommunikabilität ist, dann ist die Bewegung, die zur »Kommunion« führt, zugleich die Bewegung des wirklichen Lebens. Dann deckt dieser Prozeß der Selbstenteignung erst auf, welche Scheol, welche Nichtigkeit und Preisgabe ans Nichts unsere Selbstherrlichkeit, unser Überlebenwollen auf Kosten des Rechts gewesen ist, und dann vollzieht sich in diesem Todesprozeß der eigentliche Prozeß des Lebens.

Von hier aus kann verständlich werden, was die christliche Formel von der »Rechtfertigung« des Menschen durch den Glauben in der Taufe bedeutet. Die Lehre, daß Rechtfertigung durch Glauben, nicht durch Werke geschieht, besagt dann dies: Sie vollzieht sich durch die Beteiligung am Tode Christi, d. h. durch die Beteiligung am Weg des »Martyriums«, also an dem täglichen Drama der Überordnung von Recht und Wahrheit über das bloße Vorhandensein aus dem Geist der im Glauben ermöglichten Liebe. Umgekehrt – die Rechtfertigung im Werk suchen heißt dann, daß der Mensch in der Isolation des Tun-Ergehens-Zusammenhangs durch seine Leistung sich selbst erlösen will. Das kann im einzelnen sehr subtile Formen annehmen, läuft aber zuletzt doch immer auf dasselbe Muster hinaus. Rechtfertigung durch das Werk, durch das, was man selbst leistet, bedeutet im Kern, daß der Mensch sich selbst seine eigene kleine Unsterblichkeit bauen möchte; er will selbst so viel vom Leben nehmen, daß es genügt. Aber ein solches Unterfangen kann allemal nur Illusion sein, auf welcher Ebene es sich auch bewegt: auf archaischer oder höchst wissenschaftlicher bis zu dem Versuch hin, durch medizinische Forschung den Tod auszuschalten. Durch solche Selbstbehauptung, die im Grunde auch eine Kommunikationsverweigerung ist, verkennt der Mensch die Wirklichkeit und seine eigene Wahrheit. Denn diese seine Wahrheit ist es, daß er vergänglich ist und in sich keinen Bestand hat. Je fester er sich auf sich selber stellt, desto fester stellt er sich aufs Nichts, desto mehr verfällt er dem Nichts, zu dem er für sich allein genommen notwendig wird. Nur in der Übereignung an die Wahrheit und an das Recht trifft er die Kommunikation, die Leben ist. Zu seinem Leben gehört, daß er das Leben immer nur von anderen hat und nie aus sich selbst erleisten kann: Nicht das Werk, sondern der Glaube bringt Leben.

Der von der Kreuzestheologie bzw. der paulinischen Rechtfertigungslehre gewiesene Weg bedeutet, wie sich zeigt, in keiner Weise eine Weltanschauung der Passivität. Denn die Zuwendung zu Wahrheit, Recht, Liebe ist gerade als Vorgang des Empfangens zugleich höchste Aktivität des Menschen. Ebenso wird deutlich, daß das Nein zu den »Werken« nicht eine Absage an die sittliche Aufgabe des Menschen ist, sondern umgekehrt das volle Ja zum Leben als Kommunikation in der Wahrheit, die im auferweckten Martyrer Christus ihre personale Gestalt gefunden hat.

Schließlich sind wir damit an einem Punkt angelangt, von dem aus die innerste Einheit und Einfachheit des Christlichen erkennbar wird. Wir können nämlich jetzt Folgendes feststellen: Ob ich nun sage, im Christentum gehe es nur um das Passah-Geheimnis von Tod und Auferstehung, oder ob ich sage, im Christentum gehe es nur um die Rechtfertigung aus dem Glauben als die alleinige Mitte des Christlichen, oder ob ich sage, im Christentum gehe es nur um den trinitarischen Gott und so um die Liebe als das Einzige und Ganze – alle drei Aussagen erweisen sich hier als identisch. Es ist in allem dies Eine gemeint: die Beteiligung an der Martyria Christi, jenes Sterben, das Glaube und Liebe als Annehmen und Annehmenlassen meines Lebens durch den Gott ist, der nur als Trinität Liebe sein kann und nur als Liebe die Welt erträglich macht.

Endlich wird hier, gerade hier, im Bedenken des Persönlichsten, des Todes, sichtbar, daß die christliche Eschatologie kein Ausweichen vor den gemeinsamen Aufgaben dieser Welt ins Jenseitige und daß sie nicht der Rückzug in die private Seelenrettung ist. Der Konstruktionspunkt dieser Eschatologie ist ja gerade die Zuwendung zum gemeinsamen Recht, wie es uns verbürgt ist in dem, der sein Leben dem Recht der ganzen Menschheit geopfert und ihr damit Recht gegeben hat. Zudem wird sichtbar, daß die Eschatologie die Ermutigung, ja die zwingende Herausforderung dazu ist, das Recht und die Wahrheit zu wagen; die Inanspruchnahme unseres Lebens für Wahrheit, Recht, Liebe ist geradezu der Gehalt der Eschatologie.

4. *Schlußfolgerungen für das christliche Ethos des Todes*

a) Das Ja zum ganzen Leben

Christlicher Glaube ist dem Leben zugewandt. Er glaubt dem

Gott der Lebendigen. Sein Ziel ist Leben, und er bejaht daher das Leben in all seinen Stufen als Gabe und als Abglanz Gottes, der das Leben ist. Er bejaht das Leben bis hinunter in seine Verdunklung durch das Leid. Auch so noch bleibt es Gabe Gottes, auch so noch eröffnet es neue Möglichkeiten des Seins und des Sinns. Deswegen gibt es für den christlichen Glauben kein »lebensunwertes Leben«. Wo Leben ist, bleibt es in allen Verschattungen Gabe Gottes, die den Mitlebenden aufgegeben ist und sie durch den Anspruch auf dienende Liebe selbst reicher und freier machen kann.

b) Die Bedeutung des Leidens

Christlicher Glaube weiß, daß menschliches Leben in höherem und umfassenderem Sinn Leben ist, als bloße Biologie es gewährt. Geist ist nicht »Widersacher der Seele«, sondern reicheres, größeres Leben.

Der Mensch findet erst in dem Maße zu sich, in dem er Wahrheit und Gerechtigkeit als Stätte des wirklichen Lebens annimmt, auch wenn solche Öffnung des Lebens in der menschlichen Geschichte immer den Charakter von Martyria erhält. Der Glaube sucht nicht das Leid, aber er weiß, daß ohne Passion das Leben nicht zu seiner Gänze kommt, sich vor der Tür seiner eigenen Fülle verschließt. Wenn die Höhe des Lebens Passion verlangt, dann bedeutet dies, daß der Glaube den Versuch der »Apathie«, der Leidvermeidung, als dem Wesen des Menschen zuwider ablehnt.

Angesichts der Bedeutung des Versuchs der Leidvermeidung müssen wir an dieser Stelle einen Augenblick innehalten. Leidvermeidung gibt es in zweierlei Richtung. Es gibt eine »Apathie« nach oben zu, wie sie in der Stoa und in asiatischer Frömmigkeit beeindruckende Ausprägungen gefunden hat. Der Mensch gewinnt von seinen geistigen Überzeugungen her eine solche Souveränität, daß er den Schmerz, das Wechselhafte des äußeren Geschicks, wie etwas Fremdes gelassen hinter sich läßt. Für die Leidvermeidung »nach unten« zu steht Epikur, der den Menschen eine Technik des Genießens lehrt, mit der er den Schmerz in seinem Leben einklammert.

Beide Arten können zu einer gewissen Virtuosität gesteigert werden und zu einem mehr oder weniger vollkommenen Gelingen führen. Beides aber läuft auf einen Hochmut hinaus, der das Menschsein leugnet; es bedeutet versteckt eine Beanspruchung von Göttlichkeit, die der Wahrheit des Menschen widerspricht. Was aber gegen die Wahrheit ist, ist Lüge, also im letzten nichtig und zerstörerisch. Zuletzt verschließt sich solche Technik der wahren Größe des Lebens. Dabei darf freilich der unerhörte Abstand zwischen Epikur und geistig errungener Apathie nicht übersehen werden, die in ihren hohen Formen doch das Durchschreiten des Leids voraussetzt.

Von da aus (nicht aus einer billigen Entgegensetzung des Biblischen und des Griechischen) ist es zu verstehen, warum der Tod Christi so ganz anders aussieht als der Tod des Sokrates. Christus stirbt nicht in der noblen Gelassenheit des Philosophen; er stirbt schreiend, nachdem er die ganze Angst des Alleingelassenen verkostet hat. Der Hybris des Gott-gleichen-Wollens steht hier die Annahme des Menschseins bis ins Letzte hinab gegenüber (Phil 2,6–11).

Das Thema Leidvermeidung hat heute angesichts der neuen Möglichkeiten, die dem Menschen zugewachsen sind, eine Bedeutung erlangt wie selten zuvor. Der Versuch, durch Medizin, durch Psychologie und Pädagogik, durch die Konstruktion einer neuen Gesellschaft das Leid abzuschaffen, ist zu der gigantischen Bemühung der endgültigen Erlösung der Menschheit angewachsen. Natürlich kann und soll auf all diesen Wegen Leid eingedämmt werden. Aber der Wille, es gänzlich abzuschaffen, wäre mit der Ächtung der Liebe und so mit der Zurücknahme des Menschen selbst identisch. Solche Versuche sind Pseudotheologie; sie können nur einen leeren Tod und ein leeres Leben bewirken. Der Mensch, der sich dem Leiden nicht stellt, verweigert sich dem Leben. Leidflucht ist Lebensflucht. Die Krise der westlichen Welt beruht nicht zuletzt auf einer Erziehung und einer Philosophie, die den Menschen am Kreuz vorbei, gegen das Kreuz und so gegen die Wahrheit erlösen wollen. Stellen wir noch einmal fest: Der relative Wert solcher Wege ist unbestritten. Sie können hilfreich werden, wenn sie sich als Teil eines größeren Ganzen erkennen. Für sich allein genommen münden sie ins Leere. Denn zuletzt kann dem Menschen nur eine Antwort genügen, die den unendlichen Anspruch der Liebe einlöst. Nur das ewige Leben ist die zureichende Entsprechung zur Frage des menschlichen Daseins und Sterbens in dieser Welt.

§ 5 *Unsterblichkeit der Seele und Auferstehung der Toten*

Zu I: P. ALTHAUS, Die letzten Dinge, Gütersloh 1956[6]. – DERS., Retraktationen zur Eschatologie, in: Theol. Lit. Ztg. 75 (1950) 253 bis 260.– J. AUER, Auferstehung des Fleisches, in: MThZ 26 (1975)

17–37. – O. CULLMANN, Unsterblichkeit der Seele oder Auferstehung der Toten?, Stuttgart 1962. – G. GRESHAKE, Auferstehung der Toten, Essen 1969. – G. GRESHAKE - G. LOHFINK, Naherwartung – Auferstehung – Unsterblichkeit. Untersuchungen zur christlichen Eschatologie, Freiburg 1976².

Zu II: R. BULTMANN, Theologie des Neuen Testaments, Tübingen 1958³. – DERS., Das Evangelium des Johannes, Göttingen 1957¹⁵. – DERS., Der zweite Brief an die Korinther, Göttingen 1976. – A. FEUILLET, La demeure céleste et la destinée des chrétiens, in: Rech scienc rel 44 (1956) 161–192. – J. GNILKA, Der Philipperbrief, Freiburg 1968. – P. HOFFMANN, Die Toten in Christus, Münster 1966. – J. JEREMIAS, παράδεισος, in: ThWNT V 763–771. – R. MEYER, κόλπος, ebd. III 824–826. – K. SCHUBERT, Die Gemeinde vom Toten Meer, München-Basel 1958. – B. TRÉMEL, Der Mensch zwischen Tod und Auferstehung nach dem Neuen Testament, in: Anima 11 (1956) 313–331.

Zu III: G. BIANCA, Pomponazzi e il problema della personalità umana, Catania 1941. – J. A. FISCHER, Studien zum Todesgedanken in der alten Kirche I, München 1954. – G. HOFFMANN, Der Streit über die selige Schau Gottes, Leipzig 1917. – G. KRETSCHMAR, Auferstehung des Fleisches, in: Leben angesichts des Todes. Festschrift Thielicke, Tübingen 1968, S. 101–137. – X. LE BACHELET, Benedictus Deus, in: DThCath II 657–696. – CH. MUNIER, Les Statuta Ecclesiae Antiqua. Edition–Etudes critiques, Paris 1960. – KL. SCHMÖLE, Läuterung nach dem Tode und pneumatische Auferstehung bei Klemens von Alexandrien, Münster 1974. – A. STUIBER, Refrigerium interim. Die Vorstellungen vom Zwischenzustand und die frühchristliche Grabeskunst, Bonn 1957. – H. A. WOLFSON, Immortality of the soul and resurrection in the philosophy of the Church Fathers, in: Harvard Divinity School 22 (1956/57) 5–40.

Zu IV: U. DUCHROW, Christenheit und Weltverantwortung, Stuttgart 1970. – P. HOFFMANN, Die Toten in Christus (s. zu II). – A. PEGIS, At the origins of the Thomistic Notion of Man, New York 1963. – DERS., Some Reflections on Summa contra Gentiles II, 56, in: An Etienne Gilson Tribute (Milwaukee 1959) 169–188. – J. PIEPER, Tod und Unsterblichkeit, München 1968. – H. SCHLIER, Das Ende der Zeit, Freiburg 1971. – TH. SCHNEIDER, Die Einheit des Menschen. Die anthropologische Formel »anima forma corporis« im sogenannten Korrektorienstreit und bei Petrus Johannis Olivi (= BGPhThM, NF 8) Münster 1972 (zitiert: Schneider). – H. J. WEBER, Die Lehre von der Auferstehung der Toten in den Haupttraktaten der scholastischen Theologie, Freiburg 1973.

I. Problemstellung

Die Frage, die sich im Themenbereich Unsterblichkeit der Seele und Auferstehung in den letzten Jahrzehnten aufgetan und immer mehr das ganze Panorama von Theologie und Frömmigkeit verändert hat, kann wohl nicht kürzer und dramatischer formuliert werden, als dies bei Oscar Cullmann geschah, der ihr folgende Gestalt gegeben hat: »Wenn wir heute einen Durchschnittschristen, sei es Protestant oder Katholik, Intellektueller oder nicht, fragen, was das Neue Testament über das individuelle Los des Menschen nach dem Tode lehrt, so werden wir, von wenigen Ausnahmen abgesehen, die Antwort erhalten: ›Die Unsterblichkeit der Seele‹. In dieser Form ist diese Meinung eines der größten Mißverständnisse des Christentums« (Unsterblichkeit S. 19). Nun, inzwischen würden nur noch die Allerwenigsten die damals selbstverständliche Auskunft zu geben wagen, weil sich der Gedanke, sie sei ein Mißverständnis gewesen, mit erstaunlicher Schnelligkeit bis in die gläubigen Gemeinden hinein ausgebreitet hat, ohne daß freilich eine konkrete neue Antwort an ihre Stelle getreten wäre. Wegbereiter dieser neuen Einstellung waren die evangelischen Theologen Carl Stange (1870–1959) und Adolf Schlatter (1852–1938), denen sich Paul Althaus in seiner 1922 erstmals erschienenen Eschatologie weitgehend anschloß. Mit Berufung auf die Bibel und auf Luther wird die Vorstellung einer Trennung von Leib und Seele im Tod, die bei der Lehre von der Unsterblichkeit der Seele vorausgesetzt wird, als platonischer Dualismus abgewiesen. Biblisch sei allein die Lehre, daß der Mensch im Tode »nach Leib und Seele zugrunde geht« – nur so bleibe der Gerichtscharakter des Todes erhalten, von dem die Bibel aufs deutlichste spricht. Demgemäß dürfe christlich nicht von Unsterblichkeit der Seele, sondern allein von Auferstehung des ganzen Menschen gesprochen werden; der gängigen Sterbefrömmigkeit mit ihrer Himmels-Eschatologie müsse der Ausblick auf den Jüngsten Tag als die einzig christliche Hoffnungsgestalt entgegengehalten werden. 1950 versuchte Althaus, an dieser inzwischen sich ausbreitenden Auffassung einige Korrekturen anzubringen: Auch die Bibel kenne das »dualistische« Schema; auch sie kenne nicht nur die Erwartung des Jüngsten Tages, sondern eine Art von individueller Himmelshoffnung; das gleiche suchte er für Luther zu zeigen. »Die christliche Eschatologie«, so formulierte er nun, »hat also nicht gegen die *Unsterblichkeit* als *solche* ... zu kämpfen. Das Ärgernis, das wir mit diesem Kampf in der letzten Zeit öfter gegeben haben, ist nicht das des Evangeliums!« (Retraktationen 256). Obwohl er damals in der Diskussion weitgehend Zustimmung fand (ebd. 257–260), gewannen diese Äußerungen keine Bedeutung für das weitergehende Gespräch. Der

Gedanke, daß es unbiblisch sei, von der Seele zu sprechen, setzte sich bis zu dem Grade durch, daß selbst das neue Missale Romanum von 1970 den Terminus anima aus der Totenliturgie verbannte; ebenso verschwand er aus dem Rituale für das Begräbnis.

Was hatte eine seit den Zeiten der alten Kirche so fest verwurzelte und stets für zentral erachtete Tradition eigentlich so schnell umzustürzen vermögen? Die scheinbare Evidenz des biblischen Befundes hätte für sich allein genommen gewiß dazu nicht genügt. Die Durchschlagskraft der neuen Überlegungen rührte zu einem wesentlichen Teil sicher davon her, daß sich die als biblisch bezeichnete Auffasssung von der absoluten Unteilbarkeit des Menschen mit der modernen, naturwissenschaftlich bestimmten Anthropologie traf, die den Menschen ganz in seinem Leib findet und von einer davon abtrennbaren Seele nichts wissen mag. Freilich darf man sich dann den nächsten Schritt nicht ersparen. Gewiß, der Verzicht auf die Unsterblichkeit der Seele beseitigt einen möglichen Konfliktpunkt zwischen Glaube und modernem Denken. Aber die Bibel ist damit noch nicht gerettet, denn der biblische Weg erscheint für das moderne Bewußtsein noch weit ungangbarer. Einheit des Menschen, gut – aber wer vermag von den heutigen Gegebenheiten der Naturwissenschaft aus sich eine Auferstehung des Leibes vorzustellen? Diese Auferstehung würde ja eine völlig neue Materialität voraussetzen, einen grundsätzlich veränderten Kosmos, der völlig außerhalb unserer Denkmöglichkeiten liegt. Auch die Frage, was dann bis zum »Ende der Zeiten« geschehe, ist ja nicht einfach abzuschieben. Luthers Wort vom »Seelenschlaf« löst hier sicher nichts. Wenn es aber gar keine Seele gibt, wenn folglich auch nichts schlafen kann, dann entsteht das Problem, wer denn hier eigentlich auferweckt werden könne? Wie kommt die Identität zwischen dem damaligen und dem nun doch wohl neu aus Nichts zu schaffenden Menschen zustande? Die unwillige Abweisung solcher Fragen als »philosophisch« trägt nichts dazu bei, die Sache sinnvoller zu machen.

So ist sehr schnell sichtbar geworden, daß der pure Biblizismus hier nicht weiterführt. Ohne »Hermeneutik«, d. h. ohne vernünftiges Mitdenken mit dem biblischen Befund, das auch sprachlich und in der systematischen Verknüpfung der Gedanken über den biblischen Befund als solchen hinausführen kann, ist hier nichts zu erreichen. Sehen wir jetzt von radikalen Versuchen ab, die das Problem lösen wollen, indem sie alle »objektivierenden« Aussagen verbieten und nur »existenziale« Deutungen zulassen, so kann man sagen, daß man auf zweierlei Weise weiterzukommen versuchte: durch eine neue Fassung des Zeitbegriffs und durch ein neues Verständnis von Leiblichkeit. Der erste Gedankenkreis berührt sich mit jenen Überlegungen, denen wir bereits in § 3,1 a im Zusammenhang der Frage der Naherwartung begegnet waren. Wir hatten dort gesehen, daß man das Problem der Naherwartung zu lösen versucht mit dem Hinweis darauf, daß das »Ende der Zeit« selbst nicht mehr Zeit, also nicht ein sehr spät kommender Kalendertag, sondern eben Nicht-Zeit sei, außerhalb aller Zeitlichkeit liegend, folglich jeder Zeit gleich benachbart. An diese Vorstellung schloß sich nun leicht der Gedanke an, daß ja auch der Tod ein Heraustreten aus der Zeit sei und ins Nicht-Zeitliche hineinführe. Im katholischen Raum gewannen diese Gedanken in der Diskussion um das Dogma von der leiblichen Aufnahme Mariens in die himmlische Herrlichkeit ihr Gewicht. Das Anstößige der Behauptung, ein Mensch – Maria – sei jetzt schon dem Leib nach auferstanden, forderte förmlich dazu heraus, generell das Verhältnis von Tod und Zeit sowie das Wesen menschlicher Leiblichkeit neu zu bedenken. Wenn es möglich war, das marianische Dogma als Modellfall des menschlichen Geschicks überhaupt zu lesen, waren zwei Probleme zugleich bereinigt: Auf der einen Seite war dann der ökumenische und denkerische Skandal des Dogmas überwunden, auf der anderen Seite hatte es selbst dazu geholfen, die bisherigen Vorstellungen über Unsterblichkeit und Auferstehung zugunsten biblischerer und modernerer Auffassungen zu korrigieren. Deutliche und konsequente Durchführungen des neuen Gedankens sucht man freilich in der Literatur vergebens; man kann aber sagen, daß sich im großen und ganzen folgendes Bild durchsetzte: Zeit ist eine Form des leiblichen Lebens. Der Tod bedeutet das Heraustreten aus der Zeit in die Ewigkeit, in ihr einiges »Heute«. Folglich ist das Problem des »Zwischenzustandes« zwischen Tod und Auferstehung ein Scheinproblem. Das »Zwischen« gibt es nur in unserer Perspektive. In Wahrheit ist das »Ende der Zeiten« unzeitlich; wer stirbt, tritt in die Gegenwart des Jüngsten Tages, des Gerichtes, der Auferstehung und der Wiederkunft des Herrn hinein. »Damit kann dann auch die Auferstehung im Tod und nicht erst am ›Jüngsten Tag‹ angesetzt werden« (Greshake, Auferstehung der Toten 387). Diese Auffassung, daß die Auferstehung im Augenblick des Todes erfolge, hat sich inzwischen so weitgehend durchgesetzt, daß sie mit einigen Verklausulierungen auch in den Holländischen Katechismus aufgenommen wurde: »Das Leben nach dem Tode ist also schon so etwas wie die Auferweckung des neuen Leibes« (525). Das heißt: Was das Dogma von Maria sagt, gilt von jedem Menschen; aufgrund der Unzeitlichkeit, die jenseits des Todes herrscht, ist jedes Sterben Hineintreten in den neuen Himmel und die neue Erde, Eintreten in die Parusie und in die Auferstehung.

Hier entstehen freilich zwei Fragen. Die erste lautet: Handelt es sich hier nicht um eine kaschierte Wiederherstellung der Unsterblichkeitslehre, die philosophisch auf etwas abenteuerlicheren Voraussetzungen beruht? Denn nun wird Auferstehung für den in Anspruch genommen, der noch auf dem Sterbebette liegt bzw. eben zu Grabe getragen wird. Die Unteilbarkeit des Menschen und seine Bindung an die eben erloschene Leiblichkeit, die doch Ausgangspunkt der Konstruktion war, scheint nun plötzlich keine Rolle mehr zu spielen. So steht denn auch im Holländischen Katechismus: »Der Herr will ... sagen, daß etwas, das Eigentliche des Menschen, nach seinem Tode gerettet werden kann. Dieses ›Etwas‹ ist nicht der Leichnam, der zurückbleibt...« (525). Noch schärfer formuliert Greshake: »Die Materie ›an sich‹ (als Atom, Molekül, Organ...) ist unvollendbar ... Wenn sich mithin im Tode die Freiheit des Menschen verendgültigt, so ist in deren konkreter Gestalt der Endgültigkeit Leib, Welt und Geschichte dieser Freiheit bleibend aufgehoben...« (387). Solche Gedanken mögen sinnvoll sein; es fragt sich nur, mit welchem Recht man dann noch von »Leiblichkeit« sprechen kann, wenn ausdrücklich jede Beziehung zur Materie bestritten ist und ihr Anteil an der Endgültigkeit nur bleibt, sofern sie »ekstatisches Moment des menschlichen Freiheitsaktes« war. Jedenfalls wird auch in diesem Modell der Leib dem Tod überlassen und gleichzeitig ein Fortleben des Menschen behauptet. Die Schelte auf den Begriff der Seele verliert damit ihre Verständlichkeit, denn im stillen muß man ja nun doch wieder eine vom Leib abgetrennte Eigenwirklichkeit der Person behaupten – nichts anderes aber hatte der Seelenbegriff sagen wollen. So bleibt in der Frage der Leiblichkeit und der Existenz einer Seele ein merkwürdiges Gemisch von Konzeptionen, das man gewiß als letztes Wort nicht akzeptieren kann.

Die zweite Frage bezieht sich auf die Philosophie der Zeit und der Geschichte, die der eigentliche Hebel des Ganzen ist: Stimmt es denn eigentlich, daß es nur die Alternative zwischen physikalischer Zeit und Nicht-Zeit gibt, die dann mit Ewigkeit identifiziert wird? Ist es logisch überhaupt durchführbar, den Menschen, der das Entscheidende seiner Existenz als Zeit vollbracht hat, in die Verfassung purer Ewigkeit zu versetzen? Kann denn begonnene Ewigkeit überhaupt Ewigkeit sein? Ist nicht etwas dadurch, daß es einen Beginn hat, notwendig nicht-ewig, zeitlich? Kann man aber leugnen, daß die Auferstehung des Menschen einen Beginn hat, nämlich nach seinem Tod? Würde man es leugnen, wozu an sich die Logik des Gedankens zwingt, dann müßte man den Menschen im Bereich der Ewigkeit als anfangslos schon auferstanden unterstellen, womit man jede ernsthafte Anthropologie aufheben würde und tatsächlich in jenen karikierten Platonismus verfiele, der doch vor allem bekämpft werden soll. Nun hat inzwischen G. Lohfink, ein Befürworter der These von der Auferstehung »im Tode selbst«, die eben dargestellten Unzuträglichkeiten bemerkt und ihnen dadurch zu steuern versucht, daß er auf den mittelalterlichen Begriff des aevum hinweist, der (ausgehend von der Analyse der Existenz des Engels) die besondere Weise von »Geist-Zeit« zu beschreiben versucht. Lohfink sieht nun, daß der Tod nicht einfach ins Zeitlose hineinführt, sondern in eine neue Art von Zeitlichkeit, wie sie dem geschaffenen Geist zu eigen ist. Dabei zielt sein Gedankengang in erster Linie darauf, der biblischen Naherwartung, die er als Kernthema der Botschaft Jesu ansieht, einen vertretbaren Sinn zu geben. Ihn beschäftigt also weniger die Leib-Seele-Problematik, aus der die erwähnten Spekulationen zuerst aufgestiegen waren, als die aus den Evangelien herausgelesene Notwendigkeit, von einer steten temporalen Nähe der Parusie zu sprechen. Das scheint ihm dann möglich zu sein, wenn der Mensch im Tod in die besondere Zeit des Geistes und darin in die Vollendung der Geschichte hineintritt. Der Begriff des aevum wird nun zum hermeneutischen Weg, um sagen zu können, daß jeweils im Tod Parusie und Auferstehung erfolge. So erscheint Naherwartung mit Todeserwartung identifiziert und damit für jedermann gerechtfertigt: »... Wir haben ja gesehen, daß ein reflektierter Zeitbegriff (der nicht einfach naiv davon ausgeht, daß jenseitige Zeit irdischer Zeit kommensurabel sei) notwendig dazu führen muß, die Eschata, nicht nur des einzelnen, sondern auch der Welt, *im Tode selbst* anzusetzen. Damit aber sind uns die Eschata unendlich nahe gekommen. Jeder Mensch lebt dann in der ›letzten Zeit‹ ...« (Greshake-Lohfink, Naherwartung 77).

Nun ist es zweifellos ein Fortschritt, daß hier der Zeitbegriff differenziert wird. Aber die vorigen Fragen sind mit diesen Erwägungen in keiner Weise beseitigt; der aevum-Begriff scheint bei näherem Zusehen recht äußerlich in ein Denkgefüge eingetragen, das schon vorher feststand und zum Inhalt den Gedanken hatte, daß auf der anderen Seite des Todes die Geschichte schon vollendet sei und das Ende der Geschichte je schon auf den Sterbenden warte. Gerade das aber verträgt sich mit dem Weitergeschehen der Geschichte nicht, die nun gleichzeitig als schon vollendet und als weitergehend angesehen wird. Der Bezug zwischen den je neuen Anfängen menschlichen Lebens in der Geschichte, zwischen ihrem Präsens und Futur einerseits und dem angeblich jenseits des Todes schon herrschenden nicht bloß individuellen, sondern geschichtlichen Perfekt bleibt schlechthin ungeklärt: Das Aevum sagt etwas über die Verfaßtheit der einzelnen in die Vollendung hineintretenden und dabei doch nicht zeitlos werdenden Person aus; hier hat dieser Begriff seinen genauen Sinn. Aber er sagt überhaupt nichts darüber aus, daß nun die Geschichte als Ganze, von welchem Standpunkt auch immer her, schon als vollendet angesehen werden dürfe. Verwunderlich muß es bei einem Exegeten wirken, wenn er sich für diese Spekulation darauf beruft, daß ja bei Jesus »nach urchristlichem Verständnis auf den Tod unmittelbar die Auferstehung der Toten folgte« und daß damit das »Realmodell christlicher Eschatologie« gegeben sei, das man nur im Urchristentum vergessen habe, über Jesus hinaus anzuwenden (80). Zunächst sollte man hier nicht ganz beiseite lassen, daß die Botschaft von der Auferstehung »am dritten Tag« sehr deutlich zwischen Tod und Auferstehung eine Zäsur setzt; vor allem aber sollte klar bleiben, daß nie in der urchristlichen Verkündigung das Geschick der vor der Parusie Sterbenden mit dem besonderen Vorgang der Auferweckung Jesu gleichgesetzt wurde, der seiner nicht einzuebnenden einzigartigen heilsgeschichtlichen Stellung entspringt. Im übrigen muß man hier wiederum in doppelter Hinsicht einen verschärften Platonismus anprangern: Zum einen wird in solchen Modellen der Leib definitiv aus der Hoffnung des Heils gestrichen; zum anderen wird mit dem Aevum eine Hypostasierung der Geschichte vollführt, die hinter Platons Ideenlehre vor allem durch ihren Mangel an logischer Konsequenz zurückbleibt.

Vielleicht ist diese Darstellung für ein Lehrbuch etwas zu breit ausgefallen. Sie scheint aber im Augenblick notwendig angesichts der fast vollständigen Durchsetzung dieser Auffassungen in der Breite des theologischen Bewußtseins. Es sollte deutlich werden, daß dieser Konsens auf einem äußerst brüchigen Boden steht. Mit einem so vertrackten hermeneutischen Flickwerk, das voller logischer Risse und Sprünge ist, können Theologie und Verkündigung auf Dauer nicht arbeiten. Man sollte danach trachten, möglichst schnell ein Denken zu verabschieden, das die Verkündigung sprachlos macht und sich damit als Weise des Verstehens selbst aufhebt.

II. Der biblische Befund

Nach der Skizze des gegenwärtigen Fragestandes wollen wir nun untersuchen, welche Antworten zu den beiden Themen Auferstehung und Unsterblichkeit sich in der Bibel finden lassen.

1. *Die Auferstehung der Toten*

Der Weg des alttestamentlichen Glaubens auf den Auferstehungsgedanken zu wurde schon im Rahmen der Überlegungen zur Theologie des Todes geschildert; so können wir jetzt sofort beim Zeugnis des Neuen Testaments einsetzen. Der entscheidende Grund dafür, daß die im zwischentestamentlichen Judentum nur teilweise zur Anerkennung gelangte Lehre von der Auferstehung der Toten zum Grundbekenntnis der Christen wurde, liegt eindeutig in dem von den Zeugen erfahrenen und weitergegebenen Faktum der Auferstehung Jesu. Der Auferstandene wird nun gleichsam zum eigentlichen Kanon im Kanon; zum Maßstab, von dem her die Überlieferung zu lesen ist: Von ihm her wird das Ringen des Alten Testaments als ein einziges Zugehen auf ihn, den Leidenden, Gekreuzigten und Auferstandenen begriffen; es wird selbst zum Auferstehungszeugnis.

Dieses neue Faktum, das als solches den Übergang vom Alten zum Neuen Testament bedeutet, war im Wort Jesu vorbereitet, vor-ausgelegt; nur weil dieses Faktum vorher und damit in sich selber ein »Wort« hatte, konnte es überhaupt geschichtliche Bedeutung gewinnen: Pure Fakten ohne Wort, ohne Sinngebung, versinken ebenso ins Nichtige wie pure Worte, denen keine Wirklichkeit entspricht. Insofern kann man mit voller Sicherheit sagen, daß eine Entstehung der Osterverkündigung ohne eine entsprechende Botschaft Jesu selbst undenkbar ist. Nur weil das Ereignis von ihm her schon ein Wort hatte, konnte es weiter ausgewortet werden. Als den entscheidenden Text darf man in diesem Zusammenhang den Bericht von dem Streitgespräch Jesu mit den Sadduzäern über die Auferstehungsfrage ansehen (Mk 12,18–27). Den »fundamentalistisch« argumentierenden Sadduzäern gegenüber, die nur den Pentateuch als Schrift anerkennen und ihn im Sinn eines strengen sola scriptura zur alleinigen Glaubensregel erklären, muß Jesus aus den Büchern Mosis sein Thema beweisen. Er tut es auf eine erregend einfache und gerade darin große Art: Er verweist auf den Gottesbegriff des Mose bzw. auf die von Mose überlieferte Selbstvorstellung Gottes am Dornbusch: »Ich bin der Gott Abrahams – der Gott Isaaks – der Gott Jakobs« (Vers 26). Das heißt: die Menschen, die Gott gerufen hat, gehören selbst in den Gottesbegriff hinein. Es hieße Gott zu einem Gott der Toten machen und damit den Gottesbegriff des Alten Bundes auf den Kopf stellen, wollte man diejenigen für tot erklären, die ihm gehören, der das Leben ist.

Aus diesem Text kann man zunächst sehen, daß Jesus in der damaligen Kontroverssituation jüdischer Glaubensinterpretation nicht dem sadduzäischen, sondern prinzipiell dem pharisäischen Lehrtypus zugehörte, der das Auferstehungsbekenntnis einschloß. Aber bei Jesus zeigt sich doch etwas ganz Neues: Die Auferstehung rückt in die Mitte des Credo, sie ist nicht mehr eine unter vielen anderen Glaubensaussagen, sondern wird mit dem Gottesbegriff identifiziert. Der Auferstehungsglaube ist im Gottesglauben selbst enthalten. Die große Einfachheit von Israels frühem Glauben wird nicht durch eine Addition zusätzlicher Pflichtstücke verdeckt, sondern durch ein besseres Schauen vertieft. Der Glaube bleibt einfach – Glaube an Gott, aber er wird durch Vertiefung reiner und reicher zugleich. Das Geschäft der Entmythologisierung ist hier schon im voraus besorgt: Alles Kosmologische, Anthropologisch-Spekulative, Psychologische, Chronologische ist beiseite gelassen – Gott selbst, die Gemeinschaft mit ihm ist das Leben. Ihm zugehören, von ihm gerufen sein, bedeutet im unzerstörbaren Leben stehen.

Die Aufgabe der werdenden Kirche mußte es sein, im Licht des neuen Faktums der Auferstehung Jesu die alte pharisäische Tradition, bezogen auf Worte und Taten des Herrn neu durchzudenken – ein Prozeß, der im Glauben der Kirche auf der Basis des anfänglich Erkannten sich durch alle Generationen fortsetzt. Da es in den Grenzen dieser Darstellung nicht um eine Katalogisierung der einschlägigen Texte gehen kann, soll nur auf die zwei Hauptzeugen innerhalb der neutestamentlichen Schriften – auf Paulus und auf Johannes – hingewiesen werden, und auch dies nur anhand charakteristischer Texte, in denen sich die Entwicklung des Gedankens andeutet.

Innerhalb der paulinischen Briefe dürften vor allem zwei Texte für unsere Frage wichtig sein: Röm 6,1–14 und 1 Kor 15. Im Römerbrief wird die Taufe als Einpflanzung in Christi Tod ausgelegt: Taufe bedeutet Eintreten in die Schicksalsgemeinschaft mit Jesus Christus, also mit seinem Todesgeschick. Aber dieser Tod ist von innen her unterwegs auf die Auferstehung zu; so bedeutet Mitleiden, Mitsterben mit Christus notwendig zugleich Partizipation an der Auferstehungshoffnung. Ja, der Mensch läßt sich eben deshalb dem Leiden Christi einfügen, weil dies die Stätte der einbrechenden Auferstehung ist. Die theologische Auferstehungskonzeption, die wir vorhin in Mk 12 fanden, ist hier zu einer theochristologischen konkretisiert, wie es der inzwischen erfolgten christologischen Ausweitung des Gottesbegriffs entspricht: Die Gottesgemeinschaft, die der Raum des unzerstörbaren Lebens ist, hat ihre konkrete Form in der Beteiligung am Leib Christi. Durch die sakramentale Fassung des Gedankens wird aber auch der Gottesdienst der Kirche und diese selbst als Trägerin des Gottesdienstlichen in die Aussage mit aufgenommen – die Theo-Christologie hat auch eine ekklesiologische Dimension. Die Dinge scheinen damit gegenüber der einfachen Größe der Worte Jesu verkompliziert, aber richtiger muß man doch sagen, sie seien konkretisiert: Wie dieses Zugehören zu Gott erfolgt, das eben wird nun näherhin beschrieben. Vor allem ist die Grundstruktur der Aussage dabei unverletzt dieselbe geblieben: Der Auferstehungsglaube erscheint nicht als Teil einer kosmologischen oder geschichtstheologischen Spekulation, sondern er ist gebunden an eine Person – an Gott in Christus. Die Theologisierung des Auferstehungsglaubens, von der wir oben sprechen konnten, erweist sich nun zugleich als eine Personalisierung.

Im zweiten Text (1 Kor 15) finden wir Paulus in Auseinandersetzung mit spiritualistischen Umdeutungen des Auferstehungsglaubens. Auferstehung als zukünftiges, leibhaftiges, den Kosmos und unsere eigene Zukunft betreffendes Ereignis wird hier offensichtlich in Frage gestellt – zugunsten welcher Auslegung des Christlichen, das läßt sich aus den Worten des Briefes nicht ersehen. Eine bemerkenswerte Aussage in dieser Richtung findet sich dagegen in 2 Tim 2,18, wo von einer Interpretation des Christlichen berichtet wird, welche behauptet, »die Auferstehung sei schon geschehen«. Unter Verkennung der vorhin dargelegten sakramentalen Präsenz der Auferstehungshoffnung wird hier das Ereignis der Auferstehung seiner Zukünftigkeit beraubt und mit dem Ereignis der Christwerdung oder des Christseins gleichgesetzt, Auferstehung also »mystisch« oder »existenzial« reduziert. Vorstellungen in dieser Richtung stehen wohl auch im Hintergrund der korinthischen Bestreitung der Totenerweckung; ihnen gegenüber muß der Apostel betonen, daß die Auferstehung nicht bloß eine mystische oder existenziale Zusage an den Christen jetzt ist (was letztlich nichts bedeuten würde: der Glaube wäre leer – Vers 17); sie ist vielmehr eine Zusage an die Zukunft des Menschen wie des Kosmos und in diesem Sinn eine Zusage an Raum, Zeit, Materie. Geschichte und Kosmos bleiben nicht neben dem Geist, um ins sinnlose Ewig weiterzulaufen oder in ein sinnloses Nichts abzusinken. Gott erweist sich in der Auferstehung gerade auch als der Gott von Kosmos und Geschichte. Insofern rücken in diesem Text und von seiner spezifischen Frontstellung her nun die temporalen und kosmischen Momente des jüdischen Auferstehungsgedankens ins christliche Bekenntnis ein, aber doch streng bezogen auf die neue theologische und christologische Struktur, an deren innerer Einfachheit sich auch hier nichts ändert. Denn auch jetzt bleibt: Wenn die Toten nicht auferstehen, dann ist auch Christus nicht auferstanden (Vers 16); das heißt Auferstehung Christi und Auferstehung der Toten sind nicht zwei Wirklichkeiten, sondern eine einzige, die letztlich nichts anderes als eben Verifikation des Gottesglaubens vor den Augen der Geschichte ist.

Aus der johanneischen Theologie seien gleichfalls zwei Texte angeführt: Joh 6 und Joh 11. Die Lazarusgeschichte (Kap. 11) gipfelt in dem Satz: »Ich bin die Auferstehung und das Leben« (Vers 25). Die theo-christologische Konzeption, der wir vorhin bei Paulus begegneten, hat hier ihre reinste und konsequenteste Gestalt gefunden; der Evangelist ist wieder zu der vollen Einfachheit der Sicht von Mk 12,26 zurückgekehrt, nur hat er nun Theologie konsequent in Christologie übersetzt. »Wer an mich glaubt, wird leben, auch wenn er schon gestorben ist« (Vers 25) – die Verbindung zu Jesus ist *jetzt* schon Auferstehung; wo die Gemeinschaft mit ihm hergestellt ist, da ist hier und jetzt die Todesgrenze überschritten. Von da aus ist die eucharistische Rede zu verstehen (Kap. 6): In ihr wird das Essen von Wort und Fleisch Jesu, das heißt das Empfangen Jesu in Glaube und Sakrament als das Genährtwerden mit dem Brot der Unsterblichkeit dargestellt. Die Auferstehung erscheint nicht als ein fernes apokalyptisches Ereignis, sondern als ein Geschehen im hic et nunc. Überall, wo der Mensch in das Ich Christi eintritt, ist er jetzt schon in den Raum des endgültigen Lebens eingetreten. Die Frage eines Zwischenzustandes zwischen Tod und Auferstehung, etwa einer Unterbrechung des Lebens, kommt gar nicht auf, weil eben das Ich Jesu die Auferstehung *ist* und folglich der Glaube, der das Berühren zwischen Jesus und mir bedeutet, das Überschreiten der Todeslinie hier und heute gewährt. Damit ist nun auch das ganze alttestamentliche Erbe in christologischer Verwandlung neu gegenwärtig. Daß Kommunikationslosigkeit Tod mitten im Leben ist, war dort bewußt geworden und ebenso, daß Liebe eine Verheißung des Lebens ist. Nun aber wird sichtbar: Es gibt *die* Liebe, die in der Tat stärker ist als der Tod. Die Grenze zwischen Scheol und Leben verläuft mitten in der menschlichen Existenz. Der Mensch in Christus ist im Leben, und zwar endgültig.

Bultmann hat diese johanneische Theologie als den vollendeten Ausdruck des eigentlich Christlichen empfunden. Das bedeutet für ihn freilich, daß Auferstehung nun ganz »existenzial« interpretiert ist; die Verweise auf die Auferstehung am Jüngsten Tag, die es bei Johannes durchaus gibt (6,39 ff; 6,44.54; 11,24; 12,48), müssen ihm daher als Zusätze einer späteren kirchlichen Redaktion erscheinen, die die hohe Einsicht des Evangelisten wieder ins Plumpe des vulgär-Kirchlichen heruntertransponieren. In Wirklichkeit hebt eine solche Zerschneidung des Evangelisten auch die erste Aussage wieder auf. Denn wenn der Überschritt in den christologischen Bereich nicht Eintreten in ein endgültiges Leben ist, das wirklich über den irdischen Tod hinaus standhält, dann ist es in Wahrheit gar kein Überschritt gewesen, sondern nur eine Drehung in der unüberwindbaren Aussichtslosigkeit des Eigenen, die seine Nichtigkeit nicht aufhebt, sondern neu bestätigt.

Noch eine Anmerkung zum Ganzen des biblischen Befundes ist hier vonnöten: Auferstehung ist in der Sicht des Neuen Testaments ein positives Geschehen, ein Wort der Hoffnung. Von der alttestamentlichen Phänomenologie der Wirklichkeiten »Tod« und »Leben« her kann ein Verlaufen der menschlichen Existenz ins Gegengöttliche, ins Nichtige des Scheiterns hinein nicht »Leben« heißen; solches Geschick ist vielmehr die Verendgültigung dessen, was »Tod« bedeutet. Diese Möglichkeit, die freilich nicht mit Zurücknahme der Existenz verwechselt werden darf, bleibt offen; wir werden uns später damit ausführlicher zu befassen haben.

Wenn wir versuchen, ein Ergebnis zu formulieren, so können wir sagen: Der Auferstehungsglaube ist zentraler Ausdruck des christologischen Gottesbekenntnisses; er folgt aus dem Gottesbegriff. Sein Nachdruck liegt nicht in einer bestimmten Anthropologie – antiplatonisch oder platonisch –, sondern in einer Theologie. Insofern kann man erwarten, daß er imstande ist, sich verschiedene Anthropologien anzueignen und sich in ihnen auszudrücken. Ebenso muß man freilich erwarten, daß er sich als kritischer Maßstab allen Anthropologien gegenüberstellt. Immerhin bringt er, vom Radius des Gottesgedankens her, durchaus auch anthropologische Aussagen mit sich, zu denen erkennbar einerseits gehört, daß das neue Leben jetzt schon beginnt und nicht mehr unterbrochen wird, andererseits aber, daß es auf die Verwandlung des Lebens, auf die Ganzheit des Menschen und auf die Ganzheit der Welt bezogen ist.

2. Der »Zwischenzustand« zwischen Tod und Auferstehung

Wenn der »Jüngste Tag« nicht mit dem Augenblick des individuellen Todes identifiziert, sondern wirklich als das gemeinsame Ende der Geschichte angesehen wird, entsteht für den einzelnen die Frage nach dem, was »dazwischen« liegt. In der katholischen Theologie, wie sie im Hochmittelalter systematisch geformt wurde, galt bisher diese Frage durch den Hinweis auf die Unsterblichkeit der Seele als beantwortet. Schon Luther wollte freilich diese Antwort nicht mehr gelten lassen; er sah in ihr ein Produkt der Überfremdung des Glaubens durch die Philosophie. Seine eigene Auskunft bleibt zweideutig. Die wohl überwiegende Zahl der Texte greift die biblische Benennung des Todes als »Schlaf« auf und sieht darin eine inhaltliche Bestimmung dessen, was der Zwischenzustand bedeutet: Die Seele schlafe in der Ruhe Christi, am Jüngsten Tag werde sie, wie der Leib, wieder auferweckt. Daneben stehen aber doch auch andere Aussagen, so etwa, wenn Luther die Lazarus-Geschichte (Lk 16,19–31) kommentiert. Hier sagt er, die Unterscheidung zwischen Leib und Seele, mit der man bisher das Leben des Lazarus im Schoß Abrahams zu erklären versuchte, sei »ein Dreck«. »Es muß heißen: Totus Abraham, der ganze Mensch soll leben ...« (WA Ti 5,219; vgl. Althaus, Retraktationen 255). Demnach erhält man den Eindruck, daß es Luther weniger um eine Bestreitung des Lebens der Toten als um einen Angriff auf die Unterscheidung von Leib und Seele ging, die freilich nun doch nicht durch eine klar erkennbare neue Konzeption ersetzt wird. Daß die neueste Theologie einen »Zwischenzustand« ausschließt, ist bei der Problemstellung deutlich geworden; sie systematisiert damit letztlich Ansätze, die zuerst von Luther entwickelt wurden.

a) Der frühjüdische Befund

Wie aber sieht der biblische Befund in dieser Sache aus? Was wir vorhin über den neutestamentlichen Auferstehungsgedanken gehört haben, läßt bereits die generelle Aussage zu, daß eine Unterbrechung des Lebens zwischen Tod und Weltende nicht in der Linie der Schrift liegt. Aber die Texte erlauben uns sehr viel genauere Aussagen, wie sie vor allen Dingen die mustergültige Arbeit von P. Hoffmann, Die Toten in Christus (Münster 1966) sorgfältig erhoben hat. Dabei ist zunächst zu bedenken, daß die Urkirche und Paulus ebenso wie Jesus selbst grundsätzlich innerhalb der jüdischen Überlieferung ihrer Zeit stehen, in deren Streitigkeiten sie freilich nach dem Grundmaßstab entscheiden, der von Jesu Gottesbild (hier also Mk 12) vorgegeben war und damit auch zu einer langsamen Umprägung dieser Überlieferung bzw. zu ihrer umfassenden Assimilation ins Christologische hinein führte. So gilt es zuerst, den Befund des zwischentestamentlichen Judentums kennenzulernen. Für Einzelheiten des sehr vielschichtigen Sachverhalts muß auf Hoffmann verwiesen werden; hier seien nur einige charakteristische Zeugnisse ausgewählt. Das äthiopische Henochbuch (ca. 150 v. Chr.) bietet im 22. Kapitel eine Schilderung des Aufenthaltsortes der Geister bzw. Seelen der Verstorbenen. Die Vorstellung von der Scheol, einstmals allgemein der Raum der Schattenexistenz, erscheint nun gegliedert und differenziert. Sie wird jetzt räumlich genauer bestimmt: Die Welt, in der die Toten bis zum Endgericht aufbewahrt werden, liegt nicht mehr einfach im Erdinneren, sondern im Westen – dem Reich der untergehenden Sonne – in einem Gebirge, in dem sie sich in vier verschiedenen Räumen (Höhlen) darbietet. Gerechte und Sünder sind nun getrennt; die Sünder warten im Dunkel auf das Gericht, während die Gerechten (unter denen wieder die Martyrer eine besondere Stellung einnehmen) im Licht wohnen und um die lebenspendende Wasserquelle versammelt sind. Schon hier zeigt sich, wie solche »frühjüdischen« Vorstellungen bruchlos in der alten Kirche weitergeführt wurden: Das Totengedächtnis der römischen Messe (jetziger Kanon 1) betet für die im Zeichen des Glaubens Heimgegangenen und nun »im Frieden Schlafenden«, daß Gott ihnen den Ort des Lichtes, des frischen Wassers (refrigerii) und des Friedens zuweisen möge. Darin sind die drei Bedingungen genannt, die dem Menschen des Mittelmeerraums als Ausdruck heilen Daseins erscheinen; wie man sieht, deckt sich die Vorstellung vollkommen mit dem, was das Henochbuch als Schicksal der verstorbenen Gerechten schildert.

Eine weitere Entwicklungsstufe läßt sich im 4. Esrabuch (ca. 100 n. Chr.) feststellen. Auch hier wohnen die Toten in verschiedenen »Kammern«, auch hier sind die »Seelen« der Verstorbenen die Träger des weitergehenden Lebens. Gemeinsam mit Henoch ist auch der Gedanke, daß der Lohn der Gerechten schon begonnen hat. Während aber Henoch die Strafe erst mit dem Letzten Gericht anheben läßt, fängt bei Esra die Peinigung der Gottlosen gleichfalls schon im Zwischenzustand an, so daß an manchen Stellen ihre Lage bereits diejenige der definitiven Hölle zu sein scheint. Noch konsequenter ist die Teilung der Geschicke im rabbinischen Judentum durchgeführt: Vom Gericht aus, das unmittelbar dem Tod folgt, öffnen sich zwei Wege – der in den Garten Eden, ins Paradies (das entweder in den Osten der Erde entrückt oder im Himmel aufbewahrt gedacht wird) und derjenige ins Tal Gehinnom, den Ort der Verdammnis. Für das Schicksal der Geretteten steht neben der Idee des Paradieses eine Reihe von weiteren Bildmotiven bereit: die Vorstellung von der »Schatzkammer der Seelen«, vom Warten »unter dem Thron Gottes« und endlich der Gedanke, die Gerechten – besonders die Martyrer – fänden Aufnahme in Abrahams Schoß (vgl. Meyer, ThWNT III 825 f; Trémel 318). Auch hier ist die ungebrochene Kontinuität zwischen jüdischen und frühchristlichen Vorstellungen offenkundig: Sowohl der Paradiesgedanke (Lk 23,43) wie die Vorstellung vom Schoß Abrahams (Lk 16,19–29), wie das Warten der Seelen unter Gottes Thron (Offb 6,9) begegnen uns in der neutestamentlichen Überlieferung.

Bevor wir uns endgültig ihr zuwenden noch ein Wort zu dem Befund der Schriften vom Qumran. Solange man die hinter ihnen stehende Gruppe, die Essener, nur aus Flavius Josephus kannte, mußte man sie dem hellenisierenden Typ des Frühjudentums zurechnen, jedenfalls was diesen Punkt angeht, denn Josephus schildert ihre Auffassung so: »Es hat sich unter ihnen der Glaube gefestigt, daß der Leib verweslich und der Stoff, aus dem er besteht, vergänglich ist, aber die Seele ist unsterblich und unvergänglich, sie bewohnt den feinsten Äther und, vom Leib wie von einem Gefängnis angezogen, vereinigt sie sich mit ihm durch eine Art natürlicher Lockung – gelöst aber von den Banden des Fleisches, sozusagen von langer Sklaverei, nimmt sie ihren freudigen Flug in die Höhen« (Bellum 2,8,11; Ant. 18,15). Nach der Entdeckung der Originalschriften hat sich das Bild verschoben; Schubert bemerkt zu dem eben erwähnten Josephus-Text: »Diese Darstellungsweise dürfte aber nichts anderes als ein Zugeständnis an seine griechischen Leser sein ... Denn die Essener waren keine hellenistisch-synkretistische Gruppe, sondern eine jüdische apokalyptische Bewegung« (96). Immerhin gibt es Vorstellungen vom Weiterleben, die freilich sehr materiell gefaßt werden, so daß Schubert sich zu der Formulierung veranlaßt sieht, »daß die Qumran-Essener auch dann an ein Fortdauern der Leiblichkeit glaubten, wenn sie mit einem Vergehen der Leiber selbst rechneten« (98). Insofern ist vielleicht die Schilderung des Josephus nicht allzufern von der Wahrheit, weil ja auch er der Sekte ein stoffliches Verständnis der Seele zuschreibt, wie es im übrigen der stoischen Philosophie geläufig war (vgl. Hoffmann 41 ff). Das zeigt dann einerseits, wie vielfältig die Durchdringung der hellenistischen und der jüdischen Welt damals gewesen ist, so daß die beliebten Schematisierungen in »griechisch« und »hebräisch« vor der geschichtlichen Wirklichkeit einfach zusammenbrechen; es zeigt aber doch wohl auch, daß man der geistigen Linie des Alten Testaments nicht einfach dadurch treu bleiben kann, daß man an streng materiellen Vorstellungen festhält – so grobschlächtig läßt sich der Kern jener Option nicht fassen, die im Abrahamsglauben in die Geschichte eintritt. Manche gegenwärtigen Versuche scheinen von hier aus auf einer Art von »essenischer« Linie zu liegen, wenn die Frage der Materialität alles andere überwuchert.

b) Das Neue Testament

Die Zugehörigkeit des neutestamentlichen Glaubens zu der eben skizzenhaft angedeuteten jüdischen Welt ist im bisher Bedachten von selbst in Erscheinung getreten. Methodisch ist hier ganz allgemein vorauszusetzen, daß Jesus und die älteste Kirche den Glauben Israels in seiner aktuellen Form teilen und ihm lediglich im Ja zum Sendungsbewußtsein Jesu eine neue Mitte geben, von der aus langsam die einzelnen Überlieferungselemente umgestaltet werden – der Gottesbegriff zuerst und je nach Dringlichkeit allmählich auch das übrige. Innerhalb der synoptischen Überlieferung sind uns die vorher schon kurz erwähnten zwei Jesusworte zur Frage des »Zwischenzustandes« aufbewahrt: Lk 16,19–29 und 23,43. Nun kann man in bezug auf die Lazarusgeschichte gewiß sagen, das Weilen des Armen im Schoße Abrahams und des Reichen in der Hölle sei nicht eigentlich Lehrgehalt der Parabel, in der als verbindliche Aussage einzig ihre Pointe – Warnung vor der Gefährlichkeit des Reichtums – zu gelten habe. Aber es ist vollkommen klar, daß der Erzähler des Gleichnisses die geschilderten

Jenseitsvorstellungen als zutreffende Bilder der wirklichen Zukunft des Menschen ansieht, und so ist der Text nun doch ein klares Zeugnis für die Teilhabe der frühesten Christenheit am Jenseitsglauben des zeitgenössischen Judentums, dies auch unabhängig von der hier nicht anstehenden Frage der »ipsissima vox«. Ähnliches ist von dem Gespräch des Gekreuzigten mit dem reuigen Schächer zu sagen. Auch hier ist der jüdische Hintergrund klar: Das Paradies gilt als die Stätte, in der der Messias bereits verborgen auf seine Stunde wartet und in die er wieder zurückkehren wird (Hoffmann 163 f). Und doch beginnt gerade mit diesem Text die christliche Umgestaltung der alten Überlieferungen. Was nach jüdischer Überzeugung das Schicksal nur der Martyrer oder jedenfalls der privilegierten Gerechten sein wird, das verheißt der Verurteilte, der am Kreuz hängt, einem Mitverurteilten: Er hat die Vollmacht, den Verlorenen das Paradies aufzutun; sein Wort ist der Schlüssel dazu. So gewinnt das »mit mir« eine umwandelnde Bedeutung. Das Paradies ist, von diesem Wort her betrachtet, nun doch nicht mehr einfach ein je schon vorhandener Ort, an dem sich vor allem der Messias (mit vielen anderen) aufhält. Das Paradies öffnet sich in Jesus. Es hängt an seiner Person. So hat J. Jeremias zu Recht von hier aus die Linie weitergezogen zu der Bitte des sterbenden Stephanus: »Herr Jesu, nimm meinen Geist auf« (Apg 7,59): »Mit großer Einheitlichkeit stellt ... das Neue Testament die Christusgemeinschaft nach dem Tod als die spezifisch christliche Aussage über den Zwischenzustand heraus« (ThWNT V 769). Die Erkenntnis bahnt sich an, daß Christus selbst das Paradies, das Licht, das frische Wasser, der sichere Friede ist, worauf das Warten und Hoffen der Menschen zielt. Vielleicht darf in diesem Zusammenhang auch die neue Verwendung des Bildes vom »Schoß« ins Gedächtnis gerufen werden, die im Johannes-Evangelium begegnet: Jesus kommt nicht aus dem Schoß Abrahams, sondern vom Schoß des Vaters selbst (1,18). Der Jünger, der zum Bild der wahren Jüngerschaft überhaupt wird, ruht im Schoße Jesu (13,23) – der Christ in seiner gläubigen Liebe ist im Schoß Jesu Christi geborgen und damit letztlich im Schoß des Vaters. Was es heißt »Ich bin die Auferstehung«, wird hier von einer neuen Seite her deutlich.

Wenden wir uns den paulinischen Schriften zu. Gewöhnlich werden zwei Phasen in der Entwicklung des eschatologischen Denkens bei Paulus unterschieden: eine frühe, in der er erwartet, Auferstehung und Parusie selbst zu erleben – repräsentiert durch 1 Thess

4,13–5,11 und 1 Kor 15,12–58 –, sowie eine spätere, in der für Paulus nach der Erfahrung der Todesnähe diese Erwartung allmählich dahinfällt und dafür die Frage des Zwischenzustandes um so drängendere Bedeutung erhält. Für eine solche Entwicklung im Denken des Paulus spricht vieles; P. Hoffmann hat aber nachgewiesen, daß die Vorstellungen des Apostels über Zwischenzustand und Auferstehung davon nicht tangiert wurden, sondern kontinuierlich dieselben sind. Da von Luther bis zum Holländischen Katechismus immer wieder das hier auftretende Bild vom »Schlafen« eine Rolle spielt, ist zunächst die von Hoffmann durchgeführte Analyse dieses Wortfeldes besonders wichtig. Dabei zeigt sich, daß in diesem sowohl im jüdischen wie im hellenistischen Sprachraum gängigen Euphemismus für Sterben, Totsein unterschiedliche inhaltliche Vorstellungen Platz haben – sowohl der Gedanke der Bewußtlosigkeit wie die positive Vorstellung des Friedens, den die Gerechten im Gegensatz zu den Sündern genießen. Was Paulus angeht, so macht Hoffmann klar, daß das Wort in seiner allgemein gängigen jüdisch-griechischen Fassung ohne inhaltliches Interesse gebraucht wird, so daß es für sich keinerlei Schlußfolgerungen über den Zustand der Toten gestattet (186–206). Hinsichtlich des Thessalonichertextes ist deutlich, daß seine Aufmerksamkeitsrichtung eine andere ist als etwa die von Phil 1,23: Im Gespräch mit den Thessalonichern geht es allein um die Frage der künftigen Auferstehung; im Philipperbrief blickt Paulus auf *sein* Geschick in unmittelbarer Todesgefahr und auf das, was dann folgen wird. Aber auch der Philipperbrief kennt die Vorstellungsformen von 1 Thess und vor allem argumentieren beide Briefe vom selben Grund her: von Christus, der das Leben der Seinigen verbürgt. Eine sorgfältige Auslegung der Formel »die Toten in Christus« (1 Thess 4,16) führt Hoffmann zu dem Urteil: »Es scheint mir nicht unwahrscheinlich, daß auch hier bereits der Gedanke an die den Tod des Christen bestimmende Christusgemeinschaft, wie er uns in Phil 1,23 entgegentritt, einen Ansatz finden kann« (237). Auferstehung und Zwischenzustand schließen sich in Phil nicht aus und ebensowenig in 1 Thess; beides ist ja, wie wir hörten, schon im Judentum fest miteinander verknüpft (vgl. Hoffmann 238). Noch deutlicher scheint mir die tiefe Gemeinschaft zwischen 1 Thess und Phil in 1 Thess 5,10 aufzuklingen: »... auf daß wir, ob wir nun wachen oder schlafen, vereint mit ihm leben.« Hier wird doch schon hörbar, daß »Wachen« und »Schlafen«, d. h. irdisches »Leben« oder »Totsein« nicht der entscheidende Unterschied ist – die

Grenzlinie verläuft vielmehr im »Leben mit ihm« oder im Getrenntsein von ihm.

Der schwierigste Text, der in diesem Zusammenhang zur Debatte steht, ist 2 Kor 5,1–10: »Wir wissen: wenn unser irdisches Zelt abgebrochen wird, dann haben wir eine Wohnung von Gott, ein nicht von Händen errichtetes ewiges Haus im Himmel. Und wir seufzen im gegenwärtigen Zustand und sehnen uns, mit dem himmlischen Haus überkleidet zu werden. So bekleidet werden wir nicht nackt erscheinen. Solange wir nämlich in diesem Zelt leben, seufzen wir unter schwerem Druck, weil wir nicht entkleidet, sondern überkleidet werden möchten, damit so das Sterbliche vom Leben verschlungen wird. Gott aber, der uns gerade dazu geschaffen hat, er hat uns auch als ersten Anteil den Geist gegeben. Wir sind also immer zuversichtlich, auch wenn wir wissen, daß wir fern vom Herrn in der Fremde leben, solange wir in diesem Leib zu Hause sind; denn glaubend gehen wir unseren Weg, nicht schauend. Wenn wir aber zuversichtlich sind, dann ziehen wir es vor, aus dem Leib auszuwandern und daheim beim Herrn zu sein. Deswegen suchen wir unsere Ehre darin, ihm zu gefallen, ob wir daheim oder in der Fremde sind. Denn wir alle müssen vor dem Richterstuhl Christi offenbar werden, damit jeder den Lohn empfängt für das Gute oder Böse, das er im irdischen Leben getan hat.« Keine der zahlreichen Auslegungen befriedigt rundum, auch nicht die sehr sorgfältige Textanalyse von P. Hoffmann (253–258) und in Bultmanns Kommentar zu 2 Kor (132–146), die übrigens in allem Wesentlichen übereinkommen. Wenn folglich eine Reihe von Einzelfragen wohl immer strittig bleiben werden, so scheint für die Gesamtrichtung der Auslegung doch bei Hoffmann und Bultmann eine verlässige Wegweisung gefunden zu sein. Danach ist deutlich, daß Paulus sich hier weder positiv noch negativ über den Zwischenzustand äußert, sondern die im auferstandenen Herrn liegende, in unserer eigenen Auferstehung zentrierte christliche Heilshoffnung als solche gegenüber den (besonders in Kap. 4 ausgesprochenen) Drangsalen nachdrücklich bekundet. Insofern scheidet der Text unmittelbar aus der Diskussion unserer Frage aus. Indirekt wichtig ist dafür aber doch ein zweites Ergebnis: daß nämlich Paulus nicht, wie viele Ausleger dem Text entnehmen, Furcht vor dem Tod bzw. Angst, vor der Parusie sterben zu müssen, bekundet. Zwar wird die gnostische Vorstellung abgewiesen, als ob »Nacktheit« der Seele ein Heilsgut sei, und diskussionslos als unmenschlich und unwahr beiseite geschoben; aber Furcht vor dem

»Zwischenzustand« als Zeit der Nacktheit liegt in dem Text gerade nicht. »Das θαρρεῖν heißt ja: wir schauen dem Tod getrost ins Auge, das εὐδοκοῦμεν μᾶλλον: ja, wir begrüßen ihn sogar! Nichts Besseres kann uns passieren! ... Der angstfreie Eifer, dem Herrn zu dienen, kennt nicht nur keine Todesfurcht mehr, sondern in ihm schweigt sogar auch die Sehnsucht nach dem Tode« (Bultmann 144).

Hier muß nun freilich doch gefragt werden, ob solche Haltung erklärlich ist ohne die in Phil 1,23 formulierte Gewißheit, daß Sterben – auch jetzt schon – »Mit-Christus-sein« bedeutet. Mir scheint eine tiefe Strukturverwandtschaft zwischen 2 Kor 5,6–10 und Phil 1,21–26 unverkennbar, besonders wenn man 2 Kor 5,8 ins Auge faßt und mit Phil 1,21 vergleicht. Beide Male stellt sich das Daheimsein beim Herrn, jetzt schon, sobald wie möglich, als das eigentlich Wünschenswerte dar. Aber beide Male zeigt sich auch, um mit Bultmann zu sprechen, daß der Glaube nicht bloß die Todesfurcht, sondern auch solch aufsteigende Todessehnsucht bannt, weil er auch der Last des täglichen Zerriebenwerdens (2 Kor 4,16) den Glanz des Ihm-gefallen-dürfens (5,9; Phil 1,24 f) gibt. Was diese Texte, besonders 2 Kor, für uns so undurchsichtig macht, ist die Tatsache, daß Paulus sich keinerlei Mühe gibt, eine Anthropologie zu entwickeln, die diese Hoffnung und ihre unterschiedlichen Stadien klärt, sondern ganz einfach von der Christus-Seite her argumentiert: *Er* ist das Leben, jetzt und in jedem Dann – das anthropologische »Substrat« steht angesichts solcher Gewißheit außerhalb der Aufmerksamkeit. Es kann aber auch deshalb ruhig ausgelassen werden, weil Paulus die im Judentum verbreiteten Erkenntnisse unterstellt und so nur das Neue, die christologische Realität, als das entscheidend Wichtige zu formulieren braucht.

Nach allem bisher Bedachten können wir uns in der Besprechung von Phil 1,23 kurz fassen: Für Paulus ist das Leben in dieser Welt »Christus«, aber das Sterben ist Gewinn, weil es im irdischen »Aufgelöst-werden« »Sein mit Christus« bedeutet. Aus solchem Wissen entsteht innere Freiheit: angstlose Offenheit dem Tod gegenüber, aber auch klaglose, nein: freudige Bereitschaft zum weiteren Dienst. Glaubte man früher, diesen Text nur durch den Einbruch der »Hellenisierung« in das Denken des Apostels klären zu können, so ist heute erwiesen, daß darin keinerlei Bruch gegenüber den frühesten Aussagen des Apostels liegt: »... was er in Phil 1 sagt, hätte er auch schon, falls er dafür eine Veranlassung gesehen hätte, in 1 Thess verkünden können« (Gnilka, Der Philipperbrief 92). Hier tritt nicht griechischer »Dualismus« an die Stelle von hebräischem »Monismus«, sondern es wird das vorgegebene jüdische Erbe ganz selbstverständlich christologisch zentriert. In der Sache ist damit schon jene Erkenntnis erreicht, die dann Johannes auf die Formulierung brachte: »Ich bin die Auferstehung und das Leben« (11,25).

3. Ergebnisse und Konsequenzen

Wenn wir versuchen, ein Ergebnis zu formulieren, so können wir als erstes sagen: Das entscheidend Neue, das das Christliche aus dem Jüdischen hervortreten läßt, ist der Glaube an den auferstandenen Herrn, an das Jetzt seines Lebens, das auch den Glauben zu einem Jetzt macht und ihn zugleich mit der Gewißheit der eigenen Auferstehung erfüllt. Die einzelnen Vorstellungen werden bruchlos aus dem jüdischen Raum übernommen und allmählich dem christologischen Grundgedanken assimiliert. Durch den Glauben an den Auferstandenen sind »Zwischenzustand« und Auferstehung konsequenter aneinander gebunden, als dies vorher der Fall sein konnte, doch bleiben sie unterschieden. Für den Zwischenzustand finden sich alle im Judentum entwickelten Bilder im Neuen Testament und bei den Vätern wieder: Schoß Abrahams, Paradies, Altar, Lebensbaum, Wasser, Licht. Wir werden sehen, daß die alte Kirche gerade im Bereich der eschatologischen Vorstellungen äußerst konservativ geblieben ist, keinen Wechsel von »semitisch« zu »hellenistisch« vollzogen hat, sondern vollständig im semitischen Bilderkanon verblieb, wie Katakombenkunst, Liturgie und Theologie einheitlich zeigen. Nur wird eben immer klarer, daß alle diese Bilder letztlich keine Orte beschreiben, sondern Christus *um*schreiben, der das wahre Licht und das wahre Leben, der Lebensbaum ist. Auf diese Weise werden die Bilder aus mehr oder weniger kosmologischen Vorstellungen zu christo-theologischen Aussagen, sie verlieren an Gewicht und gewinnen an Tiefe. Von solchen Einsichten her wurde dann auch klar, daß die Bibel keine bestimmte Anthropologie dogmatisiert, sondern als glaubensmäßige Vorgabe für die eschatologische Frage nur die Auferstehungschristologie bietet. Dies erst bedeutete dann Recht und Pflicht für das Denken, seine Möglichkeiten einzusetzen, um die anthropologischen Voraussetzungen und Konsequenzen dieser Vorgabe zu erhellen. Aus solcher Einsicht beginnt zögernd in der Patristik und entschlossen im Mittelalter die Verwendung der vom griechischen Denken bereitgestellten Instrumente, um reflektierend einzuholen, was es heißt, daß wir nicht in irgendwelchen Höhlen oder Kammern aufbewahrt werden, sondern in der Person, deren Liebe uns alle umfaßt.

Dementsprechend lassen sich aus dem Bisherigen vier Konsequenzen ziehen, in denen zugleich der systematische Ertrag des bisher Bedachten wie auch die darin liegende Aufgabe für die Systematik deutlich wird.

a) Die Vorstellung eines Todesschlafs im Sinn eines bewußtlosen Zustands zwischen Tod und Weltende ist ein unzutreffender Archaismus, der in keinem der neutestamentlichen Texte eine Stütze findet. Paulus denkt immer vom Untergrund des pharisäischen (rabbinischen) Lehrtypus her, den er christologisch zentriert und vertieft, ohne ihn aufzuheben. Die Toten in Christus leben – das ist die Grundgewißheit, die sachlich an das zeitgenössische jüdische Bewußtsein anknüpfen konnte.

b) Diese Grundgewißheit wird mit den vom Jüdischen her verfügbaren Bildern instrumentiert, nicht nur in der Zeit des Neuen Testaments, sondern im ganzen Bereich der alten Kirche, die freilich auch weitere Bilder aus dem ohnedies eng verwandten Bilderschatz des Mittelmeerraums aufgriff. Das Mittelalter hat den inneren Anspruch des Grundgedankens des Lebens aus der Präsenz Christi neu zu erhellen versucht. Es sollte klar sein, daß sich hier der Rang einer Bild- oder Begriffsaussage nicht nach ihrem Alter bestimmen läßt, sondern nach dem Maß ihrer Entsprechung zu dem Leitgedanken zu beurteilen ist, den es auszudrücken gilt. Insofern kann das Spätere, etwa die mittelalterliche Analyse, durchaus dem Leitgedanken besser gerecht werden als das Frühere.

c) Wenn einerseits die äußeren Bilder immer mehr in die Christologie hinein vereinfacht und zusammengezogen werden, so ist klar, daß auf der anderen Seite das Volk (der Mensch überhaupt) Anschauung braucht und die Bilder wieder ausfalten muß. In solcher neuen Verbildlichung liegt an sich nichts Verkehrtes, ja, es wäre töricht, eine völlig bildlose Frömmigkeit anzustreben, die dem Wesen des Menschen widerspricht. Um so wichtiger ist freilich, daß die Bilder immer wieder an ihrem Maß gemessen, an dieses zurückgebunden werden und sich nicht in eine mythologische Selbständigkeit hinein auflösen. Hier bietet sich zweifellos begründeter Ansatz zu Kritik an der Frömmigkeitsgeschichte, in der solches Maßnehmen am Eigentlichen wohl kaum immer mit der gebührenden Entschiedenheit durchgeführt wurde. Aufgabe der Verkündigung ist es demgemäß nicht, die Bilder überhaupt auszutreiben, wohl aber, immer wieder die Bilder zu reinigen.

d) In dem Maße, in dem die Christologie ihre volle Bedeutung gewinnt, erhalten die einzelnen eschatologischen Bilder christologische Bedeutung; das temporale und das kosmisch-geschichtliche Element tritt damit von selbst in seiner Bedeutung zurück. Die Frage, die zusehends an Bedeutung gewann und gerade heute wieder die Diskussion der eschatologischen Problematik kennzeichnet, geht dahin, bis zu welchem Punkt die Ausscheidung des Temporalen und des Kosmischen gehen kann oder sogar gehen muß, ohne auf der anderen Seite den realistischen und den universalistischen Gehalt der Verheißung aufzuheben. Darauf wird im Folgenden besonderes Augenmerk zu richten sein.

III. Die kirchlichen Lehrdokumente

Hinsichtlich der Ausbildung der kirchlichen Lehrgestalt kann man deutlich drei Stadien feststellen. In der alten Kirche gibt es bezeichnenderweise keine Lehraussage über die Unsterblichkeit der Seele. Dazu bestand keine Veranlassung, denn auf der einen Seite war aus der jüdischen Wurzel des Christlichen die selbstverständliche Gewißheit mitüberliefert worden, daß die Toten nicht ins Nichts versinken, sondern in einer ihrem Lebenswandel gemäßen Weise im »Hades« der Auferstehung harren; andererseits hatte der christliche Glaube dazu keine spezifische Aussage gemacht, so daß kein Grund vorlag, dies zu einem eigenen Punkt der christlichen Glaubensregel zu erheben, in der allein die Hauptsätze des Christlichen in seiner Besonderheit und Neuheit festgehalten wurden. Stuiber hat gezeigt, daß im Osten Clemens und Origenes eine gewisse Wende markieren, deren Tragweite freilich erst noch untersucht werden müßte (vgl. für Clemens jetzt Schmöle); sicher ist, daß auch für diese beiden Lehrer und auch nach ihnen der Zustand der Verstorbenen ein »Zwischenzustand« bleibt und daß der jüdisch orientierte Grundtypus des Gemeindeglaubens dadurch zwar in Bewegung kommt, aber keineswegs einfach aufgehoben wird. Im Westen fehlt eine solche Zäsur, wobei die Entwicklung vom 4. Jahrhundert an noch näherer Untersuchung bedürfte. Allgemein wurde, wieder jüdischer Tradition folgend, das Schicksal der Martyrer von demjenigen der übrigen Verstorbenen unterschieden; ihnen wird schon die endgültige Herrlichkeit zugeschrieben. Das Eindringen antiker Symbolik in die Sepulkralkunst und in den Totenbrauch (Libationen) hebt diesen Zustand nicht auf, es verfestigt und vergröbert ihn eher. Das Denken der großen theologischen Lehrer beginnt freilich aus den Gesamtzusammenhängen von Christologie und Anthropologie heraus den Hadesgedanken langsam umzuprägen, aber diese Bewegung bleibt offen. Sie entfaltet sich nicht so weit, daß neue Lehraussagen möglich würden; sie beeinträchtigt andererseits das allgemeine Bewußtsein nicht, so daß solche Aussagen auch nicht nötig erschienen.

Auf dem Hintergrund dieser wenig geklärten, aber für das Empfinden der Gläubigen doch hinlänglich deutlichen und sicheren Überzeugungen, für die vor allem die Lazarusgeschichte als Orientierung diente, erhebt sich der Kernpunkt des christlichen Bekenntnisses: der Glaube an die Auferstehung des Fleisches. Von ihr sprechen sämtliche Symbola und »Glaubensregeln« (DS 2, 5, 10–64; wichtig besonders noch DS 150 Symbolum [Nicaeno-] Constantinopolitanum; DS 76: Quicumque = Ps.-Athanasianum). Wenn man im Westen, anders als im Osten und auch in Ägypten, nicht von Auferstehung der Toten, sondern von Auferstehung »des Fleisches« spricht, so ist auch dies, wie Kretschmar gezeigt hat, Fortführung jüdischer Auferstehungsterminologie, die im Sinn der alten Formel »alles Fleisch« (z. B. Ps 136,25; Jer 25,31; Ps 65,3) die ganze Menschheit bezeichnet; man bewegt sich damit zugleich im Bannkreis johanneischer Theologie, wie sie Justin und Irenaeus besonders nahelag. In dieser Wendung ist also primär nicht einmal die Leiblichkeit, sondern die Universalität der Auferstehungshoffnung angesagt, die aber nun eben doch das Ganze, im Gegenüber zu Gott als »Fleisch« bezeichnete Geschöpf und insofern auch seine Leiblichkeit mit-meint und sie freilich vom lebenspendenden »Fleisch« des Herrn her versteht, von dem Johannes gesprochen hatte.

In den ersten Jahrhunderten war es einfach darum gegangen, dem Lebensgefühl der damaligen Welt wie ihrem wissenschaftlichen Bewußtsein und freilich auch den darauf sich einlassenden christlichen Umdeutungen der Auferstehung das christliche Credo in seinem grundsätzlichen Anspruch entgegenzustellen. Im ausgehenden Altertum wird, vor allem im Gegenüber zur origenistischen Strömung der Theologie, die Auseinandersetzung gröber: Sie wird nun als Streit darüber geführt, welcher Art die Materialität des Auferstehungsleibes und seine Beziehung zum irdischen Leib sein müsse. Wir werden uns dieser Frage ausführlich zuzuwenden haben, wenn die entsprechenden Fragestellungen der Gegenwart erörtert werden. So kann hier vorerst der Hinweis auf die späteren Symbola genügen, die in dieser Frage durchaus eine sehr harte

Sprache sprechen. Die wohl im ausgehenden 5. Jahrhundert in Südgallien entstandene Fides Damasi sagt: »Wir glauben, daß wir, die wir in seinem Tod und Blut gereinigt sind, am Jüngsten Tag in dem Fleisch auferweckt werden, in dem wir jetzt leben« (DS 72). Im Jahr 675 formuliert das Konzil von Toledo: »Nach dem Vorbild unseres Hauptes wird die wahre Auferstehung aller Toten kommen. Nicht in einem luftartigen oder sonstwie anderen Fleisch werden wir, wie einige in ihrer Verrücktheit behaupten, unserem Glauben gemäß auferstehen, sondern in diesem da, in dem wir leben, bestehen und uns bewegen« (DS 540). Wieder aus dem Gallien des 5. Jahrhunderts stammen die sog. Statuta Ecclesiae antiqua. Dort wird für das Glaubensexamen vor der Bischofsweihe festgelegt, der Ordinand müsse gefragt werden, »ob er an die Auferstehung *des* Fleisches, in dem wir jetzt leben und keines anderen (quam gestamus et non alterius) glaube« (DS 325). Auf diesen Text griff Papst Leo IX. zurück, als er im Jahr 1053 vom antiochenischen Patriarchen Petrus um sein Glaubensbekenntnis gebeten wurde: »Ich glaube an die wahre Auferstehung eben des Fleisches, das jetzt das meine ist (quam nunc gesto) und an das ewige Leben« (DS 684). Noch einmal kommt diese Lehrtradition aus gegebenem Anlaß zur Sprache, wenn das 4. Laterankonzil im Jahr 1215 gegen Albigenser und Katharer formuliert: »Alle werden mit dem eigenen Leib, den sie hier tragen, auferstehen ...« (DS 801).

Gehören die ersten mittelalterlichen Lehräußerungen in Sachen Eschatologie, denen wir damit begegnet sind, von ihrer Fragestellung her noch ganz der alten Kirche zu, so begegnet uns mit der dogmatischen Bulle Benedictus Deus, die Papst Benedikt XII. am 29. Januar 1336 veröffentlichte, ein neues Stadium kirchlicher Lehrentwicklung. Der Papst spricht darin aus, daß die Seelen der Verstorbenen, in denen nichts mehr der Reinigung bedarf, in der Zeit nach Christi Leiden, Tod und Aufstieg in den Himmel nicht mehr in einem Zwischenzustand verharren müssen, sondern »auch vor der Wiedervereinigung mit ihrem Leib und vor dem allgemeinen Gericht ... im Himmel sind und sein werden«, so daß sie dabei »die göttliche Wesenheit in unmittelbarer Schau und auch von Angesicht zu Angesicht ohne Vermittlung eines Geschöpfes sehen« (DS 1000). Wie kam es zu dieser Lehräußerung? Wie verhält sie sich zum Erbe der alten Kirche? Was den äußeren Hergang anlangt, der zur Papstbulle führte, so ist darauf zu verweisen, daß bereits 1241 die Universität Paris – damals das »Magisterium« in der Kirche – eine gleichartige Entscheidung gefällt hatte. Der Kern der Aussage war auch in das vom Zweiten Konzil zu Lyon 1274 formulierte Glaubensbekenntnis des Kaisers Michael Palaeologus eingegangen (DS 856–858). Auch Papst Johannes XXII. (1316–1334) hatte zunächst ganz selbstverständlich derartige Formeln verwendet, die ihm aber in seiner Spätzeit durch eingehendes Väterstudium zweifelhaft wurden. Er begegnete dort der Lehre vom wartenden Himmel, die, wie wir hörten, in der Tat die ganze Patristik beherrscht und sich selbst noch bei Bernhard von Clairvaux (um 1090–1153) in einer Reihe von Stellen (PL 183,375; 183,705 in Verbindung mit 182,993 und 182,579) in lebendiger Nachwirkung beobachten läßt. Dies veranlaßte den Papst, in einer Reihe von Predigten seine neu gewonnene Erkenntnis von einer streng christologischen Zwischenphase des Schicksals der Verstorbenen vorzutragen. Erst durch das Weltgericht und die Auferstehung werde dieser Zwischenzustand von der endgültigen trinitarischen Verfaßtheit abgelöst werden: Die Heiligen seien bis zum Jüngsten Tag *unter* dem Altar (Offb 6,9 ff), d. h. unter Schutz und Trost der Menschheit Christi. Erst nach dem Gericht würden sie aus der Hülle seiner Menschheit heraustreten »über den Altar« zur direkten Gottesschau. Der Übergang vom einen zum anderen Stand bedeute die Übergabe des Reiches an den Vater, wie sie 1 Kor 15,24 angekündigt ist.

Solch archaisierende Vorstellungen waren dem inzwischen längst anders geformten allgemeinen Glaubensbewußtsein ein ungeheueres Ärgernis, das vor allem von den um Wilhelm von Ockham am Hof Ludwigs des Bayern in München tätigen franziskanischen Gegnern des Papstes auch politisch für den Häresievorwurf ausgenützt wurde. Der Papst leistete noch auf dem Sterbebett einen vorsichtig formulierten Widerruf; sein aus Universitätskreisen kommender franziskanischer Nachfolger entschloß sich schon wenige Jahre nach seinem Amtsantritt, der Ungewißheit ein Ende zu setzen und das gültige Glaubensbewußtsein der Kirche in der vorhin genannten Bulle endgültig verbindlich zu formulieren. Wir werden auf die innere Logik des Vorgangs zurückkommen müssen, wenn wir die theologischen Entwicklungen untersuchen. Vorab läßt sich sagen, daß der päpstliche Lehrtext von 1336 in seinem Vorstellungsgehalt zweifellos ein Abrücken von den Vätern bedeutet. Man darf aber bei seiner Würdigung nicht übersehen, daß der Kernpunkt der Aussage in der Christologie liegt und letzten Endes eine Auslegung dessen bedeutet, was »Christi Himmelfahrt« der Sache nach sagt, um darin zugleich auch den Sinn von Christi Passion auszulegen, der ja in der »Himmelfahrt« aufgedeckt wird. Nach diesem Text ist Himmelfahrt des Herrn ein wesentlich anthropologisch-geschichtlicher Vorgang. Sie bedeutet eben dies, daß es nun den verschlossenen Himmel nicht mehr gibt. Christus ist im Himmel, das beinhaltet danach: Gott steht offen auf den Menschen hin, und wenn er als Gerechtfertigter, d. h. als Christus Zugehöriger und von ihm Angenommener durch den Tod hindurchgeht, dann tritt er in die Offenheit Gottes hinein. Insofern unterscheidet sich Benedikt XII. von Johannes XXII. vor allem durch eine andere Wertung der Christologie. Das zeigt aber dann auch, daß eine mechanische Vergleichung mit den Formeln der Vätertheologie zu einer richtigen Beurteilung des Sachverhalts nicht ausreicht. Wir hatten gesehen, daß die neutestamentlichen wie die patristischen Vorstellungen vom Leben der Verstorbenen zwischen Tod und Auferstehung Übernahme der differenzierten frühjüdischen Scheolvorstellungen sind, die nun freilich auf die christologische Mitte bezogen und damit einem Prozeß der »Christologisierung« unterworfen werden, der aber gegenüber der dringlicheren Aufgabe der Klärung und Sicherung der Auferstehungsbotschaft zunächst zweitrangig bleibt. Immerhin ist sichtbar, daß diese Vorstellungen nicht endgültig und in sich abgeschlossen sind, sondern in einem Prozeß der Verchristlichung, der Einbeziehung in die Christologie stehen, dessen Richtung in der Väterzeit durchaus deutlich wird, ohne in ihr schon zum Abschluß zu kommen.

Die Lehrtexte des 13. und 14. Jahrhunderts bedeuten von da aus, daß die bisher unbestimmte Verbindung der zwischentestamentlich-jüdischen Aussagen mit dem Christusbekenntnis zu einer deutlich umrissenen Gestalt geformt wird. Auch jetzt noch wird *eine* Form des »Zwischenzustandes« stehengelassen: das Fegefeuer, das freilich erst jetzt mit der grundsätzlichen Auflösung der Scheol-Ideen als eigene Größe theologisch deutlich umschrieben und durch den Gedanken der »Reinigung« definiert wird. Da dies nun nach der Trennung von den Kirchen des Ostens geschah, erklärt sich auch, daß es zu keiner gemeinsamen Vorstellung zwischen Ost und West mehr kam. Die bisher angenommenen Aufbewahrungsorte der Gerechten und der Sünder werden aufgelöst und im Licht der Himmelfahrtschristologie durch vorläufig-endgültige Zustände ersetzt: die Hölle, die ebenso jetzt schon für die Verurteilten in Kraft tritt wie der Himmel für die Gerechten schon eröffnet ist (DS 1002). Der Gedanke der Vorläufigkeit verliert in der Endgültigkeit dessen, was »Himmelfahrt Christi« heißt, zwar an Bedeutung, wird aber nicht vollends aufgegeben: Auch nach »Benedictus Deus« gibt es noch das Moment der Ausständigkeit, sofern die resumptio corporum – die Wiedervereinigung mit dem Leib – und das allgemeine Gericht noch ausstehen. Was es unter diesen Bedingungen überhaupt bedeuten kann, wird freilich nicht gesagt. Luther, der so stark vom Gedanken der Unsterblichkeit der Seele zugunsten der Auferstehung abgerückt ist, hat andererseits gerade gegen diese Vorläufigkeit drastisch Stellung bezogen. Im Rahmen der Lazarusgeschichte betont er gegen die Scholastiker: »Totus Abraham, der ganze Mensch soll leben. Aber so reißet ihr mir ein Stück von Abraham und saget: das soll leben ... Das muß eine närrische Seel sein, wenn die im Himmel wäre, daß sie des Leibes begehren wollte!« (WA Ti 5,219). Der mittelalterliche Lehrtext hält demgegenüber insofern an dem Gedanken des Zwischenzustands fest, als er zwischen der persönlichen und der kosmisch-geschichtlichen Endgültigkeit der Christologie (und in ihr des menschlichen Schicksals) unterscheidet. Er darf in diesem Sinn tatsächlich als Synthese der geistigen Bewegung der Patristik gewertet werden.

Abermals einer neuen Frontstellung begegnen wir in dem letzten Text, der hier zu behandeln ist: in der Bulle »Apostolici regiminis«, die aus der 8. Sitzung des 5. Laterankonzils am 19. Dezember 1513 hervorging. Hier wird gegen den Renaissance-Aristotelismus (besonders gegen P. Pomponazzi) festgehalten, daß es unzulässig sei, entweder von der Sterblichkeit der Geistseele zu sprechen oder zu behaupten, daß sie nicht individuell-persönlich, sondern eine kollektive Größe sei, an der die einzelnen Menschen teilhaben. Der Text ist insofern lehrreich, als er die patristisch-mittelalterliche Synthese des Griechischen und des Christlichen in Konfrontation mit dem Geist der Renaissance zeigt, der gerade diese Synthese zurückweist, an ihrer Stelle wieder das Griechische in seiner vorchristlichen Reinheit sucht und damit die Neuzeit heraufführt. Die Rekonstruktion des originär Griechischen führt bezeichnenderweise nicht etwa zu einer Forcierung der unsterblichen Seele gegenüber der Auferweckung des Leibes, sondern gerade auch zur Leugnung der christlichen Seelenlehre und ihrer Hoffnung, die in der Tat nicht griechisch genannt werden kann.

IV. Die Entfaltung in der Theologie

1. Das Erbe der Antike

Gegenüber der Lehre von »Benedictus Deus« drängt sich von den heute gängigen geschichtlichen Vorstellungen her die Aussage förmlich auf, hier sei nun aber doch die griechische Zweiteilung von Seele und Leib zum Sieg gekommen, wenn man schon bei den Vätern solches nicht sagen könne. Bei der erheblichen zeitlichen und geistigen Distanz zwischen der griechischen Welt und dem 14. Jahrhundert muß man sich aber doch fragen, ob eine solche Diagnose auch nur einige Wahrscheinlichkeit für sich in Anspruch nehmen darf, vor allem wenn man sieht, wie ganz anders sich die neue Begegnung mit dem ursprünglichen griechischen Erbe in der Renaissance auswirkte. Um die reale Bedeutung des griechischen Einflusses auf das Christliche beurteilen und so auch über dessen eigene Entwicklungen sinnvolle Aussagen machen zu können, ist es daher unerläßlich, ganz kurz zu bedenken, was denn nun tatsächlich die Aussage des griechischen Geistes in unserer Frage war. Schon in unseren Überlegungen über den Tod kam zur Sprache, daß hier zwischen der archaischen Welt Homers, für die Leib und Person deckungsgleich sind, und dem Denken Platons eine Wende liegt. Als Ausgangspunkt des Neuen gilt die orphische Mysterienreligion, die durch Männer wie Pythagoras und Empedokles bedeutenden Rang für das griechische Geistesleben gewonnen hatte. Hier tritt die Trennung von Leib und Seele, die Vorstellung vom Leib als Gefängnis (als Grab?) der Seele auf. Die Seele erscheint nun als der Sitz der Wahrheitserkenntnis; zugleich spielt der Gedanke der Schuld, der Reinigung, des Gerichts eine bedeutende Rolle. Kein Zweifel, daß für Platon diese religiöse Tradition bei seinem Versuch einer Wiederherstellung der griechischen Polis eine bedeutende Rolle spielte. Ebenso sicher ist aber auch einmal dies, daß die orphische Tradition mehr oder weniger esoterisch blieb und keineswegs für »griechisch« überhaupt stehen darf (sie ist es gerade ihrem Ursprung nach nicht, vgl. Duchrow 71); zum anderen dies, daß Platon diese religiöse Überlieferung philosophisch umgestaltet und seinem Grundthema, der Gerechtigkeit, zugeordnet hat. Das zeigt sich vor allem in der Gestalt, die er allmählich seiner Lehre von der Seele gab. Er sieht im Menschen ein Dreifaches wirksam: ein vielfältig Tierhaftes mit vielen Köpfen zahmer und wilder Tiere, ein Löwenhaftes und ein Menschliches. Letzteres nennt er den »inneren Menschen« (Pol 589 a 7 f) – ein Ausdruck, der bei Paulus wieder auftaucht und eben auf Platon zurückgeht (Duchrow 61). Mit dieser Dreiheit werden die drei Stände der arischen Gesellschaft (Priester–Gelehrte, Krieger, Bauern und Handelsleute, vgl. die Arbeiten von Dumézil, bes. L'idéologie tripartie des Indo-Européens, 1958) in den Einzelmenschen projiziert, der Mensch also politisch, auf die Polis hin interpretiert. Zugleich freilich decken sich diese drei Aspekte des Menschen mit den drei Grundtugenden – Weisheit, Tapferkeit, Besonnenheit – und stehen als Bestimmungen des konkreten Menschen auch in Beziehung zu alten medizinischen Traditionen mit ihrer Lokalisierung der Zentren des leib-seelischen Menschen. Aufgabe des Menschen ist es nach Platon, diese Dreiheit zur Einheit zusammenzufügen – dies ergibt die vierte Kardinaltugend, die Gerechtigkeit. So weist gerade in diesem ihrem Kernpunkt die Anthropologie wieder in die politische Philosophie hinüber, mit der sie untrennbar verschmolzen ist. Zugleich wird damit sichtbar, daß Platon zunächst keinen Dualismus hinsichtlich der seelischen Kräfte des Menschen kennt – sein Ziel ist ja gerade die innere Einheit des Menschen, die Sammlung und Reinigung aller Kräfte in der »Gerechtigkeit«. Es geht für ihn darum, die zahmen Tiere zu züchten und zu veredeln, die wilden am Wachstum zu hindern und den Löwen zum Mitkämpfer um die Einheit zu machen. Aber auch was das Verhältnis von Leib und Seele angeht, so ist das letzte Ziel Platons »die Integration der dualistischen Elemente auf die Einheit in der Vielfalt« (Duchrow 79).

Im übrigen hat Platon bewußt das Geheimnis als Geheimnis anerkannt; er hat es in seinen anthropologischen Konsequenzen fruchtbar gemacht, aber andererseits es als Aussage in Gleichnissen respektiert, die letztlich Gleichnis bleiben müssen und gar nicht in eine reine philosophische Sachaussage übersetzt werden können. Bezeichnend ist hier der Schluß der entsprechenden Erörterungen im Phaidon: »Daß sich nun alles gerade so verhalte, wie ich es auseinandergesetzt, das ziemt wohl einem vernünftigen Mann nicht zu behaupten; daß es jedoch entweder diese oder eine ähnliche Bewandtnis haben muß mit unseren Seelen und ihren Wohnungen ... dies, dünkt mich, zieme sich gar wohl und lohne auch, es darauf zu wagen ... Denn es ist ein schönes Wagnis und man muß mit solcherlei gleichsam sich selbst besprechen« (114 d). Dem entspricht es auch, daß Platon immer wieder die Bilder wechselt (vgl. etwa auch die großartige Vision im Phaidros 245c–250c) und auch je nach Anlaß unterschiedlich akzentuiert. Ohne daß wir den verwickelten Fragen weiter nachgehen können, die eine Platon-Interpretation hier aufgeben müßte, ist so doch einiges deutlich geworden, was für unsere Untersuchung wichtig ist. Wir können zunächst sagen: Unsterblichkeit ist nie eine rein philosophische Aussage; sie konnte letztlich nur behauptet werden, wo zugleich eine religiöse Überlieferung mit ihrer Vollmacht im Spiel war, anerkannt und dann denkend ausgelegt wurde. Auch bei Platon steht die Unsterblichkeitsaussage in einem religiösen Kontext, der für ihn zugleich den Ausgangspunkt einer Philosophie der Gerechtigkeit bildet, um die es ihm im Blick auf sein politisches Denken wesentlich ging. Dualistische Überlieferungsstücke werden dabei in den Dienst eines positiv kosmos- und polisbezogenen Denkens gestellt und verlieren so ihre dualistische Pointe. Eine einheitliche philosophische Konstruktion dessen, was Seele in sich selber und in bezug auf den Leib ist, hat Platon – jedenfalls so weit für uns erkennbar – nicht entwickelt. So hinterließ er eine problemreiche philosophische Landschaft, ganz und gar nicht ein »griechisches Schema«, das nun auf der Straße gelegen hätte und nur hätte übernommen werden brauchen oder können.

Bei Aristoteles ist das mythische Erbe abgestreift, aber damit zugleich auch das Bild verflacht. In die Überlieferung ging seine Definition der Seele als Entelechie ein, d. h. als »Wesenheit im Sinn der Form des natürlichen Körpers, der seiner Möglichkeit nach Leben hat« (Über die Seele B 412^a 19 ff). Damit ist die Seele zu einem organischen Prinzip gemacht, als Form an ihre Materie gebunden und mit ihr auch vergänglich. Das eigentlich Geistige liegt nun im νοῦς, der aber nicht individuell und persönlich gefaßt wird, sondern als Teilhabe des Menschen an einem ihn überschreitenden göttlichen Prinzip (Z γβ 3.736^b 28,5, 737^a 10. $6,744^b$ 22). So stehen wir hier einerseits vor einer undualistischen strengen Einheit des Menschen aus Leib und Seele, zugleich vor einem unpersönlich-Geistigen, das in den Menschen hineinstrahlt, aber ihm nicht als Person zu eigen ist. Daß die Stoa zu einer materialistischen Weltkonzeption zurückgekehrt ist, hatten wir schon früher festgestellt. Die Seele, die aus dem leichtesten der Elemente, dem Feuer, besteht und damit die Mischung Leib-Seele belebt, kehrt nach dem Tod ins Allfeuer zurück, wie jedes der Elemente wieder an seinen Ort wandert; die Individualität hat keine Zukunft über den Tod hinaus (Hoffmann 42).

Werfen wir noch einen Blick auf den großen Erneuerer platonischer Philosophie im 3. Jahrhundert, auf Plotin, so finden wir auch hier nichts, was dem geläufigen Lehrbuchschema von den Griechen entspräche: Für Plotin besteht die ganze Welt aus drei Substanzen, dem Einen, dem νοῦς und der Seele; diese Drei-Substanzen-Lehre ist zugleich seine Kosmologie und seine Theologie, die neuplatonische »Trinität«. Sie umschließt als solche auch seine Anthropologie: Sofern in dem abwärts strömenden kosmischen Prozeß die Seele nach unten blickt, erscheint sie im Spiegel der Materie vervielfacht, und je mehr sie nach unten schaut, desto mehr vergißt sie ihre Einheit. Je mehr sie sich aber zurückwendet, desto mehr kehrt sie aus dem nichtigen Schein der Spiegelungen in die Einheit und so in die Wirklichkeit und damit in die Göttlichkeit zurück. Plotins Drei-Substanzen-Lehre ist zugleich oder sogar primär eine spirituelle Doktrin, die das Gegeneinander von Abstieg und Aufstieg letzten Endes in den Menschen verlegt und ihn lehrt, im Zurückschauen auf die Einheit die Wende des Seins aus seinem Zerfließen herbeizuführen, auf der Leiter der Wirklichkeit zurückzukehren in die Einheit des göttlichen Ursprungs, die zugleich den Schein der Individualität auflöst.

Diese wenigen Andeutungen mögen genügen, um zu zeigen, daß die durch alle neueren theologischen Traktate geisternde Lehre von dem griechisch-platonischen Dualismus zwischen Leib und Seele samt der dazugehörigen Lehre von der Unsterblichkeit der letzteren eine Phantasie von Theologen ohne Entsprechung in der Wirklichkeit ist. Es gab Mysterienkulte mit Unsterblichkeitsverheißungen; eine allgemein griechische Auffassung dieser Art gab es nicht. Die Grundstimmung der Antike in der Zeit der Ausbreitung des Christentums war ganz im Gegenteil geprägt durch Hoffnungslosigkeit: »Über diese Hoffnungslosigkeit der Heiden legen namentlich die Grabinschriften der damaligen Zeit ein ganz beredtes Zeugnis ab. Entweder glaubt man an überhaupt kein Fortleben nach dem Tode, oder man dachte an ein trübes Schattendasein im Hades ...« (F. Guntermann, Die Eschatologie des hlg. Paulus, Münster 1932, S. 38, vgl. Hoffmann 211). Wie verworren das Panorama der Meinungen zum Thema Seele gewesen ist, mag zum Abschluß dieses Rundgangs ein Text aus dem Hohelied-Kommentar des Origenes beleuchten: »... (Es wird gefragt), worin ihre Substanz bestehe, ob sie körperlich oder unkörperlich, ob sie einfach sei oder aus zwei, drei oder noch mehr zusammengesetzt sei – ob sie gemacht oder von niemand gemacht sei und, wenn gemacht, wie; ob ... ihre Substanz im leiblichen Samen enthalten sei und ihr Ursprung mit dem Entstehen des Leibes übertragen werde oder ob sie fertig von außen komme und dem Leib eingefügt werde, während er im Mutterschoß geformt wird. Und wenn so, ob sie eben geschaffen ankomme und dann erst gemacht werde, wenn der Körper gebildet ist ... oder ob sie schon von lange her gemacht aus irgend einem Grund zur Annahme des Körpers zu kommen zu denken ist; ... auch dies wird gefragt, ob sie *einmal* mit dem Körper angetan wird und ihn, wenn er abgelegt ist, nicht fürder sucht oder ob sie ihn ... wieder aufnehmen wird; und wenn sie es ein zweites Mal tut, ob sie ihn dann behält oder später abermals ablegt ...« (Comm. in Cant. 2 PG 13,126 B – 127 A).

2. Der neue Begriff von Seele

Das Erbe der Antike übermittelte keinerlei irgendwie geklärte Auffassungen über das Geschick des Menschen nach dem Tode. Von hier aus konnte die alte Kirche ihre Antworten nicht beziehen. Wir können vielmehr jetzt auf Grund von allem, was wir bisher erarbeitet haben, endgültig unsere zentrale These zu dieser Frage formulieren: *Die in der alten Kirche entwickelten Auffassungen über das Fortleben des Menschen zwischen Tod und Auferstehung beruhen auf den durch das Neue Testament in christologischer Zentrierung übermittelten jüdischen Überlieferungen von der Scheol-Existenz des Menschen.* Jede andere Behauptung muß an den geschichtlichen Tatsachen scheitern. Das bedeutet zugleich, daß die Unsterblichkeitslehre der alten Kirche zwei Aspekte hat: Sie ist bestimmt durch die christologische Mitte, in der die Unzerstörbarkeit des im Glauben eröffneten Lebens verbürgt war; sie knüpft diese theologische Aussage an den Scheol-Gedanken als ihren anthropologischen Untergrund und stützt sich damit auf eine, wie wir hörten, universal-menschliche Grundvorstellung, die inzwischen gewiß gegenüber den archaischen Auffassungen fortentwickelt, aber hinsichtlich ihrer anthropologischen Implikationen nicht des näheren reflektiert war. Aus diesem Grund stand auch keine einheitliche Terminologie zur Verfügung. Der Träger des Seins mit Christus, des durch den Tod hindurch unzerstörten Seins der menschlichen Person, heißt wie in der jüdischen Überlieferung meist Seele oder Geist (beides z. B. nebeneinander im äthiopischen Henoch, Hoffmann 125). Andererseits waren beide Begriffe durch die weit verbreiteten gnostischen Systeme verdeckt, in denen die Psyche (Seele) als eine niedrige Stufe des Menschseins gegenüber der Existenz der »Pneumatiker« eingestuft war; solche terminologischen Belastungen wirkten weit über den Kreis der Sympathisanten des gnostischen Denkens hinaus.

So ist klar, daß gerade dann, wenn die zentrale Gewißheit des im Tod unzerstörten Seins mit Christus und seiner Ausständigkeit auf die endgültige »Auferstehung des Fleisches« hin gewahrt werden sollte, Klärungen im anthropologischen Instrumentar dieser Aussage unerläßlich waren. Es ist auch deutlich, daß der christliche Glaube Ansprüche an die Anthropologie stellte, die von keiner der vorgegebenen Anthropologien erfüllt wurden, für die aber das begriffliche Werkzeug dieser Anthropologien in entsprechender Umarbeitung nutzbar gemacht werden konnte und mußte. Denn nun mußte ja eine Anthropologie entwickelt werden, die im Menschen einerseits Gottes einiges Geschöpf erkennt, das als Ganzes von Gott geschaffen und gewollt ist; andererseits muß doch in diesem Menschen zwischen dem unterschieden werden, was vergänglich ist an ihm, und dem, was bleibt. Solche Unterscheidung mußte dabei wiederum so geschehen, daß der Weg zur Auferstehung, also das Zugehen auf die endgültige Einheit des Menschen und der Schöpfung offen blieb. Eine derartige Anthropologie hatte folglich genau das zu verschmelzen, worin Platon und Aristoteles gegeneinanderstehen. Es mußte die untrennbare Einheit von Leib und Psyche aufgenommen werden, die Aristoteles lehrt; es durfte dabei aber doch die Psyche nicht zu einer »Entelechie« umgedeutet werden, die ebenso an die Materie gebunden ist, wie die belebte Materie von ihr her wird, was sie ist. Vielmehr mußte nun doch der besondere geistige Charakter der Psyche sichtbar werden, ohne sich in einen Weltgeist aufzulösen. Angesichts der Schwere einer solchen Aufgabe kann es nicht verwundern, daß diese Synthese nur langsam gereift ist; ihre endgültige und überzeugende Gestalt hat sie erst bei Thomas von Aquin gefunden. Wenn Thomas mit Aristoteles die Frage nach dem Wesen der »Seele« mit der Formel klärt »anima forma corporis« (die Seele ist die »Form« des Leibes), so liegt darin in Wirklichkeit eine vollständige Umwandlung des Aristotelismus. Denn für Aristoteles hatte diese Formel bedeutet, daß die Psyche dann ebenso materiell gebunden ist wie die »Entelechie«, das gestaltende Prinzip materieller Wirklichkeit überhaupt, die er in einer strengen Korrelativität denkt: Die Materie bliebe ohne die »Form« bloße Möglichkeit; die Form wird Wirklichkeit nur in der Einheit mit der Materie. Wenn die Psyche Form ist, gehört sie der körperlichen Welt, ihrem Stirb und Werde an. Umgekehrt heißt dies, daß der Geist, der dieser Welt nicht zugehört, auch nichts Individuelles, nichts Persönliches und nur darum unsterblich ist. Die Verbindung, daß der Geist zugleich das Persönliche und die »Form« der Materie ist, wäre für Aristoteles schlechthin undenkbar gewesen. A. Pegis, einer der bedeutendsten Erforscher des Verhältnisses zwischen Thomas und den

Griechen, bemerkt dazu: »Von diesem Gesichtspunkt her muß man die thomistische Lehre von einer intellektuellen Substanz als substantieller Form der Materie als einen geschichtlichen Augenblick ansehen, in dem eine aristotelische Formel bewußt benützt wurde, um in philosophischen Termini eine Sicht des Menschen auszudrücken, die die aristotelische Tradition und ihre Welt als eine metaphysische Unmöglichkeit betrachteten« (Some reflections 177, bei Schneider 28 Anm. 71). Hier ist nun die ungeheuere Aussage erreicht: Der Geist im Menschen ist so völlig eins mit dem Leib, daß auf ihn der Terminus »Form« mit seinem vollen Anspruch angewandt werden kann. Und umgekehrt: die Form dieses Leibes ist so, daß sie Geist ist und damit den Menschen zur Person macht. »Die Seele ist nicht Substanz und außerdem auch noch Form des Körpers, sondern sie ist Substanz als Form eines Körpers und sie ist als Substanz Form des Körpers« (Schneider 23). »Eine Trennung der Seele vom Leib ist gegen ihre Natur und vermindert ihre Ähnlichkeit mit Gott dem Schöpfer. Das Sein im Leibe ist nicht eine Tätigkeit, sondern der Selbstvollzug der Seele. Der Leib ist die Sichtbarkeit der Seele, denn die Wirklichkeit des Leibes ist die Seele« (ebd. 27). Damit ist das philosophisch unmöglich Scheinende gelungen und die geradezu widersprüchlich erscheinenden Forderungen der Schöpfungslehre sowie des christologisch umgewandelten Scheolglaubens sind eingelöst: Die Seele gehört dem Leib zu als »Form«, aber das, was »Form« des Leibes ist, ist doch Geist, macht den Menschen zur Person und öffnet ihn so auf Unsterblichkeit hin. Dieser Begriff von Seele ist etwas völlig Neues gegenüber allen antiken Auffassungen der Psyche; er ist ein Produkt des christlichen Glaubens und seiner Ansprüche an das Denken — nur blanke historische Unkenntnis kann das leugnen. Weil es hier um Zentrales geht, sei es noch einmal anders formuliert: *Der Begriff der Seele, wie ihn Liturgie und Theologie bis zum 2. Vaticanum verwendet haben, hat mit der Antike so wenig zu tun wie der Auferstehungsgedanke. Er ist ein streng christlicher Begriff* und konnte so überhaupt nur auf dem Boden des christlichen Glaubens formuliert werden, dessen Vision Gottes, der Welt und des Menschen er im Bereich der Anthropologie ausdrückt. Deswegen durfte mit Recht das Konzil von Vienne in seiner dritten Sitzung, am 6. Mai 1312, diese Definition der Seele als den dem Glauben adäquaten Begriff in Schutz nehmen: »Weiterhin weisen wir ... jede Lehre ... als irrig ... zurück, die unbedacht ... in Zweifel zieht, daß die Substanz der vernünftigen ... Seele in Wahrheit und durch sich selbst die Form des menschlichen Leibes sei« (DS 902). Die oben besprochene Bulle »Benedictus Deus« mit ihrer Lehre von der endgültigen Gottesschau setzt diese anthropologische Klärung voraus: Wo diese Einsicht gereift war, mußte die Scheol-Lehre in ein neues Licht treten und, was vorher sinnvoll gewesen war, zum überholten Archaismus werden.

3. Der dialogische Charakter der Unsterblichkeit

Nun könnte gegen alles Bisherige eingewendet werden, der Kernpunkt des neueren Disputs werde damit gar nicht getroffen. Denn es gehe überhaupt nicht darum, eine bestimmte Anthropologie zu verteidigen oder abzuweisen und folglich auch nicht um den Seelenbegriff, sondern es gehe darum, eine eigenmächtige »Substanz« Seele mit einer aus ihr selber kommenden Unsterblichkeit zu negieren und ihr gegenüber das Weiterleben des Menschen allein aus Gottes Setzung und Wirkung zu begründen. »*Gott* hält uns, Glaubende und andere, durch, und zwar durch wirklichen Tod, in dem wir uns selber genommen werden – *Er* hält uns durch und – Erweckung! – gibt uns uns selber wieder, zum Stehen vor seinem Gerichte und zum Leben« (Althaus, Retraktationen 256). Der Vorwurf des »Dualismus«, dessen Unangemessenheit angesichts des christlichen Seelenbegriffs eben gezeigt wurde, wird so unterstützt durch die Auffassung, wo von Seele geredet werde, werde »Unsterblichkeit« substanzialistisch, aus der Unteilbarkeit der geistigen Substanz, und damit theologisch unangemessen begründet. Nun mag sein, daß sich im allgemeinen Bewußtsein etwas vereinfachende Vorstellungen ausgebreitet haben. Aber bei den großen theologischen Lehrern habe ich nirgends eine rein »substanzialistische« Unsterblichkeitsbegründung gefunden, die übrigens auch Platon nicht gibt.

Ich greife als ein klassisches Exempel, in dem der Grundgedanke ebenso der patristischen wie der mittelalterlichen Theologie und darin großartig sowohl Einheit wie Verwandlung der Antike zum Ausdruck kommen, eine Homilie des heiligen Gregor von Nyssa über die acht Seligkeiten heraus. Er kommentiert darin das Wort des Herrn (ein Lieblingswort der Kirchenväter überhaupt): »Selig, die reinen Herzens sind, denn sie werden Gott schauen« (Mt 5,8). Dahinter taucht das Wort aus dem hohepriesterlichen Gebet Jesu auf: »Dies ist das ewige Leben, daß sie dich erkennen ...« (Joh 17,3). Die griechische Sehnsucht nach dem

Schauen, das griechische Wissen, daß Schauen Leben ist, daß das Erkennen, die Vermählung mit der Wahrheit, Leben ist – dieser große Ausgriff des griechischen Geistes nach der Wahrheit findet sich hier bestätigt und angenommen. Aber dieses Wort der Hoffnung und der Verheißung muß für den Menschen, so wie er tatsächlich beschaffen ist, zunächst zu einem Wort der Verzweiflung, zum Ausdruck des Absurden seiner Existenz werden. Gott schauen – das ist Leben. Aber die Urweisheit der Völker sagt und die Bibel wiederholt es vom Pentateuch bis zu Paulus und Johannes: Niemand kann Gott sehen. Wer Gott sieht, stirbt. Der Mensch will Gott sehen, nur dann könnte er leben, aber seine Kraft reicht nicht aus zu solchem Schauen. »Wenn Gott das Leben ist, schaut der Leben nicht, der Gott nicht sieht. Daß Gott aber nicht gesehen werden kann, bezeugen Propheten und Apostel ...«. So gleicht die Lage des Menschen dem Petrus, der auf dem See zu wandeln versucht: Er will hinüber zum Herrn, und er kann es doch nicht. Der Philosoph ist sozusagen der Petrus auf dem Meer, der mit seinen Spekulationen selbst die Sterblichkeit zertreten und das Leben schauen will. Aber es gelingt ihm nicht. Er ertrinkt eben doch. Die ganze Kraft seiner Spekulationen über die Unsterblichkeit reicht am Ende nicht aus, um zu stehen; die Wasser der Vergänglichkeit sind stärker als sein Wille zu schauen. Nur die ausgestreckte Hand des Herrn selber kann den versinkenden Petrus – den Menschen – retten. Diese ausgestreckte Hand aber greift nach uns in dem Wort: selig, die reinen Herzens sind, denn sie werden Gott schauen. Die philosophische Erkenntnis bleibt ein Wandeln auf dem Wasser, sie kann keinen festen Boden geben. Erst derjenige, der uns als der Mensch gewordene Gott mit seiner Kraft heraufzieht und hält, kann uns Stand geben auf dem Meer der Vergänglichkeit. Seine Verheißung aber lautet: Die Gottschau, die Leben ist, erreicht nicht die Spekulation des Denkens, sondern die Reinheit des einfachen Herzens, der Glaube und die Liebe, die sich der Hand des Herrn übereignen. Der platonische Gedanke von dem Leben, das aus der Wahrheit kommt, ist hier durch seine christologische Verwandlung zu einer dialogischen Konzeption des Menschseins vertieft, die zugleich ganz konkrete Aussagen über das beinhaltet, was den Menschen auf den Weg der Unsterblichkeit bringt und damit das scheinbar spekulative Thema ins Praktische wandelt: Jene »Reinigung« des Herzens, die in der täglichen Geduld des Glaubens und der aus ihm kommenden Liebe geschieht, findet den Halt beim Herrn, der das paradoxe Gehen über das Wasser ermöglicht und damit das absurde Menschsein sinnvoll werden läßt (vgl. Gregor von Nyssa, Or. 6, De beatitudinibus PG 44, 1263–1266).

Diese Grundkonzeption ist in unterschiedlichen Nuancierungen für die Tradition des christlichen Denkens kennzeichnend geblieben. Bei Thomas erscheint sie eingefügt in eine Interpretation der Dynamik der ganzen Schöpfung auf Gott zu. In der »anima«, die, wie wir hörten, einerseits ganz der materiellen Welt zugehört und doch andererseits diese Welt übersetzt über sich selber hinaus, kommt nach ihm die materielle Welt zu sich, dies aber gerade dadurch, daß sie im Menschen auslangt nach Gott. Durch die Hinwendung des Menschen auf Gott kehren »alle Ströme der natürlichen Seinsstufen und Wertgrade zu ihrem Ursprung zurück« (H. Meyer, Thomas von Aquin. Paderborn 1961[2] S. 269; Schneider 29). So ist der Mensch konzipiert als ein Wesen, »das zur Gotteserkenntnis und Gottesliebe fähig und gerufen ist« (Schneider 29); damit ist die aus der christologischen Sicht des Menschen gewachsene dialogische Konzeption aufgenommen und zugleich mit dem Problem der Materie, der dynamischen Einheit der ganzen geschaffenen Welt verknüpft. A. Pegis hat diese Kontinuität des anthropologischen Grundansatzes sehr schön formuliert, wenn er schreibt: »Was St. Augustin mit Hilfe platonischer Elemente ausdrückte, war nicht eine philosophische Lehre vom Menschen, sondern direkt und vor allem die Kennzeichnung einer geistigen Odyssee ... die Geschichte eines gläubigen Aufbruchs des christlichen Menschen, der zur Wahrheit und Glückseligkeit gerufen ist, und St. Thomas blieb einem solchen Menschen treu ...« (At the Origins ... 58; vgl. Schneider 50).

4. Die schöpfungsmäßige Bestimmung des Menschen zur Unsterblichkeit

Wir haben die Ablehnung einer »substanzialistischen« Begründung der menschlichen Unsterblichkeit vorhin zunächst ganz selbstverständlich hingenommen. Sieht man näher zu, dann wird dahinter ein Problem sichtbar, dem wir uns stellen müssen. Denn wenn hier das Leben des Menschen über den Tod hinaus dialogisch bestimmt und das Dialogische vom Christologischen her konkretisiert wird, muß doch gefragt werden, ob wir uns damit nicht einem Supranaturalismus ausliefern, der entweder die gemeinsamen Fragen aller Menschen nicht mehr beantwortet oder die Christologie so ins Unbestimmte ausdehnt, daß sie ihr Spezifisches verliert.

Wenn Unsterblichkeit nur als Gnade oder gar nur als Sondergeschick für die Frommen gefaßt wird, dann verflüchtigt sie sich ins Mirakulöse und verliert ihren denkerischen Ernst. So ist zu fragen: Wie verhalten sich die bisher gewonnenen Erkenntnisse zu dem von Gott geschaffenen Wesen Mensch überhaupt? Wieweit handelt es sich hier um reine Glaubensaussagen, wieweit wird vom Glauben her nun doch gerade die gemeinsame Vernunft, also das philosophische Denken angesprochen?

Die Antwort ist der Sache nach im bisher Gesagten schon vorgezeichnet. Verwiesenheit auf Gott, auf die Wahrheit selber, ist für den Menschen nicht ein beliebiges intellektuelles Vergnügen; wenn er von der Formel anima forma corporis her zu verstehen ist, dann macht sie den Kern seines Wesens aus. Er ist als Geschöpf, von Wesen her, in einer Relation geschaffen, die Unzerstörbarkeit einschließt. Teilhard hat einmal gesagt, das Wesen der Evolution sei es, immer bessere Augen hervorzubringen. Dies aufnehmend könnte man sagen, der Mensch sei jene Stufe der Schöpfung, jenes Geschöpf, zu dessen Wesen es gehört, Gott sehen zu können (das heißt wahrheitsfähig im umfassenden Sinn zu sein) und damit am Leben zu partizipieren. Wenn wir also vorhin zu der Einsicht kamen, daß nicht ein beziehungsloses Selbersein den Menschen unsterblich macht, sondern gerade seine Bezogenheit, die Beziehungsfähigkeit auf Gott hin, dann müssen wir jetzt hinzufügen, daß diese Geöffnetheit der Existenz nicht eine Zutat zu einem etwa auch unabhängig davon bestehenden Sein ist, sondern das Tiefste des menschlichen Wesens ausmacht: Sie ist gerade das, was wir »Seele« nennen. Man kann auch von einer anderen Seite her zur selben Einsicht vorstoßen und etwa sagen: Ein Wesen ist um so mehr es selbst, je offener es ist, je mehr es Beziehung ist. Das führt dann wieder zu der Einsicht, daß der Mensch das zum Ganzen und zum Grund des Seins hin offene Wesen und dadurch ein »Selbst«, eine Person ist. Solche Offenheit ist dem Menschen *gegeben* (insofern abhängig, nicht Produkt eigener Leistung). Aber sie ist ihm zu eigen gegeben, so daß sie nun im Selbersein des Menschen liegt: Das eben heißt Schöpfung und das meint Thomas, wenn er sagt, die Unsterblichkeit eigne dem Menschen von Natur her. Dahinter steht immer sein Schöpfungsgedanke, welcher weiß, daß solche Natur nur durch Mitteilung vom Schöpfer her ist, aber daß solche Mitteilung dann auch das Geschöpf ins Eigene setzt und ihm das Mitgeteilte wahrhaft zu-teilt (Pieper, Tod und Unsterblichkeit 96).

Im Grund ist damit auch schon die Frage beantwortet, die nun noch aufsteht: Wie ist es aber dann, wenn der Mensch wesenswidrig lebt, verschlossen statt offen? Wie ist es, wenn er seine Gottesbeziehung negiert oder ihrer überhaupt nicht gewahr wird? Mit der Untersuchung dieser Frage klärt sich die Reichweite des Schöpfungsgedankens, zugleich wird von da aus der genaue Ort deutlich, an dem das Besondere und Neue des Christologischen einsetzt. Wenn wir uns an unsere Überlegungen über die Theologie des Todes erinnern, wird deutlich, daß das biblische Denken immer wieder um diese Frage gekreist ist. Der Mensch, so wie er vorkommt, will die Unsterblichkeit aus sich selbst; er möchte sie aus Eigenem herstellen: Non omnis moriar – nicht alles an mir stirbt, das »monumentum aere perennius«, die geleistete Hinterlassenschaft soll ein Stück meiner selbst festhalten. Aber in solchem Versuch, selber die Ewigkeit zu beschaffen, kann der Mensch letztlich nur scheitern. Denn was bleibt, ist doch nicht er selbst. Er stürzt ins Wesenlose ab und übergibt auch schon sein Leben dem Wesenlosen, dem Tod: Eben dies ist der Inhalt der Drohung von Gen 3,3, der Verknüpfung von Sünde und Tod. Sie besagt: Ein solches Dasein, in dem der Mensch sich selber zum Gott machen, autonom, unabhängig und eben nur er selber, »wie ein Gott« sein will, wird zu einem Scheol-Dasein, zu einem Sein im Nichtsein, zum Schatten-Leben, das außerhalb des wirklichen Lebens bleibt. Aber das bedeutet nicht, daß der Mensch die Schöpfung Gottes selbst zurücknehmen oder aufheben kann. Was so entsteht, ist nicht das pure Nichts. Der Mensch kann sich, wie jedes Geschöpf, immer nur innerhalb der Schöpfung bewegen, sie nicht selbst hervorbringen und sie nie ins reine Nichts hinabstürzen. Was er also auf solche Art bewirkt, ist nicht die Zurücknahme des Seins, sondern ein Wesen im Selbstwiderspruch, eine sich selber negierende Möglichkeit: »Scheol«. Die grundsätzliche Hingeordnetheit zur Wahrheit, zu Gott, die das Nichtsein ausschließt, bleibt bestehen, wenn auch als negierte oder vergessene.

Erst an dieser Stelle setzt dann die eigentlich christologische Aussage ein. Der Gehalt des Christusereignisses ist es, daß Gott diesen Selbstwiderspruch aufhebt, ohne die Freiheit des Menschen in einem Willkürakt von außen her zu zerstören. Leben und Sterben Christi bedeuten, daß Gott selbst in die Scheol geht, im Land der Beziehungslosigkeit Beziehung eröffnet, den Blinden heilt (Joh 9) und damit Leben aus dem Tod, inmitten des Todes gibt. An dieser Stelle wird dann die christliche Lehre über das ewige

Leben wieder zu einer ganz praktischen Aussage. Unsterblichkeit ist nicht Leistung und, obwohl Schöpfungsgabe, nicht einfach naturale Vorfindlichkeit – bleibt sie dies, dann wird sie gerade zum Verhängnis. Sie beruht auf einer Beziehung, die uns zuteil wird, aber gerade so nimmt sie uns auch selber in Anspruch. Sie verweist auf eine Praxis des Empfangens, auf das Modell des Abstiegs Jesu (Phil 2,5–11!) gegen das »Eritis sicut Deus«, gegen die totale Emanzipation als vergeblichen Weg des Heils. Wenn die Wahrheitsfähigkeit und die Liebesfähigkeit des Menschen die Stätte sind, wo ewiges Leben aufgeht und wo ewiges Leben sinnvoll wird, dann wird dies ewige Leben zur Thematik des Heute und wird zur »forma corporis« auch in dem Sinn, daß es den Menschen nicht der Welt entfremdet, sondern ihn überhaupt erst der anarchischen Formlosigkeit entreißt und zur humanen Gestalt aufbaut.

5. Zusammenfassung: Bestimmende Züge des christlichen Glaubens an das ewige Leben

Nach dieser Analyse der geschichtlichen und sachlichen Aspekte des christlichen Glaubens an das ewige Leben können wir versuchen, die eigene und besondere Physiognomie zu umschreiben, die der christlichen Vorstellung im Gegensatz zu anderen Konzeptionen zu eigen ist. Ich denke, sie lasse sich in drei Stichworten bezeichnen:

a) Das christliche Unsterblichkeitsverständnis geht entscheidend vom Gottesbegriff aus und hat deshalb dialogischen Charakter. Weil Gott der Gott der Lebendigen ist und sein Geschöpf, den Menschen, beim Namen ruft, darum kann dieses Geschöpf nicht untergehen. Dieser Akt der Annahme des Menschen durch Gott in Gottes eigenes Leben hinein hat in Jesus Christus sozusagen Fleisch empfangen: Christus ist der Baum des Lebens, von dem der Mensch das Brot der Unsterblichkeit empfängt. Nicht aus der isolierten Einzelexistenz und ihrer eigenen Macht erklärt sich das ewige Leben, sondern aus der Bezogenheit, die für den Menschen konstitutiv ist. Diese Aussage über den Menschen weist aber ihrerseits wieder zurück auf das Gottesbild, sie deckt den Kern des christlichen Wirklichkeitsverständnisses überhaupt auf: Auch Gott hat Unsterblichkeit, oder richtiger: ist Unsterblichkeit als Beziehungsgeschehen trinitarischer Liebe. Gott selbst ist nicht »Atom«, sondern Beziehung, weil er Liebe ist, und darum ist er das Leben.

Von da aus liegt auch auf dem Zueinander menschlicher Liebe ein Glanz des Ewigkeitsgeheimnisses. Die Wegweisung, die von solcher Sicht des Seins ausgeht, lautet: Relation macht unsterblich; Offenheit, nicht Verschließung ...

b) Aus dem Schöpfungsglauben folgt der ganzheitliche Charakter der christlichen Hoffnung. Was gerettet wird, ist das eine Geschöpf Mensch, die Ganzheit und Einheit der Person, die sich in unserem leibhaftigen Leben zeitigt. »Alle Haare eures Hauptes sind gezählt« (Mt 10,30 par). Das bedeutet nicht, daß es nichts Vergängliches am Menschen gäbe. Aber es besagt, daß gerade in der Durchdringung des Vergänglichen das Beständige seine Gestalt gewinnt. Die Materie als solche kann nicht der Konstanz-Faktor im Menschen sein: Sie ist auch während des irdischen Lebens in steter Umbildung begriffen. Insofern ist eine Dualität, die die Konstante von den Variablen unterscheidet, unerläßlich und einfach von der Logik der Sache her gefordert. *Die Unterscheidung zwischen Seele und Leib ist aus diesem Grund unverzichtbar.* Aber diese Dualität ist in der christlichen Überlieferung immer konsequenter – abschließend bei Thomas und im Konzil von Vienne, wie wir hörten – so bedacht worden, daß sie nichts von Dualismus an sich trägt, sondern eben erst die Würde und die Einheit des Menschen zum Vorschein bringt. Auch im ständigen »Aufgeriebenwerden« des Leibes ist es doch der eine Mensch, der ganze Mensch, der auf die Ewigkeit zugeht und als Gottes Geschöpf im leibhaftigen Leben reift für das Schauen von Gottes Angesicht.

c) In die christliche Vorstellung von der Unsterblichkeit gehört auch der mitmenschliche Faktor hinein. Der Mensch dialogisiert ja nicht einsam mit Gott, und er tritt nicht in eine ihm allein gehörende Ewigkeit mit Gott ein, sondern der christliche Dialog mit Gott geht gerade durch die Menschen hindurch. Er geht durch die Geschichte hindurch, in der Gott mit den Menschen redet; er geschieht im Wir der Kinder Gottes – das heißt letztlich: er geschieht im »Leib Christi«, in der Gemeinschaft mit dem Sohn, die überhaupt erst den Menschen möglich macht, Gott Vater zu nennen. Er kann, er darf das nur, indem er mit dem Sohn Sohn wird, und das heißt notwendigerweise auch, daß er mit allen anderen, die den Vater suchen, eins wird. Erst in der Versöhnung, die Christus heißt, löst sich die menschliche Zunge und wird der Dialog möglich, der der wahre Quell des Lebens für den Menschen ist. So zeigt sich, daß in der Christologie die »theologische« und die »anthropologische« Linie des Dialogs, der Suche nach der Liebe miteinander verschmelzen. In jeder zwischenmenschlichen Liebe liegt ein Ruf nach Ewigkeit, den sie aber nie einzulösen vermag. Gott tritt in Christus als Mensch in diese unsere Suche nach dem Wort der Liebe ein. Der Dialog Gottes mit uns wird dadurch wahrhaft menschlich, daß Gott ihn als Mensch führt. Und umgekehrt: Der Dialog der Menschen untereinander wird dadurch ewigkeitshaltig, daß er in der communio sanctorum ins trinitarische Gespräch einbezogen wird. Deswegen ist die Gemeinschaft der Heiligen der Ort, an dem sich für den Menschen Ewigkeit auftut. Das ewige Leben isoliert den Menschen nicht, sondern es führt ihn aus der Isolierung heraus in die wahre Einheit mit seinen Brüdern und mit der ganzen Schöpfung Gottes.

Alle diese Aussagen beruhen letztlich auf der Einsicht, daß der auferstandene Christus der Ort des wahren Lebens ist. Er bringt, wie H. Schlier eindrucksvoll ausgeführt hat, die Zeit an ihr Ende, indem er sie in den Augenblick der Liebe hineinführt. Wo menschliches Leben mit Jesus gelebt wird, tritt es gleichsam in die »Zeit Jesu« ein, d. h. in die Liebe, die die Zeit verwandelt und die Ewigkeit öffnet (Schlier, Das Ende der Zeit 71 ff).

Mit alledem ist aber eine wichtige Frage nun immer noch offen geblieben. Wir haben gegenüber den unter I skizzierten Theorien klarstellen können, daß die Theorie einer Auferstehung im Augenblick des Todes weder logisch noch biblisch begründbar ist. Wir haben gesehen, daß die kirchliche Form der Lehre von der Unsterblichkeit der Seele konsequent aus dem biblischen Erbe selbst heraus entwickelt wurde und sowohl von den Ansprüchen der Tradition wie von denen der Logik her unverzichtbar ist. Damit ist aber die andere Frage noch nicht beantwortet: Wie steht es denn mit der Auferstehung der Toten? Gibt es so etwas als ein materielles Ereignis? Gibt es so etwas als ein Geschehen, das doch nicht einfach in die Unzeitlichkeit des Ewigen verlegt werden darf, sondern mit dem Ende der Geschichte in Verbindung gebracht werden muß? Kann derartiges dem Denken überhaupt zugemutet werden oder muß das Denken nicht einen Weg suchen, um solche Vorstellungen überflüssig zu machen? Mit diesen Fragen wird endgültig sichtbar, daß die modernen Theorien, denen wir begegnet sind, trotz ihres gegenteiligen Ausgangspunktes weniger der Unsterblichkeit der Seele als der Auferstehung ausweichen, die der wahre Skandal des Denkens geblieben ist. Insofern ist die moderne Theologie den Griechen viel näher, als sie wahrhaben will.

Wenn wir nun versuchen, uns diesen Problemen zu stellen, begeben wir uns methodisch auf ein neues Feld. Mit der Frage nach Tod und Auferstehung bewegten wir uns bisher in einem Bereich, der zwar mit rein menschlichem Wissen nicht eindeutig auszumessen ist, aber doch durch anthropologische Grunderfahrungen und Grundeinsichten abgestützt werden kann. Anders ausgedrückt: Das kommende Leben vermögen wir von dem jetzigen her hinsichtlich seines *Daß* ahnend zu extrapolieren; die Botschaft des Glaubens kann auf eine gewisse Evidenz des Denkens zurückgreifen. Dagegen bleibt das *Was* dieses neuen Lebens gänzlich außerhalb unseres Erfahrungsraumes und somit von uns her gesehen schlechthin unwißbar. Wenn wir im letzten Kapitel dieses Buches die Glaubensaussagen bedenken, die uns von Gottes Offenbarung her dieses Was in seinen Grundmöglichkeiten andeutend aufschließen, müssen wir also die Grenzen unserer Aussage deutlich vor Augen behalten. Die Überlieferung des Glaubens hat nicht den Sinn, bloßer Neugier Nahrung zu liefern. Wo sie den eigenen Raum menschlicher Erfahrung überschreitet, geht es ihr nicht um Unterhaltung, sondern um Wegweisung. Nur so weit eröffnet sich deshalb das Jenseitige, als es der Weisung im Diesseitigen dienlich ist. Dies ist zu beachten, wenn wir uns jetzt dem letzten Themenkreis der Eschatologie zuwenden.

3. Kapitel

DAS KOMMENDE LEBEN

§ 6 Die Auferstehung der Toten und die Wiederkunft Christi

Zu I: TH. W. ADORNO, Negative Dialektik, Frankfurt 1966. – L. AUDET, Avec quel corps les justes ressuscitent-ils? Analyse de 1 Cor 15,44, in: Studies in Religion 1,3 (Toronto 1971) 165–177. – DERS., Résurrection. Espérance humaine et don de Dieu (Hier et aujourd'hui 8) Paris-Tournai-Montréal 1971. – A. BAREAU - W. SCHUBRING - CHR. VON FÜRER-HAIMENDORF, Die Religionen Indiens III (= Chr. M. Schröder, Die Religionen der Menschheit 13) Stuttgart 1964. – W. BIEDER, Auferstehung des Fleisches oder des Leibes? in: ThZ 1 (1945) 105–120. – M. R. CADIOU, La jeunesse d'Origène, Paris 1936. – G. GRESHAKE, Auferstehung der Toten (siehe bei § 5). – G. GRESHAKE - G. LOHFINK, Naherwartung – Auferstehung – Unsterblichkeit (siehe bei § 3,1 u. § 5). – H. E. HENGSTENBERG, Der Leib und die letzten Dinge, Regensburg 1955. – G. KRETSCHMAR, Auferstehung des Fleisches. Zur Frühgeschichte einer theologischen Lehrformel, in: Leben angesichts des Todes (Festschrift Thielicke) Tübingen 1968 S. 101–137. – A. MICHEL, Les fins dernières, Paris 1929. – F. MUSSNER, Die Auferstehung Jesu, München 1969. – K. RAHNER, Zur Theologie des Todes, Freiburg 1958. – DERS., Theologische Prinzipien der Hermeneutik eschatologischer Aussagen, in: ders., Schriften zur Theologie IV, Einsiedeln 1960 S. 401–428. – K. H. SCHELKLE, Die Auferstehung der Toten, in: Bibel und Leben 15 (1974) 54–65. – TH. SCHNEIDER, Die Einheit des Menschen, Münster 1973. – TON H. C. VAN EIJK, La résurrection des morts chez les Pères Apostoliques, Paris 1974. – A. VÖGTLE, Das Neue Testament und die Zukunft des Kosmos, Düsseldorf 1970.

Zu II: W. BEINERT, Die Kirche – Gottes Heil in der Welt. Die Lehre von der Kirche nach den Schriften des Rupert von Deutz, Honorius Augustodunensis und Gerhoch von Reichersberg (= BG PhThM, NF 13), Münster 1973. – L. BOROS, Mysterium mortis. Der Mensch in der letzten Entscheidung, Olten-Freiburg 1962, 1971[9]. – J. DANIÉLOU, Christologie et eschatologie, in: A. Grillmeier – H. Bacht, Das Konzil von Chalkedon III, Würzburg 1954 S. 269–286. – P. GLORIEUX, Endurcissement final et grâces dernières, in: Nouv. Rev. Théol. 59 (1932) 865–892. – E. GRÄSSER, Das Problem der Parusieverzögerung in den synoptischen Evangelien und in der Apostelgeschichte, Berlin 1957. – A. GRILLMEIER, Mit ihm und in ihm. Christologische Forschungen und Perspektiven, Freiburg 1975 (zit. Grillmeier). – R. GUARDINI, Der Herr, Würzburg 1937 u. o. – E. KÄSEMANN, An die Römer, Tübingen 1973. – K. LÖWITH, Weltgeschichte und Heilsgeschehen, Stuttgart 1953. – TH. MAERTENS, Heidnisch-jüdische Wurzeln der christlichen Feste, Mainz 1965 (zit. Maertens). – E. PETERSON, ΕΙΣ ΘΕΟΣ. Epigraphische, formgeschichtliche und religionsgeschichtliche Untersuchungen, Göttingen 1926. – DERS., Die Einholung des Kyrios, in: Zeitschr. syst. Theol. 7 (1929/30) 682 ff. – J. RATZINGER, Eschatologie und Utopie, in: Internat. kath. Zeitschr. 6 (1977) 97–110. – H. D. RAUH, Das Bild des Antichrist im Mittelalter: Von Tyconius zum deutschen Symbolismus (= BGPhThM, NF 9) Münster 1973. – G. SCHELTENS, Der Tod als Endentscheidung, in: Wissenschaft und Weisheit 29 (1966) 46–60. – L. SCHEFFCZYK, Das besondere Gericht im Lichte der gegenwärtigen Diskussion, in: Scholastik 32 (1957) 526–541. – DERS., Die Wiederkunft Christi in ihrer Heilsbedeutung für die Menschheit und den Kosmos, in: Leb. Zeugnis 18 (1963) 66–87. – B. G. J. SCHÜCH, Der Antichrist im NT, in: Bibel und Liturgie 39 (1966) 320–324. – P. SCHÜTZ, Was heißt »Wiederkunft Christi«?, Freiburg 1972. – E. SCHWEIZER, 1 Korinther 15, 20–28 als Zeugnis paulinischer Eschatologie und ihrer Verwandtschaft mit der Verkündigung Jesu, in: Jesus und Paulus (Festschrift W.-G. Kümmel) Göttingen 1965 S. 315–333. – A. WINKLHOFER, Zur Frage der Entscheidung im Tode, in: Theol. und Glaube 57 (1967) 197–209.

I. Was heißt »Auferstehung der Toten«?

1. Die Problemlage

Die Frage der Auferstehung hatten wir im vorigen Paragraphen zunächst von dem Gegenüber der Begriffe »Unsterblichkeit« und »Auferstehung« her angegangen. Dabei hatte sich gezeigt, daß der Ausgangspunkt der neueren theologischen Entwicklungen in einer schroffen Absage an »Unsterblichkeit« und in einem leidenschaftlichen Votum für »Auferstehung« zu finden ist. Es hatte sich dann aber des weiteren herausgestellt, daß sich im Lauf des Gesprächs der Inhalt des Begriffs »Auferstehung« schnell verschob, daß Auferstehung entzeitlicht, d. h. in den Augenblick des Todes verlegt wurde; diese Entzeitlichung hatte eine Entmaterialisierung zur Folge, denn daß der Mensch im Augenblick seines Todes nicht körperlich aufersteht, liegt auf der Hand. Von solchen inneren Widersprüchen her hatten wir die neue Begriffsbildung kritisiert und aus dem Überlieferungsbefund heraus einen originär christlichen Begriff der Unsterblichkeit der Seele rehabilitiert.

Nun muß aber die andere Seite der Frage aufgegriffen werden, die dabei liegengeblieben war: Wie steht es also mit der Auferstehung? Diese noch ziemlich allgemeine Frage konkretisiert sich nach unseren bisherigen Überlegungen jetzt in zwei ganz konkrete Probleme hinein. Das erste lautet: Gibt es so etwas wie ein Ende der Zeit? Muß über das »Sein mit Christus« hinaus, das nach dem Tod des Gläubigen wartet, noch irgend etwas Weiteres angesetzt werden? Muß vor allem ein Ende der menschlichen Geschichte als solcher und ganzer, ein wahrhaft »Jüngster Tag« vom Glauben her behauptet werden? Die zweite Frage heißt: Hat Auferstehung nun etwas mit Materie zu tun oder nicht? Erwartet der Glaube eine Verwandlung der Materie und damit so etwas wie eine Auferstehungsleiblichkeit?

Beide Fragen werden von den modernen Positionen her, denen wir im letzten Paragraphen begegnet waren, eindeutig verneint. A. Vögtle hat in seinem umfänglichen Werk »Das Neue Testament und die Zukunft des Kosmos« mit beeindruckender Gelehrsamkeit zu zeigen versucht, daß das Neue Testament über eine solche Zukunft *nichts* lehrt. »Für keinen der hier einschlägigen Texte läßt sich die Intention einer lehrhaften Voraussage über das zukünftige Schicksal des Universums nachweisen oder auch nur wahrscheinlich machen ... Ebensowenig läßt sich für Jesus selbst und für die urchristliche Verkündigung der Glaube an eine zukünftige, den Zustand des Universums verändernde Auswirkung des Christusgeschehens begründen ... Unter eigentlich kosmologischem Aspekt verzichtet das Neue Testament auf eine lehrhafte Aussage« (232 f). Hier entstehen freilich zwei Fragen: Was bedeutet »eigentlich kosmologischer Aspekt«? Wann ist eine Aussage »lehrhaft«, und wann ist sie es nicht? Beide Fragen entsprechen systematischen Grundentscheidungen und können daher als solche nicht in rein historischer (exegetischer) Analyse beantwortet werden. Insofern bleibt als Ergebnis, näher betrachtet, nur übrig, daß bei einem bestimmten Begriff von »lehrhafter Aussage« das Fehlen von Sätzen konstatiert werden kann, die diesem Begriff genügen würden. Damit dieses Ergebnis historisch und sachlich nützlich würde, müßte aber erst geklärt werden, wie Vögtle zu diesem Begriff »lehrhafter Aussage« kommt und ob er mit Recht als Maßstab an die literarischen Formen des Neuen Testaments angelegt werden kann. Da dies nicht geschehen ist, muß man feststellen, daß Vögtles Analysen auf einer Überlagerung historischer und systematischer Kategorien beruhen, deren methodischer Grund ungeklärt ist, so daß das systematische Ergebnis zuletzt so fraglich bleibt, wie das Recht, mit dem das Systematische ins Historische eingeführt wird. Damit ist der Wert vieler Einzeluntersuchungen des Buches nicht bestritten. Vom Gesamtergebnis wird man vielleicht so viel festhalten können, daß die im Neuen Testament verwendeten Bildelemente nicht in naiver Direktheit als Sachaussagen gewertet werden dürfen – daß also zwischen sprachlicher Schematik und sachlicher Intention jene Differenz waltet, die wir bei unseren Überlegungen über die Frage der Naherwartung bereits eingehend bedacht hatten. Wenn es eine solche Differenz nicht auch hier gäbe, hätte die systematisierende Analyse Vögtles keinen Anhalt im Text gefunden; so bleibt sein Buch ein Verweis auf diese Differenz. Dagegen ist mit dem apodiktischen Nein zu »kosmologischen« Aussagen die Reichweite der Methode überzogen, zumal auch die Frage unreflektiert ist, was »kosmologisch« bzw. »eschatologisch« heißt.

Was Vögtle vom Exegetischen her zu begründen versuchte, hatte schon zuvor G. Greshake aus der Sicht des Systematikers formuliert. Ich möchte drei charakteristische Texte seines Buches hier anführen: »Die Materie ›an sich‹ (als Atom, Molekül, Organ . . .) ist unvollendbar. Wie sie Sinn und Ziel nur als ekstatisches Moment des menschlichen Freiheitsaktes erhält, so vollendet sie sich auch je nur als dessen konkretisierendes Moment« (Auferstehung der Toten 386 f). »Versteht man die im Tod geschehende Auferstehung des Leibes als die lebenschaffende Treue Gottes über der im Tod endgültig gewordenen *konkreten* Existenz, so ist in dieser Konkretheit ein ›Stück‹ Welt und Geschichte bleibend versammelt . . . Wird hier eine unvorstellbare Zukunft neuen Lebens in der Gemeinschaft mit Christus eröffnet, so vollendet sich dabei nicht eine ›individuelle Subjektivität‹, sondern *zugleich die Welt-Geschichte* . . .« (393). »Betrachtet man die Vollendung als einen unendlich-dynamischen Prozeß des Übergangs von ›diesem‹ zu ›jenem‹ Äon, so braucht ein Ende nicht postuliert zu werden« (410).

2. *Der Überlieferungsbefund*

a) Neues Testament

Um möglichst wenig eigene Vorentscheidungen in unsere Überlegungen hineinzutragen, wird es sich empfehlen, die Frage an die Überlieferung, die sich nun zwingend ergibt, so einfach und so bescheiden wie möglich zu stellen. Von der inneren Logik der Texte her bieten sich zwei Ansätze an, um vorwärts zu kommen.

Wir haben gehört, daß das ganze Neue Testament im Einklang mit der jüdischen Glaubenswelt seiner Zeit und zugleich in christologischer Verwandlung einen »Zwischenzustand« des Seins mit Christus kennt, der sogleich nach dem Tod als Fortsetzung des Lebens mit Christus zu erwarten ist. Nun fragt sich: Bieten sich Anhaltspunkte, um diesen Zwischenzustand selbst als die Auferstehung anzusehen, oder wird die Auferstehung davon unterschieden als ein neuer Schritt, der dabei noch ausständig bleibt, noch Erwartung stehenläßt? Zum anderen ist zu fragen, ob es explizite Äußerungen zur Auferstehungsleiblichkeit gibt, die nicht als sprachliche Versatzstücke herkömmlicher eschatologischer Rede aufgegriffen, sondern vom Christlichen her bewußt neu ausgesagt werden.

Bei dieser zweiten Frage fällt der Blick notwendigerweise auf 1 Kor 15,35–53. Dort begegnet Paulus einer Einstellung, die den Auferstehungsgedanken dadurch ad absurdum zu führen versucht, daß sie ihm die Frage entgegenhält: »Wie stehen die Toten auf? Mit welchem Leib kommen sie?« (Vers 35). Dieser Einstellung gegenüber hat Paulus die Frage der Leiblichkeit der Auferstehung behandelt, und zwar so, daß er die Erfahrung der neuen Leiblichkeit des auferstandenen Herrn auf das Verständnis der Auferstehung der Toten überhaupt überträgt, wie F. Mußner gezeigt hat (Die Auferstehung Jesu 101–120). Das bedeutet, daß sich Paulus der herrschenden jüdischen Auffassung entschieden entgegenstellt, die den Auferstehungsleib in voller Identität mit dem irdischen Leib und die Auferstehungswelt als eine einfache Fortsetzung der irdischen Welt versteht. Die Begegnung mit dem Auferstandenen, der als der Ganzandere sich irdischem Sehen und Erkennen entzog, den Gesetzen der Materie nicht unterlag, sondern in der Weise der Theophanie – des Erscheinens aus Gottes Welt heraus – sichtbar wurde, diese Begegnung hatte solche Vorstellungen unwiderruflich zerbrochen. »Das aber sage ich, Brüder: Fleisch und Blut können das Reich Gottes nicht erben; das Vergängliche erbt nicht das Unvergängliche« (Vers 50). Jede naturalistische und physizistische Sicht der Auferstehung ist hier mit Nachdruck abgeschnitten. Damit sind auch Spekulationen überflüssig gemacht, die ersinnen sollen, wie das Vergängliche doch unvergänglich werden könne: Eben dies wird nach Paulus nicht geschehen. Aber die Unbedingtheit, mit der Paulus hier naturalistischen Konzeptionen entgegentritt, hindert ihn doch nicht daran, auch weiterhin von Auferstehung des *Leibes* zu sprechen, die etwas anderes ist als Wiederkehr der »Körper« nach der Weise dieser Welt. Die Bestreitung des Naturalismus bedeutet für ihn nicht die Preisgabe der Auferstehung, sondern erst deren richtiges Sichtbarwerden. Leib gibt es für ihn nicht nur in der adamischen Weise des »seelenhaften Leibes«, sondern auch in der von der Auferstehung Jesu Christi her vorgebildeten christologischen Weise, als Leibhaftigkeit vom Heiligen Geist her. Dem physizistischen Realismus wird nicht ein Spiritualismus, sondern ein pneumatischer Realismus entgegengestellt. Mit dieser Dialektik erinnert der paulinische Text nicht bloß an alle Berichte der Evangelisten über die Auferstehung des Herrn (Mußner 101 bis 106), sondern auch an die innere Spannung, die das eucharistische Kapitel des Johannes-Evangeliums (Kap. 6) prägt. Gegen die spiritualistische Verflüchtigung von Glaube, Kirche und Sakrament steht hier der harte Realismus der Sätze: »Mein Fleisch ist eine wahre Speise, und mein Blut ein wahrer Trank. Wer mein Fleisch ißt und mein Blut trinkt, der bleibt in mir und ich in ihm« (Vers 55 f). Gegen eine naturalistische Fassung des Auferstandenen und seiner Präsenz im Gottesdienst der Kirche steht aber umgekehrt der schroffe Satz, der das Vorige geradezu auszustreichen scheint, es in Wahrheit aber erst in seiner wirklichen Bedeutung zu sehen lehrt: »Der Geist ist's, der Leben schafft; das Fleisch nützt nichts« (Vers 63). Das »Fleisch« Christi ist »Geist«, aber der Geist Christi ist »Fleisch«: Nur in dieser Spannung wird der besondere und neue Realismus des Auferstandenen durch alle Naturalismen und Spiritualismen hindurch sichtbar.

Kann man noch mehr und noch Konkreteres aus dem Neuen Testament über den Auferstehungsleib erfragen? Aus 2 Kor 5,1 könnte man geneigt sein zu erschließen, daß nach Pauli Vorstellung unser Auferstehungsleib im Himmel schon bereitsteht, daß sozusagen im Leib Christi unser eigener Auferstehungsleib schon bereitet ist. Dieser Gedanke scheint eine Stütze zu finden in Eph 2,6, wo Auferstehung und Himmelfahrt des Christen als schon geschehen beschrieben werden. In die gleiche Richtung geht Kol 3,1–3: Dort wird der Anruf an die Gläubigen, nach oben gerichtet zu leben, damit begründet, daß ihr wahres Leben in Christus verborgen existiert und ihr irdisches Leben eigentlich schon gestorben ist, schon als das zurückgelassene Alte hinter ihnen liegt. Ihr eigentliches Leben ist außerhalb von ihnen als ihr Eigenes, und daher lebt der Christ ex-zentrisch, weil er außerhalb seiner selbst sein wahres Selbst wohnend weiß. Aber alle diese Texte sind nun doch auch wieder nicht eindeutig genug, um wirklich zusätzliche Aussagen über das hinaus zu gewährleisten, was wir schon von

1 Kor 15 her hatten feststellen können. Sie unterstreichen das Neuartige der Auferstehungsexistenz, die von oben und nicht von unten kommt; sie betonen den christologischen Charakter unseres Auferstehungslebens, aber sie bieten doch keine Theorie über das Verhältnis von Leib Christi und Auferstehungsleib der Christen.

Eine systematische Auswertung des biblischen Befunds wird sehr behutsam sein müssen: Die Fragen, die wir stellen, sind Fragen *unseres* Denkens. Die Antwort muß vor der Bibel bestehen können, aber sie darf nicht der Exegese in die Schuhe geschoben werden, weil nun einmal die Entscheidungen in der Weise systematischen Denkens fallen. Dieser Aufschub einer Antwort ist auch von der Struktur der biblischen Aussage selbst her geboten: Wie im Fall der Unsterblichkeit bietet das Neue Testament einen Anfang, aber keinen Abschluß für das Denken. Von der Christologie her setzt es im einen wie im anderen Problemkreis eine neue Mitte, die sich aber ihr anthropologisches Instrumentar erst suchen muß. Die Bibel selbst verbietet uns hier den Biblizismus. Deutlich ist aber, daß Paulus wie Johannes das jetzige Sein mit Christus, das sie den Verstorbenen zuschreiben, *nicht* mit der Auferstehung gleichsetzen. Die Emphase, mit der trotz dieser ganz unmittelbaren Hoffnung gegen alle Aporien des Denkens die Auferstehung am Ende der Tage, die leibliche Auferstehung, behauptet wird, läßt eine solche Lösung schlechthin nicht zu. Hinsichtlich der Materialität dieser Auferstehung bleibt nahezu alles offen. Ihr Ganz-anders wird eindringlich behauptet. Was ihr pneumatischer Realismus, der den Spiritualisierungen entgegengehalten wird, positiv bedeutet, ist zunächst nicht auszumachen. Der Gedanke, daß am Ende, in welcher Form auch immer, das *Ganze* von Gottes Schöpfung ins Heil tritt, ist freilich so deutlich, daß jede reflektierende Systematisierung des biblischen Befunds ihm gerecht werden muß (vgl. bes. 1 Kor 15,20–28; Offb!).

b) Die Klärung der Formel »Auferstehung des Fleisches« in den ersten drei Jahrhunderten

Die erste Phase der theologischen Aneignung des apostolischen Erbes in der alten Kirche läßt sich in der Frühgeschichte der Formel des westlichen Credo verfolgen, das bekanntlich nicht von der »Auferstehung der Toten«, sondern von der »Auferstehung des Fleisches« spricht. G. Kretschmar hat gezeigt, daß diese Formel bruchlos aus dem Judentum übernommen wurde; sie ist etwa belegt in der noch vor der Tempelzerstörung verfaßten sog. Moseapokalypse (Kretschmar, Auferstehung des Fleisches 106 f) und in der bei 1 Clemens verwendeten griechischen Übersetzung von Ijob 19,26 (ebd. 114). Sie begegnet bei Tertullian als von Rom her übernommene Überlieferung und läßt sich dann über Hippolyt weiter bis zum Apostolicum verfolgen. Von ihrer jüdischen Wurzel her verweist sie auf das Heil des Geschöpfes Mensch oder der Schöpfung überhaupt. Da zwischen Geschöpflichkeit und Leiblichkeit des Menschen noch nicht ausdrücklich unterschieden wird, ist auch die Frage, ob die Auferweckung des Geschöpfes Mensch seine Leiblichkeit einschließen muß, unmittelbar noch nicht ausdrücklich beantwortet. Aber in den Auseinandersetzungen der frühen Kirche stößt die hier fraglos übernommene jüdische Sprachtradition mit der neuen Wortbedeutung zusammen, die die Vokabel Fleisch bei Paulus gewonnen hatte. Von seiner Begrifflichkeit her hatte Paulus formuliert: »Fleisch und Blut können das Reich Gottes nicht erben« (1 Kor 15,50). Der Streit der frühen Kirche wird so zu einem Ringen zwischen paulinischer und johanneischer Terminologie und damit zugleich zu einem Ringen um den konkreten Gehalt des christlichen Realismus.

Für dieses Ringen um die Spannweite und die Grenze der apostolischen Aussage kennzeichnend sind zwei »gnostische« Texte, die auffallend mit modernen Positionen übereinstimmen. Das im 2. oder frühen 3. Jahrhundert in Ägypten entstandene valentinianische Philippus-Evangelium ist ein interessanter Versuch, den biblischen Anspruch mit den Vorstellbarkeiten der herrschenden Vernunft in Einklang zu bringen. Der Text leugnet die »Auferstehung des Fleisches« nicht, aber er interpretiert sie so, daß ihr Anstoß verschwindet. »Der Auferstandene ist in der Tat nicht ›nackt‹, aber er trägt nicht mehr sein eigenes ›Fleisch‹, sondern das ›Fleisch Christi‹« (Kretschmar 123). Hier ist der Auferstehungsglaube streng auf die Christologie reduziert. Die Auferstehung Christi ist auch schon unsere Auferstehung. Nun werden aber Fleisch und Blut Christi, die allein unser »Kleid« sein werden und die Rede von der »Auferstehung des Fleisches« voll rechtfertigen sollen, mit Logos und Heiligem Geist identifiziert (Spruch 23): Nur dieses »Fleisch« ist Stätte des Heils, während von allem anderen Fleisch 1 Kor 15,50 gilt – der Ausschluß aus dem Heil. Der pneumatische Realismus wird hier strikt auf die Christologie und diese wieder auf Wort- und Geist-Christologie hin reduziert. Was das bedeutet, wird noch klarer im Rheginos-Brief (valentinianisch, 2. Jhdt.). Wieder spielt 1 Kor 15,50 ff eine entscheidende Rolle;

dazu tritt jetzt Kol 3,1 ff. Von da aus stellt der Verfasser fest, daß wir bereits mit Christus in den Himmel gegangen sind – die Auferstehung ist schon geschehen. »Valentin fordert den Leser seines Briefes auf, ›sich selbst als auferstanden anzusehen ...‹; d. h. die Auferstehung ›im Fleisch‹ ist ein neues Selbstverständnis« (Kretschmar 127). Diese überraschende Wendung wird bei Valentin nicht nur biblizistisch begründet, sondern auch systematisch untermauert: mit der Zeitlosigkeit, die jenseits des geschichtlichen Wandels herrsche. Weil die Wahrheit jenseits der Geschichte, d. h. die endgültige Wirklichkeit jenseits des Todes, zeitlos ist, darum ist die Auferstehung dort notwendigerweise immer im Präsens zu fassen. Insoweit wir uns und die Wirklichkeit recht verstehen, transzendieren wir den geschehenden Wandel und nehmen an diesem wahren Präsens, d. h. an der schon geschehenen Auferstehung teil. So kann durch die Aufnahme eines bestimmten Strangs biblischer Texte und ihre Kombination mit einer Zeit-Ewigkeits-Philosophie einerseits die Formel von der »Auferstehung des Fleisches« festgehalten und gleichzeitig die völlige Spiritualisierung der christlichen Hoffnung durchgeführt werden.

Es scheint mir in hohem Grad bedeutend, daß die alte Kirche dieses Angebot einer Synthese nicht aufgegriffen hat, das die perfekte Versöhnung zwischen der skandalösen Auferstehung des Fleisches und den Forderungen des griechischen Denkens zu ermöglichen schien. In der vermutlich von Justin stammenden Schrift »De resurrectione« findet sich demgegenüber das herrliche Wort: »Wenn dem Menschen das Evangelium der Rettung verkündigt wird, dann wird die Rettung auch dem Fleisch verkündigt« (c 8, vgl. Kretschmar 134). Auf der Linie dieses Wortes lehnt Irenaeus mit aller Entschiedenheit die Auffassung ab, daß es ein Aufsteigen zum Himmel gleich nach dem Tode gebe (Adv. haer. V 31,1). Großartig ist die Weise, wie wiederum Justin sich mit 1 Kor 15,50 auseinandersetzt und dieses umkämpfte Wort nun in einem ganz neuen Kontext aufnimmt: »Paulus wollte sagen, daß dem Fleisch der Tod korrespondiere, anderes habe es nicht zu erwarten, geschweige denn das Reich Gottes. Das Reich Gottes ist nämlich in diesem Erbvorgang nie Objekt, sondern stets Subjekt. Gottes Reich ist Leben, und diesem Leben fällt auch der Leib, das Fleisch als Erbteil zu« (Kretschmar 129). Also – das Sterbliche erbt nicht, aber das Umgekehrte geschieht aus der Paradoxie von Gottes mächtigem Erbarmen heraus: »Nun aber nimmt das Leben das Sterbliche zum Erbteil« formuliert Justin wörtlich (zitiert bei Kretschmar 129). Justin wie Irenaeus sehen den tiefsten Grund dafür, daß es nur so und nicht anders sein kann, in dem irdischen Wirken Jesu, in der realen Fleischlichkeit Gottes in Jesus – in seinem Tun, das sich gerade auf das leidende Fleisch des Menschen bezieht. Aber dieses Handeln und Sein Jesu gründet seinerseits darin, daß es nicht einen minderen Teil von Gottes Schöpfung gibt, der ewig unvollendbar bleiben müßte: »Leute, die dem Fleisch vorwerfen, daß es der Erde entstamme und die Seele zur Sünde zwinge, kennen nicht ›das ganze Tun Gottes‹« (Kretschmar 133). Das Nein zu Valentin folgt schließlich aus der Überzeugung von der Treue Gottes zu seiner *ganzen* Schöpfung, die sich in Jesu heilendem Tun nicht zuletzt als Treue zum Leib, zu der von Gott geschaffenen Erde bekundet hat.

Wenn wir versuchen, aus diesen etwas mühseligen Analysen ein Resümee über die erste Wegstrecke des Glaubens mit unserer Frage zu gewinnen, so können wir sagen: Am Ende war geklärt, daß »Auferstehung des Fleisches« nur dann Auferstehung der Geschöpfe heißt, wenn sie auch Auferstehung des Leibes bedeutet. Der scheinbare valentinianische Biblizismus erwies sich als eine Engführung des Glaubens auf einige paulinische Texte, die in einem neuen Kontext des Denkens den Hebel zur Spiritualisierung der christlichen Hoffnung boten. So mußte der wahre Inhalt der paulinischen Auffassung vom Johanneischen und vom Synoptischen her verteidigt werden. Im Experiment eines scheinbar radikalen Paulinismus wurde deutlich, daß der vom Apostel gemeinte Realismus dann nicht mehr erhalten ist, wenn »alles Fleisch« jetzt explizit die Geschöpflichkeit abzüglich ihrer Leiblichkeit meint; es hatte sich gezeigt, daß überdies der Abzug der Leiblichkeit auch die Zeitlichkeit in Frage stellt und zuletzt nur ein neues »Selbstverständnis« übrigläßt. Wo die Frage nach dem Inhalt von »Fleisch« expliziert wird, kann »Leib« zwar nicht zur primären Intention des Wortes werden, aber er ist auch nicht auszuschließen daraus. Kretschmar hat nun freilich seine eigenen Ergebnisse dadurch zu relativieren versucht, daß er die bei Justin und Irenaeus gefundenen Antworten für unlösbar an den Chiliasmus der beiden Autoren gebunden erklärt. Daß davon aber keine Rede sein kann, hat Van Eijk überzeugend dargetan (170–178, dort auch Auseinandersetzung mit den unhaltbaren Konstruktionen von Bieder). Die Klärung, die im Streit mit Valentin im 2. und 3. Jahrhundert geleistet wurde, beruht gerade auf dem Ausschluß apriorischer Konstruktionen des Denkens und auf dem Stehenbleiben bei der inneren Logik des Neuen Testaments, dessen Probleme dadurch erhellt werden, daß es konsequent als Einheit gelesen wird. Die »Philosophie« der kirchlichen Autoren, so könnte man sagen, ist die Überzeugung von der Einheit der ganzen Bibel und eine Exegese, die sich von dieser Überzeugung leiten läßt.

c) Der Streit um den Auferstehungsleib in der Geschichte der Theologie

Nachdem klargestellt war, daß die Auferstehung des Fleisches in welcher Form auch immer den Leib mit einschließt, mußte als nächstes erst recht die Frage entstehen: Was ist das, ein »Auferstehungsleib«? Ein erster Lösungsversuch begegnet bei Origenes († 253/54). Seine Aussagen sind umstritten. Jedenfalls aber unterschied er am Leib des Menschen einerseits die stets im Fluß begriffene Materialität, die kaum zwei Tage lang in völliger Identität bestehen bleibe, und andererseits die durchhaltende Form, in der das Individuum sich unverwechselbar ausdrückt. Die Identität des Auferstehungsleibes könne gewiß nicht in dem liegen, was ohnedies sich ständig ändert, sondern in dieser »Gestalt«, in diesem »Charakter«, den der Mensch auspräge (Sel in ps, Ps 1 PG 12, 1093 A – 1096 B). Diese etwas unbestimmt bleibenden Aussagen wurden in der Origenes-Schule auf eine naive Weise systematisiert. Nun wurde gesagt: Es gehe also nicht um eine Erhaltung des alten Körpers oder um seine Nachbildung, sondern um die Herstellung des Wesentlichen. Die endgültigen Körper werden, so meint man nun, nicht auf dem Zufall irdischer Situationen beruhen, sondern die wesentlichen Körper sein, die Idealkörper. Von da aus konnte jetzt auch dem griechischen Geist einsichtig werden, daß es am Ende Körper geben wird, eben die Idealkörper. So wird die Frage nach dem Auferstehungsleib zu einem mathematischen Problem, zur Frage nach der idealen Form des Körpers, die man in der Kugel findet.

Gegen diese für Schuldenken typische Lösung mit ihrem bezeichnenden Ineinander von Scharfsinn und Blindheit erhob sich das kirchliche Bewußtsein. Es sah die Identität des Menschen und seine Menschlichkeit in einer solchen mathematischen Idealwelt ausgelöscht und fühlte den Sinn des Auferstehungsglaubens mißkannt. Aus solcher Reaktion entstanden dann jene massiven Formulierungen verschiedener Glaubensbekenntnisse über die Identität des irdischen Leibes mit dem Auferstehungsleib, denen wir in § 5,III begegnet sind. Für den rückschauenden Blick sind diese Formeln geradezu ein Lehrstück für das Problem einer Hermeneutik des Dogmas. Ganz klar zu erkennen ist die unabweisliche Aufgabe, die das kirchliche Lehramt – von der Reaktion des einfachen Glaubens getrieben – hier wahrzunehmen hatte: Es mußte den Realismus des Glaubens gegen die Verstiegenheit akademischer Konstruktionen schützen. Es mußte eine menschliche Auferstehung gegen eine mathematische verteidigen. Aber um dies zu formulieren, stand ihm keinerlei adäquates begriffliches Instrumentar zur Verfügung, weil sich die Reflexion nun einmal verlaufen hatte. So konnte es sich nur in der Sprache eines naiven Sensualismus ausdrücken, der nicht das letzte Wort sein durfte. Ganz Ähnliches spielt sich ja im frühen Mittelalter beim Streit um den eucharistischen Realismus ab, in dem zwischen Spiritualismus und Naturalismus das Denken noch keinen Weg gebahnt hatte und das kirchliche Bekenntnis, um realistisch zu bleiben, den Naturalismus aufgriff, an dem doch nur die Intention, »Realismus« zu wahren, das Bleibende sein konnte. Beide Themen – eucharistischer Realismus und Auferstehungsrealismus – gehören aufs engste zusammen; sie können nur miteinander verstanden werden, und darum ist es auch nicht verwunderlich, daß der entscheidende Schritt zur Lösung des Dilemmas in beiden Fällen im gleichen Denkzusammenhang gefunden wurde.

Für das Entdecken dieses Weges wurde die Einbeziehung des Aristoteles ins christliche Denken entscheidend, die sich im 13. Jahrhundert abspielte. Das Erbe Platons, das sich in vielem als hilfreich erwiesen hatte, um den denkerischen Anspruch der biblischen Botschaft aufzugreifen, hatte in das eben geschilderte Dilemma von Spiritualismus und Naturalismus hineingeführt; es konnte von sich aus keinen neuen Weg öffnen. Von Aristoteles her ließ sich dagegen ein nicht-sensualistischer Realismus formulieren und damit eine philosophische Entsprechung zu dem pneumatischen Realismus finden, den die Bibel verlangt. Den entscheidenden Schritt bedeutete das neue Verständnis von Seele, das sich Thomas von Aquin durch seine kühne Transformation der aristotelischen Anthropologie erschloß; wir haben davon in § 5,IV 2 gehört. Denn diese nun definitiv aus dem Christlichen entwickelte Anschauung der Seele bedeutete ja zugleich eine neue Sicht auch des Leibes: Beide sind gemäß der thomanisch ausgelegten Formel anima forma corporis nur je voneinander her und aufeinander hin Wirklichkeit. Obgleich sie nicht dasselbe sind, sind sie doch eins und als Eines der eine Mensch; als Ausdruck und Ausgedrücktsein sind sie eine Zwei-

Einheit ganz spezifischer Art. Für unsere Frage bringt das eine erstaunliche Konsequenz mit sich, die in doppelter Richtung weist. Die eine Folge aus dieser Einsicht besteht darin, daß die Seele den Bezug auf Materie nie gänzlich hinter sich lassen kann. Die Vorstellung Greshakes, daß die Seele die Materie als »ekstatisches Moment« ihres Freiheitsvollzugs in sich aufnimmt und sie als *Materie* im ewig Unvollendbaren dann definitiv hinter sich läßt, ist von Thomas her unvollziehbar. Wenn es das Wesen der Seele ist, »forma« zu sein, dann ist ihre Zuordnung auf Materie hin unaufhebbar und man müßte sie selber auflösen, um ihr dies zu nehmen; insofern entsteht hier eine anthropologische Logik, die Auferstehung als Postulat des Menschseins erscheinen läßt. Auf der anderen Seite aber bedeutet dies auch, daß die materiellen Elemente, die den menschlichen Körper aufbauen, ihre Qualität als »Leib« nur dadurch empfangen, daß sie von der Ausdruckskraft der Seele organisiert und durchprägt werden. Es wird eine Unterscheidung zwischen »Körper« und »Leiblichkeit« möglich, die Origenes mit seinem Gedanken der charakteristischen Gestalt schon gesucht hatte, aber mit seinen Denkmitteln noch nicht formulieren konnte. Nicht die einzelnen Atome und Moleküle als solche sind »der Mensch« und nicht an ihnen hängt daher die Identität der »Leiblichkeit«; sie hängt vielmehr daran, daß Materie unter die Ausdruckskraft der Seele tritt. So wie die Seele sich nun einerseits von Materie her definiert, so ist umgekehrt der Leib ganz von der Seele definiert: Leib, und zwar identischer Leib, ist das, was die Seele sich als ihren körperlichen Ausdruck baut. Gerade weil die Leiblichkeit nun so unlösbar zum Menschsein gehört, wird die Identität der Leiblichkeit nicht von der Materie, sondern von der Seele her bestimmt.

Bei Thomas von Aquin sind diese Aussagen vom aristotelischen Verständnis der materia prima und der damit verbundenen Stellung der Form her bestimmt. Danach ist Materie, die nicht unter einer »Form« steht, materia prima, d. h. pure Möglichkeit. Nur durch Formung wird aus materia prima Materie im physikalischen Sinn. Wenn nun die Seele die einzige Form des Leibes ist, dann bedeutet dies, daß das Aufhören des Formbezugs, das sich im Tode zuträgt, den Absturz in die pure Möglichkeit nach sich zieht, der freilich nicht in einem zeitlichen Augenblick vorzustellen ist, sondern nur als ontologische Aussage gilt. Faktisch tritt an die Stelle der bisherigen »Form« sofort eine neue, so daß physikalische Materie bestehen bleibt, die aber nun, weil von einer anderen

Form geprägt, etwas von Grund auf anderes ist als das, was vorher war, solange die Seele »formte«. Zwischen dem lebendigen Leib und dem Leichnam liegt der Graben der materia prima. Insofern kann die thomistische Lehre, streng durchgeführt, überhaupt keine Identität zwischen dem Leib vor und nach dem Tod festhalten. Was sich als ein Vorteil für die Auferstehungsfrage darbietet, hat damit andererseits doch auch anthropologische und ontologische Konsequenzen, die mindestens merkwürdig erscheinen. Aus diesem Grund rief gerade die mit den Worten anima unica forma corporis umschriebene neue Anthropologie des Aquinaten schärfsten Widerstand und kirchliche Verurteilungen hervor: Die Identität des Leichnams Jesu mit dem Gekreuzigten war ja damit philosophisch geleugnet, aber auch die Frage der Empfängnis, der wirklichen Elternschaft stellt sich, wenn der Leib seine Identität in gar keiner Weise aus der Materie, sondern nur von der nicht-vererbten Seele bekommt (vgl. den Katalog der Probleme bei Schneider 59–63 und die Darstellung der Auseinandersetzung im ganzen Buch). Dies war der Grund, weshalb Thomas selbst vor den Konsequenzen seiner These zurückschreckte und sie für die Auferstehungsfrage durch ergänzende Konstruktionen wieder weitgehend einschränkte. Erst Durandus von San Porciano (ca. 1275–1334) wagte es, den Ansatz des Aquinaten mit allen seinen Folgerungen streng durchzuführen und damit die Identität des Auferstehungsleibes ausschließlich auf die Identität der Seele zu gründen. Im Mittelalter blieb er damit weitgehend isoliert. Im 19. Jahrhundert wurde seine These wieder aufgegriffen und von Männern wie Laforêt, Hettinger, Schell vertreten; im 20. Jahrhundert schlossen sich ihr u. a. Billot, A. Michel und D. Feuling an. Nun ist uns das aristotelisch-thomistische Konzept von Materie und Form, das der These des Durandus zugrunde liegt, heute in seiner ursprünglichen Gestalt einfach nicht mehr vollziehbar; insofern ist eine schlichte Repristinierung eines konsequenten Thomismus sicher kein Weg. Die Synthese, die Thomas unter den Bedingungen seines Jahrhunderts auf geniale Weise formuliert hat, muß heute neu vollzogen werden, damit gerade das erhalten bleibt, worum es dem großen Lehrer eigentlich ging. So bietet Thomas gewiß kein bequem zu kopierendes Rezept, aber sein zentraler Gedanke bleibt als Wegweisung bestehen: Er liegt in der schöpfungsmäßigen Einheit von Leib und Seele, die einerseits die unlösbare Zuordnung der Seele auf die Materie in sich schließt, zum anderen aber bedeutet, daß die Identität des Leibes nicht von der Materie, sondern von der Person, von der Seele her zu denken ist. Der Körper wird zum »Leib« von der Personmitte her; Leiblichkeit ist etwas anderes als eine Summe von Körpern. Brechen wir an dieser Stelle, an der der geschichtliche Befund über sich hinaus auf die Sachdiskussion verweist, vorläufig unsere Überlegungen ab, um uns den beiden zutage getretenen Sachfragen zuzuwenden: der Frage nach dem Ende der Zeit und der damit zusammenhängenden nach der »Materialität« der Auferstehung.

3. Was heißt »Auferstehung am Jüngsten Tag«?

Daß es weder von der Logik noch von Bibel und Überlieferung her angeht, die Auferstehung in den Augenblick des individuellen Todes zu verlegen, ist in unseren bisherigen Überlegungen hinlänglich deutlich geworden. Erinnern wir uns noch einmal an den Hauptgrund: Eine begonnene Ewigkeit ist keine Ewigkeit; wer also in einem bestimmten Zeitpunkt gelebt hat und zu einem bestimmten Zeitpunkt stirbt, kann damit nicht einfach aus der Verfassung »Zeit« in die Verfassung »Ewigkeit«, Unzeitlichkeit überwechseln. Auch der von G. Lohfink vorgeschlagene Rekurs auf den mittelalterlichen Begriff des Aevum führt trotz mancher Klärungen nicht zu einem wirklichen Ergebnis; der Begriff des Aevum ist nun einmal zur Klärung der Seinsart des Engels, d. h. des reinen Geistes und nicht für den Menschen erdacht. Der Mensch aber wird im Tod ebensowenig ein Engel wie er ein Gott wird; er bleibt ein Mensch, und daher treffen die Begriffe nicht, die das Sein des Engels bzw. das Sein Gottes umschreiben wollen. Um vorwärts zu kommen, muß man die Anthropologie vertiefen und sich nicht aus ihr in andere Seinsmodelle flüchten. Man muß mit anderen Worten fragen, in welcher Weise dem Menschen *als Menschen* Zeit zu eigen ist und ob von da aus eine menschliche Weise des Seins außerhalb der physikalischen Seinsbedingungen im Ansatz zu denken ist. Geht man dieser Frage nach, so zeigt sich, daß »Zeitlichkeit« beim Menschen in verschiedenen Schichten und so auch in verschiedenen Weisen anzutreffen ist; am meisten Hilfe für eine solche Analyse kann man im 10. Buch von Augustins Confessiones finden, wo er die Schichten seines eigenen Seins durchschreitet und auf die Memoria (Gedächtnis) stößt. In ihr findet er Vergangenheit, Gegenwart und Zukunft auf eine eigentümliche Weise versammelt, die einerseits eine Vorstellung davon ermöglicht, was Gottes »Ewigkeit« sein könnte, und die andererseits sowohl die besondere Weise der Bindung des Menschen an die Zeit wie seine Überlegenheit über die Zeit erkennbar werden läßt. Augustin wird in solchem Nachdenken bewußt, daß allein das Gedächtnis diese merkwürdige Wirklichkeit »Gegenwart« schafft, indem es einen bestimmten Umkreis in dem steten Fluß der Dinge umgreift und als »Heute« zusammenhält, wobei freilich die Gegenwarten der einzelnen Menschen sehr verschieden sind, je nach der Spanne dessen, was das Bewußtsein als solche vermittelt. Im Gedächtnis ist aber auch Vergangenheit *gegenwärtig*, jedoch so, daß diese Gegenwart der Vergangenheit anders ist als die Gegenwart dessen, was wir für »gegenwärtig« halten: Es handelt sich um ein Praesens de praeterito – die Vergangenheit ist *gegenwärtig* in ihrer Qualität als *Vergangenheit;* ähnlich gibt es auch ein Praesens de futuro.

Was besagt das für unsere Frage? Es besagt, daß der Mensch, sofern er Körper ist, an der physikalischen Zeit teilhat, die nach der Umdrehungsgeschwindigkeit von Körpern mit Parametern gemessen wird, welche ihrerseits bewegt und damit gleichfalls relativ sind. Der Mensch ist aber nicht nur Körper, sondern auch Geist. Da beides in ihm untrennbar ist, wirkt seine Zugehörigkeit zur körperlichen Welt auch in die Weise seines geistigen Vollzuges hinein; dennoch ist dieser von den physikalischen Gegebenheiten allein aus nicht zu analysieren. Seine Teilhabe an der Körperzeit prägt die Zeit seines Bewußtseins, aber in seinen geistigen Vollzügen ist er doch auf eine andere und tiefere Weise »zeitlich«, als die physikalischen Körper es sind. Schon für den biologischen Bereich gilt Zeitlichkeit auf einer anderen Ebene, als es die bloß physikalische sein könnte; die »Zeit« eines Baumes, die sich in seinen Jahresringen ausdrückt, ist Ausdruck seiner besonderen Lebenseinheit und nicht bloß ein Abschnitt in den Sonnenumdrehungen. Die verschiedenen Ebenen der Zeit werden im menschlichen Bewußtsein aufgenommen und transzendiert, das so auf seine eigene Weise »zeitlich« ist. Zeit ist nicht bloß eine physikalische Qualität am Menschen, die ihm dann ganz äußerlich bliebe; sie prägt ihn gerade in seinem Menschlichen, das als menschliches zeitlich ist: im Weg des Erkennens, des Liebens, des Verfallens und Reifens. Nicht zuletzt resultiert seine besondere Weise der Zeitlichkeit aus seiner Relationalität – daraus, daß er er selber nur wird im Sein-mit-anderen und zu anderen hin: Das Hereintreten der Liebe oder auch ihre Verweigerung binden ihn an den anderen Menschen und an seine besondere Zeitlichkeit, an sein Früher und Später. Das Netz der Mitmenschlichkeit ist zugleich auch ein Netz der Mitzeitlichkeit.

Lassen wir diese fragmentarischen philosophischen Überlegungen, die nun ausreichen dürften, um die Diagnose zu formulieren, auf die es für unsere Frage ankommt: Der Mensch hat Zeit nicht nur physikalisch, sondern anthropologisch. Nennen wir diese »menschliche Zeit« im Anschluß an Augustin Memoria-Zeit; wir können dann noch hinzufügen, daß diese Memoria-Zeit von der Beziehung des Menschen auf die körperliche Welt geprägt, aber nicht gänzlich an sie gebunden und auch nicht gänzlich in sie auflösbar ist. Das bedeutet dann, daß sich beim Heraustreten des Menschen aus der Welt des Bios die Memoria-Zeit von der physikalischen Zeit löst und dann als reine Memoria-Zeit bleibt, aber nicht zu »Ewigkeit« wird. Darin liegt dann auch der Grund für die Endgültigkeit des in diesem Leben Vollbrachten und für die Möglichkeit einer Reinigung wie eines sich vollendenden letzten Geschicks in einer neuen Beziehung auf die Materie: Nur so bleibt Auferstehung als neue Möglichkeit des Menschen, ja, als eine für ihn zu erwartende Notwendigkeit verstehbar.

Das schließt eine weitere Erkenntnis ein: Der Mensch, der stirbt, tritt selbst aus der Geschichte heraus – sie ist für ihn (vorläufig!) abgeschlossen; aber er verliert nicht die Beziehung auf die Geschichte, weil das Netz der menschlichen Relationalität zu seinem Wesen selber gehört. Die Vorstellung von der Auferstehung im Tode nimmt auch der Geschichte ihren Ernst: Im Grund ist ja dann, von einem anderen Standpunkt her gesehen, die Geschichte eigentlich schon abgeschlossen. Der Realitätscharakter der weitergehenden Geschichte und so der zeitliche Index des Lebens nach dem Tod ist aber für den christlichen Gottesbegriff, der sich in der Christologie und so in Gottes Sorge für die Zeit inmitten der Zeit darstellt, von grundlegender Bedeutung. Den schönsten Ausdruck für den hier in Frage stehenden Sachverhalt habe ich bei Origenes gefunden; dort heißt es:

»Es sprach der Herr zu Aaron: ›Wein und berauschendes Getränk sollt ihr nicht trinken, du und deine Söhne mit dir, wenn ihr zum Zelt des Bundes herantretet oder wenn ihr zum Altare schreitet.‹ ... Es wird aber unser Herr und Heiland von Paulus ›der Hohepriester der kommenden Güter‹ genannt. Er selbst also ist ›Aaron‹, seine ›Söhne‹ aber sind die Apostel ... Sehen wir zu, wie wir das auf unsern Herrn Jesus Christus ... und auf seine Priester und Söhne, unsere Apostel, anwenden können. Zuerst ist darauf zu achten, wie dieser wahre Hohepriester und seine Priester, bevor sie ›zum Altare schreiten‹, wohl Wein trinken, wenn er dann aber beginnt ›zum Altare hinzutreten‹ und in das Zelt des Bundes einzutreten, sich dann des Weins enthält ... Bevor er opferte, trank er in den Zeitläuften des irdischen Heilsgeschehens Wein ... Da aber die Zeit seines Kreuzes herankam und er ›zum Altare treten‹ sollte, wo er das Opfer seines Fleisches darbringen wollte, da ›nahm er‹, heißt es, ›einen Kelch, segnete ihn und gab ihn seinen Jüngern mit den Worten: Nehmet hin und trinket daraus.‹ Ihr, sagte er, dürft noch trinken, die ihr nicht in Bälde ›zum Altare treten‹ werdet. Er aber, als einer, der nun ›zum Altare trat‹ sprach: ›Wahrlich, ich sage euch, ich werde von dem Erzeugnisse dieses Weinstockes nicht trinken, bis daß ich es mit euch trinke neu im Reiche meines Vaters.‹

Wenn jemand von euch jetzt mit gereinigten Ohren herantritt, so schaue er ein unaussprechliches Geheimnis. Was besagt es, wenn er spricht: ›Ich werde nicht mehr trinken‹ ... ? ... Mein Heiland trauert auch jetzt über meine Sünden. Mein Heiland kann sich nicht freuen, solange ich in Verkehrtheit bleibe. Warum kann er das nicht? Weil ›er selbst Fürsprecher für unsere Sünden beim Vater ist‹ ... Wie also kann er, der Fürsprecher ist für meine Sünden, den ›Wein‹ der Freude trinken, wenn ich ihn mit meinen Sünden betrübe? Wie kann er, der ›zum Altare schreitet‹, um für mich Sünder zu sühnen, in Freude sein, wenn zu ihm beständig die Traurigkeit meiner Sünden aufsteigt? ›Mit euch‹, sagt er, ›werde ich trinken im Reiche meines Vaters.‹ Solange wir nicht so handeln, daß wir zum Reiche aufsteigen, kann er den Wein nicht allein trinken, den er mit uns zu trinken versprach ... Der also ›unsere Wunden auf sich nahm‹ und unsertwegen litt als ein Arzt der Seelen und der Leiber, er sollte sich nichts mehr machen aus den schwärenden Wunden? ... Er wartet also, daß wir uns bekehren, daß wir seinem Beispiel folgen, daß wir in seine Fußstapfen treten und er sich ›mit uns‹ freue und ›mit uns den Wein trinke im Reiche seines Vaters‹ ... Wir also sind's, die unser Leben vernachlässigend, seine Freude aufschieben ...

Aber übergehen wir auch das nicht, daß nicht nur von Aaron gesagt wird: ›er trinke keinen Wein‹, sondern auch von ›seinen Söhnen‹, wenn sie zum Heiligtum schreiten. Noch haben nämlich auch die Apostel selbst ihre Freude nicht erhalten, sondern auch sie warten, daß ich ihrer Freude teilhaft werde. Denn auch die von hinnen scheidenden Heiligen erhalten nicht sogleich den vollen Lohn ihrer Verdienste, sondern sie warten auf uns, auch wenn wir verzögern, auch wenn wir träge bleiben. Nicht nämlich haben sie volle Freude, solange sie wegen unserer Irrungen unsere Sünden betrauern und beklagen. Du wirst mir das vielleicht nicht glauben ... aber ich bringe dafür einen Zeugen bei, an dem du nicht zweifeln kannst, den ›Lehrer der Völker‹ ..., den Apostel Paulus. Nachdem er, an die Hebräer schreibend, alle heiligen Väter aufgezählt, die durch den Glauben gerechtfertigt wurden, fügt er bei: ›Diese aber, die alle das Zeugnis des Glaubens haben, erlangten noch nicht die Verheißung, indem Gott für uns etwas Besseres vorsah, damit sie nicht ohne uns die Vollendung erlangten.‹ Du siehst also wohl, daß Abraham noch wartet, die Vollendung zu erlangen? Es warten auch Isaak und Jakob, und alle Propheten warten auf uns, um mit uns zusammen die vollendete Glückseligkeit zu erreichen. Darum denn auch jenes Geheimnis des bis zum letzten Tag verschobenen Gerichts. ›Ein Leib‹ nämlich ist's, der der Rechtfertigung harrt, ›Ein Leib‹, der zum Gerichte aufersteht. ›Sind es auch viele Glieder, so doch Ein Leib; es kann das Auge nicht zur Hand sagen: ich brauche dich nicht.‹ Selbst wenn das Auge heil ist und zum Sehen tüchtig, – fehlen ihm die übrigen Glieder, was wäre die Freude des Auges? ...

... Du wirst also (zwar) Freude haben, wenn du als Heiliger aus diesem Lande scheidest; dann aber erst wird deine Freude voll sein, wenn dir kein Glied mehr fehlt. Warten wirst nämlich auch du, wie du selbst erwartet wirst. Wenn es aber dir, der du Glied bist, keine volle Freude scheint, solange ein Glied fehlt, um wieviel mehr muß unser Herr und Heiland, der das Haupt und der Urheber dieses Leibes ist, es für keine volle Freude ansehen, wenn er noch immer gewisse Glieder seines Leibes entbehrt? ... Er will also nicht ohne dich seine volle Glorie empfangen, das heißt, nicht ohne sein Volk, das ›sein Leib‹ ist und ›seine Glieder‹ ...« (Origenes, 7. Homilie über Leviticus, Nr. 2, ed. Baehrens 374–380; hier zitiert aus: H. de Lubac, Glauben aus der Liebe, Einsiedeln 1970, S. 368–373).

Gewiß kann man diesem Text vorwerfen, er drücke sich »mythologisch« aus. Und sicher kann man sagen, daß er von den Zwischenzustandsvorstellungen mitgeprägt ist, die durch die neuen anthropologischen Einsichten des hohen Mittelalters korrigiert worden sind. Aber diese beiden unleugbaren Begrenzungen heben doch die tiefe menschliche und theologische Wahrheit nicht auf, die ihm zugrunde liegt. Diese Wahrheit besteht zunächst in der unzerstörbaren Beziehung des menschlichen Lebens zur Geschichte; das Menschsein Gottes vertieft dies in die theologische Aussage der bleibenden Beziehung Gottes im Menschen Jesus in die menschliche Geschichte hinein. Natürlich kann man darüber immer nur unangemessen, in gewisser Weise »mythologisch« reden, aber doch so, daß anthropologische Sachverhalte dabei kenntlich werden, die kein Mythos sind. Versuchen wir das, so können wir sagen, daß die Unauflöslichkeit der Beziehung zur Geschichte sich von zwei Seiten her und damit in zwei gegensätzlichen Weisen darstellen läßt. Auf der einen Seite muß gefragt werden: Kann ein Mensch ganz fertig und am Ende sein, solange seinetwegen noch gelitten wird, solange Schuld, die von ihm ausgeht, auf Erden weiterglimmt und Menschen leiden macht? Die Karman-Lehre des Hinduismus und des Buddhismus hat diese urmenschliche Einsicht auf ihre Weise systematisiert und auch vergröbert (vgl. C. Regamey, in: König, Religionswissenschaftliches Wörterbuch, 1956 Sp. 445 f). Aber sie drückt damit eben doch ein Urwissen aus, das gerade eine Anthropologie der Relation nicht leugnen darf: Weitergehende Schuld ist ein Stück meiner selbst, reicht in mich selber hinein und ist so auch ein Stück meiner bleibenden Ausgeliefertheit an die Zeit, in der Menschen meinetwegen sehr real weiterleiden und die dadurch in mich hineinreicht. Von hier aus wäre, nebenbei gesagt, der innere Zusammenhang der Dogmen von der Sündlosigkeit Mariens und von ihrer leiblichen Aufnahme in den Himmel zu verstehen: Sie ist ganz zu Hause, weil keine Schuld von ihr ausgegangen ist, die Menschen leiden macht und fortwirkt in der Passion, die der Stachel des Todes in der Welt ist.

Aber was Origenes über den wartenden Christus sagt, zwingt nun auch zu der umgekehrten Überlegung: Nicht nur hinterlassene Schuld hindert das definitive Sich-hinsetzen zum eschatologischen Festmahl, zur ungetrübten Feier, sondern auch Schuld überwindende Liebe. Wenn die Schuld Fesselung an die Zeit ist, so ist die Freiheit der Liebe umgekehrt Öffnung für die Zeit. Ihr Wesen ist das »Für«, und eben deshalb kann sie nicht gegen, nicht ohne die anderen sich schließen, solange Zeit real ist und ihr Leid real ist. Niemand hat diese Zusammenhänge schöner formuliert als die Kleine Therese in ihrer Vorstellung vom Himmel als Entschränkung der Liebe auf alle hin; aber auch ganz menschlich können wir sagen: Wie könnte eine Mutter glücklich sein, vollends, hemmungslos, solange eines ihrer Kinder leidet? Wir könnten wiederum auf den Buddhismus verweisen, auf seine Idee des Bodhisattva, der sich weigert, das Nirwana zu betreten, solange *ein* Mensch in der Hölle ist. Mit solchem Warten räumt er die Hölle aus, weil er das Heil, das ihm gebührt, erst annimmt, wenn sie leer geworden ist. Für den Christen wird hinter diesem beeindruckenden Gedanken asiatischer Frömmigkeit die Gestalt des wahren Bodhisattva – Christus – sichtbar, in dem der Traum Asiens wahr wurde. Er ist erfüllt in dem Gott, der aus dem Himmel in die Hölle ging, weil ein Himmel über einer Erde, die eine Hölle ist, kein Himmel wäre. Die Christologie selbst schließt die reale Beziehung der Welt Gottes auf die Geschichte ein; anders für Gott und anders für die Menschen. Aber solange Geschichte wirklich geschieht, bleibt sie auch von jenseits des Todes her Wirklichkeit und kann nicht dort als schon in einem ewigen Jüngsten Tag aufgehoben erklärt werden. An solchen Einsichten scheitert Greshakes Versuch, eine endlos weitergehende Geschichte für vereinbar zu erklären mit der Hoffnung auf Christi Wiederkunft: Der Sieg Christi brauche nicht ein Ende zu sein, er könne sich »im dynamischen, unbegrenzten Nacheinander verwirklichen . . . So verstanden ist die weitergehende Geschichte einerseits offen, ihre Zukunft liegt nicht fest, nichts ist entschieden; für Gott aber ist sie ein einziger Siegeszug« (Auferstehung der Toten 406). Ein solcher Siegeszug Gottes hätte etwas Grausames und Menschenverächterisches an sich. Der Gott, den wir am Kreuz Christi kennenlernen, ist anders. Für ihn ist die Geschichte so real, daß sie ihn in die Scheol führt und daß der Himmel erst wahrhaft und endgültig Himmel sein kann, wenn er über einer neuen Erde steht.

Mit diesen Einsichten sind im Prinzip die noch anstehenden Fragen entschieden, weshalb wir uns im folgenden kurz fassen dürfen. Es wird von hier aus klar, was der wahre Inhalt der Fegfeuer-Lehre ist, wie sich auch der Sinn der Unterscheidung zwischen »Himmel« und endgültiger Weltvollendung aufklärt und damit auch die Unterscheidung zwischen besonderem und allgemeinem Gericht. Noch ausständige Schuld, noch direkt weiterglimmendes Leiden aus Schuld heißt »Fegfeuer«. Dieses bedeutet demnach: zu-Ende-leiden der irdischen Hinterlassenschaft, dennoch schon in der Gewißheit des endgültigen Angenommenseins, aber zugleich in der unendlichen Schwere der sich entziehenden Gegenwart des Geliebten. Himmel in der Zeit eines Aufschubs des endgültigen Festmahls, in der Ausständigkeit der letzten Erfüllung aber bedeutet: einerseits real in die Fülle göttlicher Freude hineingerissen sein, die unendlich erfüllt und trägt und in ihrer Unverlierbarkeit wie in ihrer reinen Fülle letzte Er-füllung ist; so ist sie auch Gewißheit sich vollendender Gerechtigkeit und Liebe, Aufgehobensein nicht nur des eigenen, sondern auch des noch währenden irdischen Leidens mit all seinen Fragen in der schaubaren Liebe, die letzte Macht ist und daher keine Ungerechtigkeit stehen läßt. Antizipativ ist alles in ihr, in dem Gott, der gelitten hat, schon überwunden. In diesem Sinn ist jetzt schon wahrhaft »Himmel«. Aber andererseits gehört doch auch die Offenheit der erfüllten Liebe auf die noch immer reale, real weitergehende und real leidende Geschichte hinzu; wenn auch in der geschauten Liebe das Leid antizipativ schon aufgehoben ist, der Ausgang feststeht, alle Sorgen überwunden und alles Fragen beantwortet sind, so ist doch die Ganzheit des Heils nicht eingetreten, solange es nur antizipativ in Gott feststeht und nicht den letzten Leidenden real erreicht hat.

Demnach ist aber das Zu-Ende-Kommen der Geschichte bei der realen Interdependenz aller Menschen und der ganzen Schöpfung für keinen Menschen etwas bloß Äußeres, das ihn selbst eigentlich nicht mehr beträfe. Die Lehre vom Leibe Christi formuliert hier nur mit jener letzten Konsequenz, die die Christologie ermöglicht, was an sich von der Anthropologie her zu erwarten ist: Jeder Mensch existiert in sich und außer sich; jeder existiert zugleich in den anderen, und was im einzelnen geschieht, wirkt auf das Ganze der Menschheit; was in der Menschheit geschieht, geschieht an ihm. Leib Christi heißt dann, daß alle Menschen ein Organismus sind und daß daher das Schicksal des Ganzen eines jeden eigenes Schicksal ist. Zwar steht der Entscheid seines Lebens im Tod mit dem Ende seines irdischen Wirkens fest; insofern wird er jetzt gerichtet und erfüllt jetzt sich sein Geschick. Aber sein endgültiger Platz kann doch erst bestimmt werden, wenn der ganze Organismus erbaut ist, wenn alle Geschichte ausgelitten und ausgetan ist. Die Sammlung des Ganzen ist doch auch ein Akt an ihm selber und ist so erst das endgültige allgemeine Ge-richt, das den einzelnen hineinrichtet ins Ganze und ihm seinen richtigen Platz zuordnet, den er erst im Ganzen erhält.

4. Zur Frage nach der Leibhaftigkeit der Auferstehung

Wir haben die Frage nach der Materialität der Auferstehung vorhin an der Stelle liegengelassen, an die Thomas von Aquin sie gebracht hat. Der Grundeinsicht, die bei Thomas aufgebrochen ist, hat Karl Rahner eine neue Wendung gegeben, wenn er bemerkt, im Tode werde die Seele nicht akosmisch, sondern allkosmisch (Theologie des Todes 22). Das bedeutet, daß ihr von Wesen her die Zuordnung auf die materielle Welt bleibt, wenn auch nicht mehr in der Weise der entelechialen Formung eines Organismus, so doch nun in einer Zuordnung zu dieser Welt als solcher und ganzer. Dieser Gedanke läßt sich unschwer mit Einsichten verbinden, die Teilhard de Chardin formuliert hat. Wir könnten etwa sagen: Beziehung auf den Kosmos ist notwendig auch Beziehung auf die Zeitlichkeit des Alls, denn das All, die Materie ist als solches zeitlich verfaßt, ein Prozeß des Werdens. Diese Zeitlichkeit des Alls, die Sein nur in der Form des Werdens kennt, hat aber eine Richtung, die sich in dem allmählichen Aufbau der Biosphäre und der Noosphäre aus und über den physikalischen Momenten abzeichnet. Sie ist vor allem ein Voranschreiten zu immer komplexeren Einheiten und ruft damit nach der totalen Komplexität, nach einer Einheit, die alle bisherigen Einheiten übergreift. Das Auftreten jedes einzelnen Geistes in der Welt der Materie ist, kosmisch betrachtet, ein Moment an dieser Geschichte der Komplexion von Materie und Geist; denn merkwürdig genug – das Postulat der Materie nach Einheit erfüllt sich gerade vom Nicht-Materiellen, vom Geist her, der so nicht die Zersprengung des eigentlich Einigen ins Duale ist, sondern die notwendige und notwendig qualitativ neue Kraft der Vereinigung des aus sich Zerfallenen und Uneinigen.

»Jüngster Tag«, »Ende der Welt«, »Auferstehung des Fleisches« wären dann Chiffren für das Zu-Ende-Kommen dieses Prozesses, das wieder nur von außen her, durch das qualitativ Neue und andere geschehen kann und doch darin der innersten »Drift« des kosmischen Seins entspricht. Es würde bedeuten, daß die Suche des werdenden Seins nach Einheit zu dem von ihm selbst nicht zu schaffenden und doch von ihm immer angestrebten Ziel kommt, zur Einbegreifung von allem in alles, in der jedes ganz es selber wird gerade dadurch, daß es ganz im anderen ist. Solche Einbegreifung würde dann heißen, daß Materie ganz neu und definitiv dem Geist zu eigen und dieser ganz eins mit der Materie sein wird; jenes Allkosmisch-Sein, welches der Tod eröffnet, würde dann zu universalem Austausch, universaler Offenheit und so zur Überwindung aller Entfremdung führen: Erst wo solche Einheit der Schöpfung ist, kann gelten, daß »Gott alles in allem« ist (1 Kor 15,28).

Das bedeutet: Irgendwelche Einzelheiten der Auferstehungswelt sind unausdenkbar; gegen solche Versuche steht 1 Kor 15,50 ebenso wie Joh 6,63, und soweit Greshake sich gegen solche »physizistischen« Denkspiele wendet, ist ihm völlig recht zu geben (Auferstehung der Toten 386). Wir können darüber keine Vorstellungen gewinnen und bedürfen ihrer auch nicht; von solchen Versuchen sollte man in der Tat endgültig Abschied nehmen. Was aber jenseits aller Bilder und unabhängig von ihnen bleibt, ist dies: Ein ewiges beziehungsloses und damit auch statisches Nebeneinander der materiellen und der geistigen Welt widerspricht dem Wesenssinn der Geschichte, widerspricht der Schöpfung Gottes und widerspricht dem Wort der Bibel. Deswegen muß, ohne die Verdienste von Greshakes Buch irgendwie zu schmälern, dem Satz widersprochen werden: »Die Materie ›an sich‹ ... ist unvollendbar« (386). Das würde, den gegenteiligen Versicherungen zum Trotz, eine Teilung der Schöpfung und insofern einen letzten Dualismus bedeuten, bei dem der ganze Bereich der Materie aus dem Schöpfungsziel herausgenommen und zu einer Wirklichkeit zweiter Ordnung gemacht wird. Es ist nicht einzusehen, warum die Christen, die im Credo die Auferstehung des Fleisches bekennen, hier hinter marxistischen Denkern wie Bloch und Marcuse zurückbleiben sollten, die ganz entschieden von einer neuen Welt auch einen neuen Status der Materie erwarten; dies folgt für sie aus der Einsicht, daß nur so die geschichtlichen Entfremdungen wirklich überwindbar sind. Im marxistischen Denken bleiben solche Aussagen ein anthropologisches Postulat (vgl. auch Adornos Postulat der »Auferstehung des Fleisches« als Bedingung wirklicher Gerechtigkeit: Negative Dialektik 205; auch 393), das als solches logisch entwickelt ist; nur die Bedingungen zu seiner Verwirklichung sind unlogisch und zwingen entweder zu einer unlogischen, zerstörerischen Politik oder zur völligen Resignation. Das Postulat ergibt sich in der Tat aus der Anthropologie; die Erfüllung ist aus deren eigenen Prinzipien heraus undenkbar. Wenn uns folglich schon die Anthropologie zu einem Ausgriff in Richtung der neuen Welt herausfordert, so kann nicht gesagt werden, daß die Naturwissenschaft derlei verbiete. Sicher, sie kann solches von sich aus niemals erkennen. Aber sie redet das Wort sicher auch nicht einer statischen Welt. Die Welt, die sie beobachtet, ist durch einen eigentümlichen Antagonismus gekennzeichnet: Es ist einerseits eine Welt, die sich gemäß dem Entropiesatz verbraucht, also in einer Bewegung auf das lauwarme Nichts zu ist; es ist andererseits eine Welt, die in einer Bewegung des Werdens zu immer komplexeren Einheiten und so in einer

Bewegung des Aufstiegs begriffen scheint. Die Frage, wo diese Bewegung in ihrem Dilemma von Zerfall und Fülle endet, läßt sich aus ihr selber heraus nicht beantworten, wenn auch mehr für Zerfall als für Fülle spricht. Nur ein von außen her kommendes Prinzip kann hier eine neue Aussage eröffnen. Die christliche Botschaft erwartet beides zugleich: den Zerfall in der Vollstreckung des eigenen Weges des Kosmos; die Fülle in der von außen her kommenden neuen Macht, welche Christus heißt. Allerdings sieht der Glaube in Christus dennoch nichts einfach Äußerliches, sondern den eigenen Ausgangspunkt alles geschaffenen Seins, der daher »von außen« kommend das Innerste des Kosmos erfüllen kann.

Halten wir als Ergebnis fest: Es gibt keine Vorstellbarkeit der neuen Welt. Es gibt auch keinerlei irgendwie konkretisierbaren und in die Vorstellung reichenden Aussagen über die Art des Materiebezugs der Menschen in der neuen Welt und über den »Auferstehungsleib«. Aber es gibt die Gewißheit, daß die Dynamik des Kosmos auf ein Ziel zuführt, auf eine Situation, in der Materie und Geist einander neu und endgültig zugeeignet sein werden. Diese Gewißheit bleibt der konkrete Inhalt des Bekenntnisses zur Auferstehung des Fleisches auch heute, gerade heute.

II. Wiederkunft Christi und jüngstes Gericht

1. *Zum biblischen Befund*

a) Die Zeichen der Wiederkunft Christi

Die Frage nach dem Verhältnis des Kommens Christi zu unserer Zeit spiegelt sich in dem Fragen nach Zeichen des Endes, das von den analogen Fragen der jüdischen Apokalyptik her seit den Zeiten der ersten Jünger Jesu in der Christenheit immer wieder neu aufbricht. Bei einer ersten Lektüre des Neuen Testaments muß sich der Eindruck bilden, daß sich hier zwei unterschiedliche Positionen gegenüberstehen. Auf der einen Seite gibt es die entschiedene Abweisung der Zeichenfrage: Das Kommen Christi ist der Zeit der Geschichte, ihren eigenen Verlaufsgesetzen durchaus inkompatibel, und es kann daher niemals aus der Geschichte selbst in irgendeiner Form errechnet werden. Wo immer berechnet wird, da exerziert der Mensch die eigene Logik der Geschichte, und da operiert er folglich genau an Christus vorbei, der nicht das Produkt der Evolution oder eine dialektische Stufe im Prozeß der Vernunft ist, sondern der Andere, der von außen her die Pforten der Zeit und des Todes aufstößt; in ihr selbst kann seine Parusie daher nicht datiert werden. Die einzige Antwort auf die Frage nach den »Zeichen« und auf jeden Versuch, Christi Kommen beschreibbar zu machen, kann demnach nur sein, diese Frage abzuweisen und sie zu ersetzen durch den Anruf: »Was ich euch sage, sage ich allen: Wachet!« (Mk 13,37). Die menschliche Entsprechung zu dem besonderen Verhältnis des Auferstandenen zur Weltzeit ist nicht Geschichtsphilosophie oder -theologie, sondern »Wachsamkeit«.

Dem scheint nun auf der anderen Seite aber ein ziemlich breiter Überlieferungsstrang entgegenzustehen, der durchaus von Vorzeichen der Wiederkunft Christi spricht. Jean Daniélou sieht in diesem Gegenüber das Fortwirken der zwei unterschiedlichen Hoffnungslinien des Alten Testaments, das einerseits auf einen menschlichen Messias ausschaut, andererseits aber auch die Erwartung einer Umwandlung der Geschichte durch Gottes direktes und eigenes Eingreifen kennt. Allein das gott-menschliche Geheimnis Jesu Christi, wie es durch das Konzil von Chalkedon definiert wurde, gestatte es, die innere Einheit dieser beiden Linien und das eigentümliche Recht einer jeden von beiden zu verstehen: In Jesus Christus handelt Gott als Gott, unmittelbar göttlich, und in ihm handelt Gott als Mensch, in geschichtlicher Vermittlung. Deswegen sei Christus zugleich »Telos« und »Peras« der Geschichte, wie Daniélou mit griechischen Wörtern sagt, deren genaue Differenzierung des Wirklichen wir im Deutschen nur schwer einholen können. Gemeint ist, daß Christus sowohl die der ablaufenden Welt- und Geschichtszeit inkompatible Vollendung (Telos) alles Wirklichen wie aber nun doch auch das chronologische Ende (Peras) dieser Zeit ist. So ist sein Kommen zugleich die reine Tat Gottes, für die es keine geschichtlichen Entsprechungen gibt und an die keine Periodisierung der Geschichte heranreichen kann; aber es ist doch auch die Befreiung des Menschen, die zwar nicht durch ihn selbst, aber auch nicht ohne ihn selbst geschieht und daher zwar nicht Berechnung, aber doch Zeichen zuläßt (Grillmeier-Bacht, Chalkedon III 280–286).

Dieser Ansicht, in der zugleich die innere Einheit von Christologie und Eschatologie zum Vorschein kommt, wird man beipflichten müssen. Ihr Inhalt wird noch deutlicher, wenn man etwas näher auf die im Neuen Testament genannten Zeichen des Endes blickt. In der eschatologischen Rede Mk 13 erscheinen als Vorzeichen für die Nähe des Endes das Auftreten von Pseudo-Messiassen (13,6. 21–23); Kriegsnöte auf der ganzen Welt (13,7 f); Erdbeben und Hungersnot (13,8); Christenverfolgung (13,9–13); der »Greuel der

Verwüstung an heiliger Stätte« (13,14), der nach der Konstruktion des Satzes und auch von den benützten Daniel-Texten her (Dan 9,27; 11,31; 12,11) wohl im Sinn einer Person, eines Subjekts der Schändung des Heiligen verstanden werden muß. Positiv wird als innere Voraussetzung des Endes genannt, daß vorher das Evangelium allen Völkern verkündet sein müsse (13,10). Die Bilder kosmischer Katastrophen, die dann gezeichnet werden (13,14–27), gehören schon zur Schilderung der Parusie Christi, auf die wir hernach eigens eingehen müssen.

In den weiteren Schriften des Neuen Testaments finden sich einige dieser Zeichen weiter konkretisiert. So tritt nun vor allem die Gestalt des Antichrist hervor, zuerst – noch ohne diesen Terminus – in 2 Thess 2,3–10. Zum Verständnis dieser apokalyptischen Gestalt des »Gesetzlosen« (2,8, vgl. 2,3) muß man beachten, daß Paulus ihn mit zwei Texten aus dem Alten Testament inhaltlich charakterisiert: Dan 11,36 und Ez 28,2. Der erste der beiden Texte schildert den großen Verfolger jüdischen Glaubens in der hellenistischen Epoche, Antiochus Epiphanes; der zweite den hybriden und dadurch zu Fall gekommenen mythischen Fürsten von Tyrus. Daß der kommende Antichrist mit Beschreibungen dargestellt wird, die ursprünglich zwei anderen, geschichtlich lange vergangenen Gestalten zugedacht waren, nimmt ihm etwas von seiner scharf umgrenzten Einmaligkeit; es stellt den End-Antichrist in eine lange Reihe von Vorgängern hinein, in denen das grundsätzlich schon gegeben war, was in ihm seine äußerste Zuspitzung findet. Die gleiche Tendenz prägt sich noch stärker aus in 1 Joh 2,18–22 und 2 Joh 7, wo nun der Terminus »Antichrist« erscheint. In beiden Texten werden die gegenwärtigen christologischen Irrlehrer als »der Antichrist« bezeichnet, und daraus wird gefolgert, daß jetzt »die letzte Stunde« sei, die aber gerade so ihren chronologischen Gehalt verliert und Ausdruck für eine bestimmte geistige Verfaßtheit, für eine bestimmte innere Nähe zum Ende hin wird. Dieselbe Linie wird fortgesetzt in den parallelen Anschauungen der Apokalypse: Die innere Entsprechung zum »Antichrist« sind hier die zwei Tiere aus dem Meer und aus dem Land (13,1–18). Auch in diesem Text ist der Antichrist sehr konkret zeitgeschichtlich gesehen und mit dem sich vergötternden römischen Staat gleichgesetzt, wie er sich im Gottkaisertum einerseits und in dessen Priesterschaft auf der anderen Seite darstellt. Mit der Antichrist-Vorstellung geht eine stärkere Akzentuierung des Verfolgungsgedankens Hand in Hand; sie hat ihre letzte Verschärfung in der

Apokalypse erreicht. Die Thematik der Evangeliumsverkündigung und der universalen Wirksamkeit des von Christus kommenden Heils hat im Ringen des Apostels Paulus mit dem Israel-Thema noch eine letzte Vertiefung erfahren, wenn Paulus nach dem Vollwerden der Kirche der Heiden zugleich die endgültige Rettung Israels ankündigt. In der Auslegungsgeschichte von Röm 9–11 wurde daraus geschlossen, daß es eine innergeschichtliche Bekehrung Israels zu Christus als ersten Schritt auf das Ende der Zeit hin geben müsse.

Ist mit solchen Aussagen das Ende nun doch »chronologisiert« und damit zu einem irgendwie berechenbaren späten historischen Ereignis gemacht? Oder wie wird hier nun eigentlich die von Daniélou angesprochene Balance des chalkedonischen Geheimnisses gewahrt, dem gemäß das Ereignis zwar seine menschliche Komponente und damit seine geschichtlichen Voraussetzungen hat, aber doch nicht aufhört, das Ganz-andere zur Geschichte zu sein, dem der Mensch nur mit der Offenheit für das Ganz-andere – mit der »Wachsamkeit« – entsprechen kann? Wenn man die einzelnen Zeichen etwas näher analysiert, kommt man einer Antwort auf die Spur, die deutlich die innere Einheit der zwei Aspekte des neutestamentlichen Denkens erkennen läßt. Die erste und am meisten ins Auge fallende Gruppe von Zeichen kann man unter dem Stichwort Krieg – Katastrophen – Verfolgung des Glaubens durch die »Welt« zusammenfassen. Hier muß zweierlei Aufmerksamkeit hervorrufen. Einmal dies, daß nicht etwa eine höchste geschichtliche Reife den Übergang ins Ende vorbereitet, sondern daß gerade der innere Zerfall der Geschichte, ihre Unfähigkeit gegen das Göttliche, ihr Widerstand paradoxerweise auf das Ja Gottes verweisen. Zum anderen aber zeigt ein auch nur oberflächlicher Blick in die Wirklichkeit aller Jahrhunderte, daß mit diesen »Zeichen« auf die beständige Verfaßtheit dieser Welt verwiesen wird, denn die Welt ist immerfort von Kriegen und von Katastrophen zerrissen worden und nichts läßt erhoffen, daß etwa »Friedensforschung« diese Signatur des Menschlichen grundlegend aufheben könnte. Deswegen waren alle Generationen in der Lage, sich von diesen Zeichen angesprochen zu fühlen und sie gerade auf ihr eigenes Zeitalter zu beziehen. So konnte Gregor d. Gr. von einer alternden Welt sprechen, »denn daß Volk gegen Volk aufsteht und ihre Drangsal sich über die Lande legt, das sehen wir in unserer Zeit mehr, als daß wir es in den Büchern lesen. Ihr wißt auch, wie oft wir aus anderen Teilen der Welt hören mußten, daß Erdbeben zahllose

Städte verwüsten. Pestseuchen erdulden wir fortwährend. Zeichen an Sonne, Mond und Sternen sehen wir offen freilich noch in keiner Weise; aber daß wir nicht weit davon sind, können wir aus der schon spürbaren Änderung des Klimas erschließen« (Hom 1 in ev PL 76, 1077 f). Deswegen kann auch umgekehrt gesagt werden: »Wenn die Leute ›Frieden und Sicherheit‹ sagen, dann kommt plötzlich Verderben über sie wie die Wehen über eine schwangere Frau, und es gibt kein Entrinnen« (1 Thess 5,3). Ganz ähnlich äußert sich ein sehr altertümlich wirkender Text aus dem Lukas-Evangelium: »Wie es in den Tagen Noes geschah, so wird es auch in den Tagen des Menschensohnes sein: Sie aßen und tranken, heirateten und ließen sich heiraten, bis zu dem Tag, da Noe in die Arche ging, dann kam die Flut und vernichtete sie alle. Und es wird sein wie in den Tagen Lots: Sie aßen und tranken, kauften und verkauften, pflanzten, bauten, aber am Tag, als Lot aus Sodoma fortging, ließ Gott Schwefel vom Himmel regnen und vernichtete sie alle. Genauso wird es am Tage der Offenbarung des Menschensohnes sein« (Lk 17,26–30; vgl. Mt 24,37–39). Die Zeichen, jedenfalls so weit wir sie bis jetzt bedacht haben, machen das Ende nicht datierbar; sie setzen es freilich in Beziehung zur Geschichte, aber so, daß sie jede Zeit zur Wachsamkeit nötigen. Gerade von ihnen her gilt, daß Endzeit immer ist, daß die Welt immer an das Ganz-andere rührt, das sie einmal auch insgesamt als »Chronos« beendigen soll.

Aus diesem Grundmuster brechen auch die übrigen Zeichen nicht aus: Schon Paulus konnte der Meinung sein, der ganzen Ökumene das Evangelium angeboten zu haben. Die Forderung der Evangeliumsverkündigung an alle Welt (Mk 13,10) schien schon mit der Generation der Apostel – mit »dieser Generation« (Mk 13,30, vgl. 9,1) – eingelöst, und sie bleibt zugleich eine offene Aufgabe, solange Menschen in dieser Welt leben. Was den Antichrist angeht, so sahen wir bereits, wie er im Neuen Testament jeweils die Konturen der Zeitgeschichte annimmt und sich schwerlich auf ein einziges Individuum einengen läßt, sondern gerade in vielen Masken letztlich derselbe bleibt, für jede Generation. So hat wohl Gerhoch von Reichersberg (1093/94–1169) richtig gesehen, wenn er den Antichrist als eine Art kirchengeschichtliches Prinzip ansieht, »das nicht in einer, sondern in vielen Gestalten konkretisiert ist... Radikal räumt er mit dem überkommenen Bild auf: es ist nur allegorisch, nicht historisch zu verstehen. Antichrist ist wörtlich zu verstehen: diesen Namen verdient jeder, der ›Christo Filio Dei contrarius‹ ist ... Mit anderen Worten ist jeder Antichrist, der den *ordo* zerstört und die *confusio* betreibt« (Beinert 347). Mag der pessimistische Propst mit diesen letzten Verallgemeinerungen über das Ziel hinausgeschossen haben, so ist sein Grundgedanke doch richtig, daß der Antichrist einer nur ist in der Vielheit seiner geschichtlichen Erscheinungen, von denen jede Zeit auf ihre Weise bedroht ist.

Aus dem Gesamtduktus der Zeichenthematik ergibt sich, daß man auch die von Paulus in Röm 11,25–32 angekündigte Bekehrung Israels als Folge des Eintretens der Fülle der Völker nicht als ein empirisches Ereignis ansehen darf, das eine offenkundige Errechnung der Parusie gestatten würde. Paulus selbst hat ja die Bekehrung Israels nicht unter die »Zeichen« gerechnet, sondern als eine zur Mitte des christologischen Geheimnisses selbst gehörende Wirklichkeit prophetisch aus dem Kern seines Heilsglaubens heraus beschrieben (Käsemann 299–304). Damit verbietet sich jeder Versuch einer empirischen Erklärung von selbst, der die Prophetie in gehaltlose Spekulation umfälschen würde. So können wir am Ende feststellen, daß durch die Christologie die beiden getrennten jüdischen Erwartungslinien faktisch verschmolzen sind. Im Menschen Jesus kommt Gott auf göttliche und auf menschliche Weise zugleich. So übersteigt sein Kommen die Logik der Geschichte und geht doch alle Geschichte an. Es nötigt den Menschen dazu, die Sachlichkeit seines Tuns ungeschmälert zu verwirklichen (2 Thess 3,10 ff), aber seiner Existenz und damit der Welt eine neue Dimension aufzutun, in der wachenden Bereitschaft, die sich dem kommenden Christus offenhält und damit die Schließung der Geschichte in sich selbst verhindert, die den Menschen ins Sinn- und Ziellose verbannt. Wenn Martin Heidegger in einem als eine Art Vermächtnis hinterlassenen Interview meint, angesichts der Lage, in die die Menschheit sich verfahren hat, könne nur noch ein Gott uns retten und wenn er folglich als die einzige uns bleibende Möglichkeit ansieht, »eine Bereitschaft vorzubereiten für die Erscheinung des Gottes«, dann kann in einer solch nachchristlich-heidnischen Äußerung vielleicht etwas von dem sichtbar werden, worum es in der Tat geht: Die »Bereitschaft der Erwartung« ist selbst etwas Verwandelndes, und die Welt ist anders, ob sie dazu erwacht oder sich dem versagt. Die Bereitschaft ihrerseits ist aber noch einmal anders, je nachdem ob sie ins Leere hinauswartet oder ob sie dem entgegengeht, den sie in seinen Zeichen erkennt, so daß sie gerade im Zerfall ihrer eigenen Möglichkeiten seiner Nähe gewiß wird.

b) Die Wiederkunft Christi

Die Ankunft des Herrn kann ihrem Wesen nach nur bildhaft beschrieben werden. Das Neue Testament hat sein Anschauungsmaterial dafür aus den alttestamentlichen Vorstellungen vom Tag Jahwes genommen, die ihrerseits älteres religionsgeschichtliches Gut in sich tragen. Es hat darüber hinaus einerseits Vorstellungen aus den politischen Kulten (Epiphanie des Herrschers etc., vgl. Peterson; Grässer 121 ff) und aus seinen eigenen Liturgien entnommen. So wird sichtbar, daß der Tag Jahwes konkret der Tag Jesu Christi ist; zugleich wird gegenüber dem kosmischen und universalen Anspruch der politischen Macht, praktisch: Roms, die umfassende Herrschaft Jesu Christi herausgestellt, der nicht Kultgott eines privaten Vereins ist, sondern der wahre Imperator der Welt. Von da aus wird eine richtige Einschätzung der kosmischen Symbolsprache des Neuen Testaments möglich. Sie ist liturgische Sprache, denn die Kaiserliturgie Roms drückt sich in kosmischen Symbolen aus, weil für sie der Kaiser in den Traditionen des alten Orients eine kosmische Gestalt – Kosmokrator – ist, die Spitze der Welt und ihr Berührungspunkt mit der Gottheit (Grillmeier 406). Aber auch die alttestamentliche Liturgie spricht und denkt kosmisch. So gehört das »Geschrei«, das zu den Stichworten eschatologischer Schilderung zählt (Mt 25,1 ff), ebenso der politischen wie der alttestamentlichen Liturgie zu, wo es beim Fest des Lärmblasens (Neujahr, Neumond) zusammen mit der »Trompete« eine entscheidende Rolle spielt (Maertens 41–44). Damit trägt die Parusie-Schilderung gleichzeitig Züge der Epiphanie des Herrschers wie des Neujahrsfestes und seiner Liturgie; auf doppelte Weise wird hier Christus als die Entmächtigung der alten Herrschaften dieser Welt gekennzeichnet: Sein Einbruch ist das Auftreten des wahren Imperators; sein Kommen bedeutet den Sturz der Elemente der Welt (Gal 4,3.9; Kol 2,8.20 auf die jetzige Situation der Christen bezogen; eschatologisch Mt 24,29–31; 2 Petr 3,10 u. ö.), die »das Material für die alten Feiern der Neumonde und des Neujahrs abgaben« (Maertens 42); es bedeutet zugleich den Einbruch eines neuen Jahres Gottes, des ewigen Hochzeitsmahls, das er mit den Seinigen hält.

Aus dieser Analyse läßt sich ein doppeltes ableiten: Aus den kosmischen Bildelementen des Neuen Testaments kann man nichts für eine kosmische Verlaufsschilderung künftiger Ereignisse gewinnen; alle Versuche dieser Art sind auf dem falschen Weg. Diese Texte gehören vielmehr einer Darstellung des Parusie-Geheimnisses in der Sprache liturgischer Überlieferung zu. Das Neue Testament verbirgt und enthüllt dieses für uns Unsagbare von Christi Kommen dadurch, daß es darüber mit Worten *des* Bereichs spricht, der in dieser Welt die Berührungsstelle mit Gott ausdrücken darf. Die Parusie ist höchste Steigerung und Erfüllung der Liturgie; die Liturgie aber ist Parusie, parusiales Geschehen mitten unter uns. Zum anderen aber kommt darin zum Vorschein, daß eben diese Kirche, die in der Liturgie ganz nach innen zu blicken scheint, damit in die tragende Mitte des Kosmos vorstößt und auf seine befreiende Verwandlung hinwirkt. Sowenig man die liturgischen Symbole als naturalistische Beschreibungen mißdeuten darf, sowenig darf man den realen Anspruch auf den Kosmos daraus wegnehmen, der nicht pompöser Zierat, sondern zum Kern der Sache selbst gehörig ist. Noch ein weiteres wird auf diese Weise sichtbar: die Verschränkung von Jetzt und Dann, die das Eigentümliche der Gegenwärtigkeit des Christlichen und seiner Ausständigkeit ins Kommende ausmacht. Die Entthronung der Weltelemente, das Verblassen von Sonne, Mond und Sternen ist jetzt schon geschehen (Gal 4,3; Kol 2,8), und sie wird doch erst noch kommen; die Trompete des Wortes ruft jetzt schon die Menschen herbei, und sie wird es doch erst tun; jede Eucharistie *ist Parusie*, Kommen des Herrn, und jede Eucharistie ist doch erst recht Spannung der Sehnsucht, daß er seinen verborgenen Glanz offenbare. Die Vertiefung des Parusie-Gedankens, die sich im vierten Evangelium vollzieht, ist so nichts schlechthin anderes und Neues gegenüber der synoptischen Erwartung, sie läßt nur ihr eigentümliches Verhältnis zur Weltzeit deutlicher werden, das sich dort erst anfänglich abzeichnet. Hier müßte eigentlich eine sorgfältige Analyse der Begriffe »Gehen« und »Kommen« in den Abschiedsreden unternommen werden, um die reife Form des Parusie-Gedankens zu ermitteln, die am Ende der neutestamentlichen Entwicklung erreicht und an die alte Kirche weitergegeben wurde. Das würde den Rahmen dieses Leitfadens indessen sprengen. Wir können nur festhalten, daß nun »Gehen« (Kreuz) und »Kommen« (Auferstehung) sich von innen her durchdringen. Jesus ist als der Gekreuzigte auch weiterhin der Weggehende und ist zugleich als der Durchbohrte mit den ausgebreiteten Händen der immerfort Kommende: In der Liebe, die seine Gebote hält, trägt sich sein Kommen als ein »eschatologisches Geschehen« inmitten der Welt zu (vgl. bes. Joh 14,15–31). Im Berühren des Auferstandenen rührt die Kirche an die Parusie des Herrn, sie betet und lebt gleichsam in die Parusie hinein, deren

Offenbarwerden nur das endgültige Offenbar- und Vollwerden des österlichen Geheimnisses ist (R. Guardini, Der Herr 542–548; die Kommentare von Bultmann und Schnackenburg).

Für solche Betrachtung hört die Parusie-Thematik auf, eine Spekulation über das Unbekannte zu sein. Sie wird zu einer Deutung der Liturgie und des christlichen Lebens in ihrem inneren Zusammenhang und in ihrer steten Selbstüberschreitung. Sie wird zur Verpflichtung, die Liturgie als Fest der Hoffnung und der Gegenwart auf den Kosmokrator Christus hin zu leben; sie muß so zum Ausgangs- und Sammelpunkt jener Liebe werden, in der der Herr Wohnung nehmen kann. In seinem Kreuz ist der Herr vorerst gegangen, uns einen Platz im Haus des Vaters zu bereiten (Joh 14,2 f); in der Liturgie soll die Kirche gleichsam im Gehen-mit-ihm ihm Wohnungen bereiten in der Welt. Die Thematik der Wachsamkeit vertieft sich so in den konkreten Auftrag hinein, Liturgie real werden zu lassen, bis der Herr selbst ihr jene letzte Realität gibt, die einstweilen nur in Bildern gesucht werden kann.

c) Das Gericht

Wie die Wiederkunft Christi, so entzieht sich auch das Gericht unseren Vorstellungsversuchen. Der Kern der gemeinten Aussage kommt am ehesten in Blick, wenn wir fragen, wer nach der biblischen Überlieferung Subjekt des Gerichts ist. Auf den ersten Blick scheint die Antwort uneinheitlich. Als Richter wird zunächst Gott genannt (2 Thess 1,5; 1 Kor 5,13; Röm 2,3 ff; 3,6; 14,10; vgl. auch Mt 10,28 par; Mt 6,4.6.15.18). Dann wird aber ebenso Christus genannt (Mt 25,31–46; 7,22 f; 13,36–43; Lk 13,25–27; 1 Thess 4,6; 1 Kor 4,4 f; 11,32; 2 Kor 5,10); schließlich wird in Mt 19,28 par den Zwölfen gesagt, *sie* würden bei der »Wiederherstellung« auf zwölf Thronen sitzen und die zwölf Stämme Israels richten. Dieselbe Aussage erscheint in 1 Kor 6,2 f noch erweitert: »Wißt ihr denn nicht, daß die Heiligen die Welt richten werden? ... Wißt ihr nicht, daß wir über Engel richten werden, nicht nur über Alltägliches?« (Vgl. dazu Dan 7,22; Weish 3,8; Offb 3,21). Bei Johannes ist schließlich das Gericht ins Präsens dieses Lebens, dieser unserer Geschichte verlegt; es fällt je schon im Entscheid zwischen Glaube und Unglaube (3,17 f; 9,39; 12,47 f). Freilich ist das endzeitliche Gericht damit nicht einfach aufgehoben, aber es ist in ein neues Verhältnis zur Christologie gebracht. Von Christus gilt: »Gott hat seinen Sohn nicht in die Welt gesandt, damit er die Welt richtet, sondern damit sie durch ihn gerettet wird« (3,17). »... Ich bin nicht gekommen, um die Welt zu richten, sondern um sie zu retten« (12,47). »Wer mich verachtet und meine Worte nicht annimmt, hat seinen Richter; das Wort, das ich gesprochen habe, wird ihn richten am Letzten Tag« (12,48). Die Unterscheidung, die zwischen Christi eigenem Tun und der Wirkung seines Wortes gemacht wird, erlaubt hier eine letzte Reinigung der Christologie und des Gottesbegriffs. Christus teilt niemandem Verderben zu, er selbst ist reine Rettung, und wer bei ihm steht, steht im Raum der Rettung und des Heils. Das Unheil wird nicht von ihm verhängt, sondern es besteht da, wo der Mensch von ihm ferne geblieben ist; es entsteht durch das Verbleiben im Eigenen. Das Wort Christi als das Angebot des Heils wird dann sichtbar machen, daß der Verlorene selbst die Grenze gezogen hat und sich vom Heil trennte.

Hinter der äußeren Verschiedenheit der Vorstellungen läßt sich bei geduldigem Zusehen durchaus eine einheitliche Grundanschauung erkennen. Der Mensch tritt in seinem Sterben heraus in die unverdeckte Wirklichkeit und Wahrheit. Er nimmt nun den Platz ein, der ihm der Wahrheit nach zukommt. Das Maskenspiel des Lebens, die Zuflucht hinter Positionen und Fiktionen ist vorbei. Der Mensch ist das, was er in Wahrheit ist. In diesem Wegfallen der Masken, das der Tod mit sich bringt, besteht das Gericht. Das Gericht ist einfach die Wahrheit selber, ihr Offenkundigwerden. Diese Wahrheit ist freilich nicht ein Neutrum. Gott ist die Wahrheit, die Wahrheit ist Gott, ist »Person«. Eine richtende, endgültige Wahrheit kann es nur geben, wenn sie göttlichen Charakter hat; Gott ist Richter, sofern er die Wahrheit selber ist. Gott aber ist die Wahrheit für den Menschen als Mensch Gewordener, in dem er selbst Maßbild des Menschen ist. So ist Gott Wahrheitsmaßstab für den Menschen in und durch Christus. Darin liegt die erlösende Umprägung des Gerichtsgedankens, die der christliche Glaube bedeutet: Die Wahrheit, die den Menschen richtet, ist selbst aufgebrochen, ihn zu retten. Sie hat ihm selber eine neue Wahrheit geschaffen. Sie hat sich selbst als Liebe an seine Stelle begeben und ihm eine Wahrheit besonderer Art: die Wahrheit des Geliebtseins von der Wahrheit gegeben. Aus dieser christologischen Fortentwicklung des Gerichtsgedankens, die sich aus der urchristlichen Verbindung zwischen Gottesglaube und Christusbekenntnis mit innerer Notwendigkeit ergab, folgen nun ganz logisch die anderen Ausweitungen des Grundgedankens, die wir vorhin im neutestamentlichen Zeugnis fanden. Die eschatologische Grenzlinie wird, wenn es so steht, nicht erst im Tod überschritten, sondern bereits im Akt des

Glaubens. Was wir bei der Theologie des Todes bedachten, kommt im Zusammenhang der Gerichtsfrage neu zur Geltung. Die wirkliche Grenzlinie zwischen Tod und Leben, so sagten wir, verläuft eigentlich nicht im biologischen Tod, sondern zwischen dem Mitsein mit dem, der das Leben ist, und der Isolation, die sich diesem Mitsein verweigert. Daß solches Mitsein für den, der Christi Wort schuldlos nicht begegnen konnte, auch einfach in der »bereiteten Bereitschaft« (Heidegger), in der offenen Gebärde der Ausschau bestehen kann, braucht hier nicht eigens erörtert zu werden. Insofern wird der Mensch sich letztlich selbst zum Gericht: Christus teilt kein Unheil zu, nur der Mensch kann dem Heil eine Schranke setzen. Schließlich müssen wir uns dabei noch daran erinnern, daß Christus nicht allein dasteht – der ganze Sinn seines irdischen Lebens war, sich einen Leib zu bauen, sich seine »Fülle« zu erschaffen. Sein Leib gehört zu ihm. Deshalb erfolgt Christusbegegnung in der Begegnung mit den Seinigen, in der Begegnung mit seinem Leib. Deswegen hängt unser Geschick, unsere Wahrheit, gerade wenn sie theologisch und christologisch verfaßt ist, von unserem Verhältnis zu seinem Leib und seinen leidenden Gliedern ab – insofern »richten« die »Heiligen«. Bereits bei den Überlegungen über die Auferstehung am Jüngsten Tag (§ 6 I 3) haben wir gesehen, daß sich von hier aus auch das Verhältnis von individuellem und universalem Gericht klärt: Obgleich mit dem Tod die endgültige Wahrheit dieses Menschen feststeht, wird es etwas Neues sein, wenn alle Schuld der Welt ausgelitten ist und damit auch erst endgültig, sozusagen nach dem Verbrauch und der Bewahrung aller von ihm ausgegangenen Wirkungen, sein Platz im Ganzen entschieden ist. So ist das Zu-Ende-Kommen des Ganzen für den einzelnen nichts Äußerliches, sondern eine ihn auch zuinnerst bestimmende Realität.

Schließlich müssen wir in diesem Zusammenhang auch der zuerst von Glorieux entwickelten und dann von L. Boros eindrucksvoll ausgebauten »Endentscheidungshypothese« gedenken. Boros hat sie so formuliert: »Im Tod eröffnet sich die Möglichkeit zum ersten vollpersonalen Akt des Menschen; somit ist er der seinsmäßig bevorzugte Ort des Bewußtwerdens, der Freiheit, der Gottbegegnung und der Entscheidung über das ewige Schicksal« (Mysterium mortis, 9). Das leitende Motiv in der Entwicklung dieser These dürfte wohl das Empfinden sein, daß die brüchige und stets vielfach verschattete Freiheit des Menschen während seines irdischen Lebens zu armselig und zu begrenzt ist, als daß auf ihr das Gewicht eines ewigen und unrevidierbaren Geschicks aufruhen könnte. Tatsächlich war der Ausgangspunkt, von dem her Glorieux sich an den Gedanken herantastete, die Beobachtung, daß Thomas von Aquin an wichtigen Stellen den Satz des Johannes Damascenus anführt: »Für den Menschen bedeutet der Tod das, was für die Engel ihr Fall war«; der Aquinate scheint den Tod des Menschen dabei mit der Entscheidungssituation der Engel in Beziehung zu bringen (vgl. Boros 181). Hier taucht offenbar im Hintergrund die Vorstellung auf, daß eigentlich nur die Freiheit eines Engels ausreicht, um ein ewiges Geschick zu verantworten. Aber darin liegt nun auch das Problematische der These: Sie möchte schließlich aus dem Menschen einen Engel machen und hält im stillen die spezifische Conditio humana für unannehmbar. Mit dieser Kritik, zu der man den Mangel an empirischen Indizien und an einer überzeugenden theologischen Tradition hinzufügen müßte, ist freilich die ernste Frage nicht aufgehoben, die hinter solchen Überlegungen steht. Müßte nicht für ein ewig geltendes Urteil in der Tat eine andere Freiheit verlangt werden? Man wird zugeben müssen, daß die traditionelle Auffassung hier viel zu punktuell gedacht hat. Die Wahrheit des Menschen, die im Gericht endgültig wird, ist jene Wahrheit, die im Ganzen seines Lebens und seiner Wege als Grundrichtung seines Daseins geworden ist. Welches aber in der Summe der Entscheidungen, die ein ganzes Leben aufbauen, die letzte Richtung ist – ob in ihm allen Verkehrungen zum Trotz noch ein letztes Tasten der Bereitschaft gültig steht oder die entschlossene Verweigerung bis in die Wurzel reicht – das zu bestimmen ist allein Gottes eigene Sache. Er ist es, der die Verschattungen unserer Freiheit besser kennt als wir selbst; er ist es aber auch, der um die Berufung und um die offenen Möglichkeiten des Menschen weiß. Weil er die Unzulänglichkeit des Menschen kennt, ist er als Wahrheit selbst Rettung geworden, ohne doch die Würde der Wahrheit abzulegen.

2. *Theologische Auswertung*

Kann die bisher geschilderte christliche Hoffnung in der Welt von heute überhaupt noch belangvoll sein? Diese Frage stellt sich um so drängender, als Geschichte für uns heute nicht mehr einfach wie ehedem das Vorgegebene ist, das unerbittlich seinen eigenen Weg nimmt. Inzwischen ist die Geschichte allem Anschein nach lenkbar geworden. Wir sind selbst ihr bestimmendes Subjekt. Sie erscheint nicht mehr von Gott verfügt oder von einem Schicksal verhängt, sondern einzig und allein als das Ergebnis unserer planenden Vernunft, die nun ganz offenkundig Macht über die Erde hat. An die Stelle der Vorsehung ist die Planung getreten, und das gilt um so mehr, als Geschichte nun wirklich Welt-Geschichte geworden ist, in der alle Teilgeschichten eingemündet sind in das einzige, unteilbare Geschick der Menschheit, die die Verantwortung für sich selber tragen muß. Wenn einer Periode, in der der Mensch den Gang der Dinge als Werk höherer Mächte betrachten mußte, die hoffende Erwartung ihrer Huld und die Sorge um diese Huld angemesssen war, so scheint derlei unter den jetzigen Vorzeichen ein gefährlicher und unverantwortbarer Anachronismus: Der Übergang von einer Hoffnung des Glaubens zu einer durch sorgsames theoretisches Kalkül gesicherten Strategie der Hoffnung, wie der Marxismus sie lehrt, muß dann das einzig Angemessene sein.

In Wirklichkeit muß man hier nun doch sehr genau unterscheiden. Schon immer hat es den Bereich der eigenen Verantwortung des Menschen für seine Geschichte gegeben, der entsprechend der Ausweitung des geschichtlichen Radius und der Ausweitung des menschlichen Wissens und Könnens in der Neuzeit immer schneller gewachsen ist. Der Satz »Wer nicht arbeiten will, der soll auch nicht essen« (2 Thess 3,10), muß heute mit *dem* Begriff der »Arbeit« gefüllt werden, wie er im technischen Zeitalter gilt; der Glaube ersetzt nicht die Rationalität, sondern fordert zu ihr heraus. Aber der notwendigen Planung von Gegenwart und Zukunft die Bedeutung zu unterschieben, als könne sie das Heil der Welt herstellen, das bedeutet nun gerade den Mißbrauch und die Verdunkelung der Rationalität. Dies gilt in einem doppelten Sinn. Die Planung menschlicher Gegenwart und Zukunft kann nie vom technischen Wissen allein geleistet werden, weil dieses Wissen als solches keine Ziele, sondern nur Möglichkeiten vorgibt; gerade die humanen Werte fallen nicht unter seine Methode. Die technische Planung muß ihre Richtung von Wertungen empfangen, die sie selbst nicht zu liefern vermag. Wo alles geplant wäre, wäre der Mensch verkauft. Der Mensch lebt nicht vom Brot allein – das bedeutet auf unsere Situation angewandt: Der Mensch lebt nicht vom technischen Planungswissen allein, sondern zuinnerst erst von der Sinngebung, die aus einer anderen Art der Wahrnehmung hervorgehen muß. Neben dieser ersten Grenze des Planungswissens steht eine zweite: Der Zukunftsradius menschlichen Planens kann niemals die nächste Generation mit ihren eigenen neuen Entwürfen und Erkenntnissen vorwegnehmen; er kann die erlebbare Gegenwart der Planenden nicht wesentlich überschreiten. Er kann sich nicht auf das Ferne, sondern nur auf das Nächste und Nahe beziehen. Nur so weit reicht die Macht des Menschen.

Beides zusammen bezeichnet die Grenze der Machbarkeit, deren tiefsten Grund wir mit dem Gesagten freilich erst andeutungsweise berührt haben. Um ihn zu erfassen, müssen wir wenigstens einen kurzen Blick auf die geschichtlichen Gründe heutiger Hoffnungsstrategien werfen. Denn die Erwartung einer völlig gerechten Welt ist gar kein Produkt des technischen Denkens, sondern in der jüdisch-christlichen Geistigkeit begründet. Andere Kulturen hatten sich mit der Idee des ewigen Kreislaufs oder der Befreiung ins Nirwana hinein gegen die Verzweiflung gewehrt, die die bloße Gegenwart mit ihrem Leid und ihren Ungerechtigkeiten zu allen Zeiten auslösen mußte. Der Gedanke des künftigen endgültigen Heils ist zwar vielleicht nicht exklusiv dem jüdisch-christlichen Bereich eigen, aber doch hier am stärksten und eindringlichsten formuliert worden. Die gewichtigen innerweltlichen Akzente, die ihm innerhalb des Alten Testaments zukommen, haben in der frühen Christenheit zu einer Ergänzung der transzendenten Reich-Gottes-Hoffnung durch die Idee des Chiliasmus, d. h. eines tausendjährigen Reiches Christi und der mit ihm Ersterstandenen auf dieser Erde geführt (vgl. Offb 20; unter den Vätern vor allem Justin, Dial 80,1 f und Irenaeus Adv. haer. V 31 ff). Die Frage der irdischen Verwirklichung der Verheißungen, die damit aufgeworfen war, wurde für die abendländische Christenheit durch Joachim von Fiore (um 1130–1202) zum brennenden Problem. Joachim war überzeugt, daß Gottes Idee mit seinem Geschöpf Mensch nur dann gelungen sei, wenn sie auch auf Erden gelingt, und daß daher die Zeit der Kirche, wie man sie seit den Aposteln erlebte, noch nicht die eigentliche Form der Erlösung sein könne. Die alten, an das Wochenschema der sieben Tage angelehnten Periodisierungen der Geschichte baute er durch die Verbindung mit der Trinitätslehre in den Gedanken von 3 × 7 Geschichtstagen um, und so schien ihm die dritte Geschichtswoche, die Zeit des Heiligen Geistes errechenbar. Zugleich stellte ihre Nähe die Aufgabe, ihr entgegenzuarbeiten, wie er es mit seiner Mönchsgründung versuchte. Was man schon im alttestamtenlich-jüdischen Bereich beobachten kann, die Vermischung rationaler Planung mit suprarationalen Zielen, erhält jetzt systematische Gestalt und tritt alsbald aus den spirituellen Träumen des Abtes heraus in die politische Geschichte

Europas: Messianismus durch Planung, geplanter Messianismus ist das Ergebnis, das um so mehr die Geister fasziniert, je mehr einerseits Planung mächtig, andererseits Religion ohnmächtig wird, ihre Antriebe und Hoffnungen den Menschen aber doch unaufhebbar prägen. Die Geschichtslogik von Hegel und die Geschichtsplanung von Marx sind die letzte Ausformung dieser Anfänge. Die messianischen Ziele, mit denen der Marxismus fasziniert, beruhen auf der schlechten Synthese von Religion und Vernunft, die hier zugrunde liegt, denn Planung wird nun zu Zielen eingesetzt, die ihr nicht proportional sind; so aber wird beides verdorben: das Ziel und die Planung.

Schon in der alten Kirche war im Ringen um die richtige Gestalt des biblischen Erbes der Chiliasmus Zug um Zug ausgeschieden worden. Der Kampf um Joachim hat das 13. und zum Teil auch noch das 14. Jahrhundert gefüllt und mit einer erneuten Abweisung dieser Form von Zukunftshoffnung geendet; die Befreiungstheologien von heute gehören diesem problemgeschichtlichen Zusammenhang zu. Warum ist der Chiliasmus abgelehnt worden, der es gestatten würde, die Herstellung parusialer Zustände zu einer praktischen Aufgabe zu machen? Nun, das Nein zum Chiliasmus bedeutet, daß die Kirche die Vorstellung einer definitiven innergeschichtlichen Vollendung bzw. einer inneren Vollendbarkeit der Geschichte in ihr selbst abweist. Die Hoffnung des Christen schließt demnach keinerlei Vorstellung einer inneren Vollendung der Geschichte ein; sie drückt im Gegenteil die Unmöglichkeit der inneren Vollendung der Welt aus. Die verschiedenen Vorstellungselemente vom Weltende, die sich in der Bibel finden, haben gerade dies zum gemeinsamen Inhalt, daß sie eine Absage an die Erwartung eines definitiven innergeschichtlichen Heilszustandes sind. Diese Position ist auch rational betrachtet vollkommen sachgemäß, weil die Vorstellung definitiver Vollendung in der Geschichte nicht mit der bleibenden Offenheit und der bleibend zum Versagen hin geöffneten Freiheit des Menschen rechnet. Sie drückt damit letzten Endes eine tiefe anthropologische Verkehrung aus: Das Heil des Menschen wird dabei nicht aus seiner sittlichen Würde, nicht im Tiefsten seiner sittlichen Persönlichkeit erwartet, sondern von planbaren Mechanismen erhofft, also am eigentlich Humanen vorbei gebaut. Die Werte, die die Welt tragen, werden so auf den Kopf gestellt; ein geplantes Heil ist das Heil des Konzentrationslagers und damit das Ende der Humanität.

Der Glaube an die Wiederkunft Christi ist so zunächst die Absage an die innergeschichtliche Vollendbarkeit der Welt und gerade mit diesem negativen Gehalt der Schutz des Menschen vor der Entmenschlichung durch sich selbst. Bliebe freilich diese (auch rational einsichtige) negative Aussage allein, so hätte Resignation das letzte Wort. Glaube an die Wiederkunft Christi ist aber darüber hinaus die Gewißheit, daß die Welt dennoch vollendet wird, aber nicht aus der planenden Vernunft heraus, sondern von der Unzerstörbarkeit der Liebe her, die im auferstandenen Christus gesiegt hat. Der Glaube an die Wiederkunft Christi ist der Glaube daran, daß am Ende die Wahrheit richtet und die Liebe siegt, freilich nur in der Transzendierung der bisherigen Geschichte, nach der diese Geschichte letzten Endes selber ruft. Die Geschichte ist nur außerhalb ihrer selbst vollendbar und gerade wo dies angenommen, wo sie auf ihre eigene Transzendierung hin gelebt wird, wird sie je auf ihre Vollendung geöffnet. Damit erhält die Vernunft ihren Raum und empfängt ihre Verpflichtung, nach ihren Maßen zu wirken; damit behält aber auch die Hoffnung ihren Raum und wird nicht im Laboratorium verschlissen. Das Heil der Welt beruht darauf, daß sie als Welt transzendiert wird. Der auferstandene Christus aber ist die lebendige Gewißheit, daß diese Transzendierung, ohne die die Welt absurd bleibt, nicht ins Leere stößt und daß daher Geschichte positiv gelebt werden kann und unser begrenztes, armseliges rationales Wirken sinnvoll ist. Der »Antichrist« ist von da her die unbedingte Schließung der Geschichte in ihrer eigenen Logik als Antithese zu dem, auf dessen geöffnete Seite nach Offb 1,7 am Ende jedes Auge blicken wird.

§ 7 Hölle, Fegfeuer, Himmel

Zu I: B. Albrecht, Eine Theologie des Katholischen. Einführung in die Werke A. von Speyrs, I Einsiedeln 1972 S. 90–127; II Einsiedeln 1973 S. 135–148. – H. U. von Balthasar, Schwestern im Geist. Therese von Lisieux und Elisabeth von Dijon, Einsiedeln 1970. – Ders., Christlicher Universalismus, in: ders., Verbum Caro, Skizzen zur Theol. I Einsiedeln 1960 S. 260–275. – Ders., Über Stellvertretung, in: ders., Pneuma und Institution. Skizzen z. Theol. IV, Einsiedeln 1974 S. 401–409. – G. Bardy u. a., L'enfer, Paris 1950. – J. Daniélou, Origène, Paris 1948. – G. Fessard, Enfer éternel ou salut universel? in: E. Castelli (Hrsg.), Le mythe de la peine, Paris 1967 S. 223–264. – H. de Lubac, Geist aus der Geschichte. Das Schriftverständnis des Origenes, Einsiedeln 1968. – A. Winklhofer, Das Kommen seines Reiches, Frankfurt 1959 S. 82–108; 315–322.

Zu II: J. P. ARENDZEN, Purgatory and Heaven, New York 1960. – H. U. von BALTHASAR, Eschatologie, in: J. Feiner - J. Trütsch - F. Böckle, Fragen der Theologie heute, Einsiedeln 1971, S. 403–421 (zit: Balthasar I). – DERS., Eschatologie im Umriß, in: ders., Pneuma und Institution (s. unter I) 410–455 (zit: Balthasar II). – Y. CONGAR, Außer der Kirche kein Heil, Essen 1961 S. 75–83. – J. A. FISCHER, Studien zum Todesgedanken in der alten Kirche I München 1954. – E. FLEISCHHACK, Fegfeuer. Die christlichen Vorstellungen vom Geschick der Verstorbenen geschichtlich dargestellt, Tübingen 1969. – J. GNILKA, Ist 1 Kor 3,10–15 ein Schriftzeugnis für das Fegfeuer? Eine exegetisch-historische Untersuchung, Düsseldorf 1955. – J. GUITTON, Le purgatoire, profond mystère, Paris 1957. – J. JEREMIAS, γέεννα, in: ThWNT I 655 f. – M. JUGIE, Il purgatorio, Alba 1960. – J. N. KARMIRIS, Abriß der dogmatischen Lehre der orthodoxen katholischen Kirche, in: P. Bratsiotis, Die orthodoxe Kirche in griechischer Sicht, Stuttgart 1970[2] S. 15–120 (bes. 112–120). – Kl. SCHMÖLE, Läuterung nach dem Tode und pneumatische Auferstehung bei Klemens von Alexandrien, Münster 1974. – E. STAUFFER, Die Theologie des Neuen Testaments, Stuttgart 1948[4]. – A. STUIBER, Refrigerium interim. Die Vorstellungen des Zwischenzustandes und die frühchristliche Grabeskunst, Bonn 1957.

Zu III: TH. BOGLER (Hrsg.), Tod und Leben. Von den letzten Dingen, Maria Laach 1959. – E. KREBS, Was kein Auge gesehen, Freiburg 1940[14]. – K. RAHNER, Auferstehung des Fleisches, in: ders., Schriften zur Theol. II, Einsiedeln 1955 S. 211–225. – M. SCHMAUS, Kath. Dogmatik IV 2 Von den Letzten Dingen. München 1959[5] S. 565–690. – A. WINKLHOFER, Das Kommen seines Reichs (s. unter I) S. 133–162; 325–330.

I. Die Hölle

Alles Deuteln nützt nichts: Der Gedanke ewiger Verdammnis, der sich im Judentum der beiden letzten vorchristlichen Jahrhunderte zusehends ausgebildet hatte (Material LThK V 445 f), hat seinen festen Platz sowohl in der Lehre Jesu (Mt 25,41; 5,29 par; 13,42.50; 22,13; 18,8 par; 5,22; 18,9; 8,12; 24,51; 25,30; Lk 13,28) wie in den Schriften der Apostel (2 Thess 1,9; 2 Thess 2,10; 1 Thess 5,3; Röm 9,22; Phil 3,19; 1 Kor 1,18; 2 Kor 2,15; 4,3; 1 Tim 6,9; Offb 14,10; 19,20; 20,10–15; 21,8). Insofern steht das Dogma auf festem Grund, wenn es von der Existenz der Hölle (DS 72; 76; 801; 858; 1351) und von der Ewigkeit ihrer Strafen (DS 411) spricht.

Freilich konnte die Aufnahme einer solchen Aussage, die so sehr allen unseren Vorstellungen von Gott und vom Menschen zuwiderläuft, nicht ohne große Erschütterungen vor sich gehen. Origenes war es, der (gemäß Fragmenten, die bei Justinian und Ps.-Leontius überliefert sind) in seinem großen Versuch einer Systematisierung des Christlichen (Περὶ ἀρχῶν) zuerst den Gedanken vortrug, am Ende müsse es aus der Logik Gottes mit seiner Geschichte heraus zu einer Allversöhnung kommen; freilich hatte er wohl diesen ganzen Entwurf unter die Klammer des Hypothetischen stellen wollen; er wollte Anlauf sein zu einer Gesamtschau, der nicht einfach beansprucht, die Wirklichkeit selbst wiederzugeben. Wenn hier das neuplatonische Denken die Vorstellung überakzentuiert hatte, daß das Böse eigentlich nichtig, ein Nichts sei und Gott allein die Wirklichkeit, so hat der große Alexandriner später die unheimliche Realität des Bösen, die Gott leiden machen, ja, töten kann, viel tiefer verspürt, aber doch auch die Hoffnung nicht gänzlich aufgeben können, daß eben in diesem Leiden Gottes die Realität des Bösen aufgefangen, aufgearbeitet sei und ihre Endgültigkeit verloren habe. Eine Reihe von Großen aus der Väterzeit ist ihm in dieser Hoffnung gefolgt: Gregor von Nyssa, Didymus, Diodor von Tarsus, Theodor von Mopsuestia, Evagrius Ponticus, zeitweise auch Hieronymus. Die großkirchliche Tradition hat einen anderen Weg genommen; sie mußte zugeben, daß die Erwartung der Allversöhnung aus dem System folgt, aber nicht aus dem biblischen Zeugnis. Ein immer leiser werdender Nachklang der Gedanken des Origenes ist dennoch über Jahrhunderte hin verblieben in den vielfältigen Variationen der sog. Misericordia-Lehre, die entweder die Christen ganz von der Möglichkeit der Verdammnis ausnehmen oder allen Verlorenen auf Grund der Barmherzigkeit Gottes in irgendeiner Form Erleichterung gegenüber dem eigentlich Verdienten zusprechen möchte.

Was bleibt? Zunächst die Tatsache einer unbedingten Achtung Gottes vor der Freiheit seines Geschöpfes. Die Liebe kann ihm geschenkt werden und damit die Verwandlung aller Dürftigkeit, die in ihm selber ist; auch das Ja zu solcher Liebe muß nicht der Mensch »schaffen«, sie selbst ruft es mit ihrer eigenen Kraft hervor. Aber die Freiheit, auch die Erschaffung dieses Ja zu verweigern, es nicht als Eigenes anzunehmen, die bleibt. Darin liegt der Unterschied zwischen dem schönen Traum vom Bodhisattva (vgl. § 6 I 3) und seiner Verwirklichung: Der wahre Bodhisattva, Christus, geht in die Hölle und leidet sie leer; aber er behandelt die Menschen nicht als unmündige Wesen, die letztlich ihr eigenes Geschick nicht verantworten können, sondern sein Himmel beruht auf der Freiheit, die auch dem Verdammten das Recht läßt, seine Verdammnis zu wollen. Das Besondere des Christlichen zeigt sich hier in seiner Überzeugung von der Größe des Menschen: Sein Leben ist ein Ernstfall; es wird nicht alles durch die List der Idee zuletzt zu einem Moment von Gottes Plänen umgebaut; es gibt das Unwiderrufliche, auch die unwiderrufliche Zerstörung – mit diesem Ernstfall und mit diesem Bewußtsein des Ernstfalls hat der Christ zu leben. Diese Ernsthaftigkeit des menschlichen Seins und Tuns erhält ihre greifbare Gestalt in Christi Kreuz, das nun freilich auf unser Thema doch nach zwei verschiedenen Seiten Licht wirft. Gott leidet und stirbt – das Böse ist für ihn nicht das Unwirkliche; für ihn, der Liebe ist, ist der Haß kein Nichts. Er überwindet das Böse nicht in der Dialektik der universalen Vernunft, die alle Verneinungen in Bejahungen umsetzen kann; er überwindet es nicht in einem spekulativen, sondern in einem ganz realen Karfreitag. Er tritt selbst in die Freiheit der Sündigenden ein und überbietet sie durch die Freiheit seiner in den Abgrund gehenden Liebe. Aber wenn hier der Realitätscharakter des Bösen und seiner Folgen ganz anschaulich wird, so entsteht doch die Frage, ob darin nicht auch eine göttliche Antwort sichtbar wird, die die Freiheit als Freiheit zu sich zu wandeln vermag. Die Antwort liegt im Dunkel von Jesu Scheol-Abstieg verborgen, in der durchlittenen Nacht seiner Seele, in die kein Mensch hineinzublicken vermag – höchstens soweit er im leidenden Glauben mit in dieses Dunkel geht. So hat in der Geschichte der Heiligen vor allem der letzten Jahrhunderte, bei Johannes vom Kreuz, in der Frömmigkeit des Karmel und besonders wieder bei Therese von Lisieux das Wort von der Hölle eine ganz neue Bedeutung und eine ganz neue Form gewonnen. Es ist für sie weniger eine Drohung, die sie gegen die anderen schleudern, denn eine Aufforderung, in der dunklen Nacht des Glaubens die Gemeinschaft mit Christus gerade als Gemeinschaft mit dem Dunkel seines Abstiegs in die Nacht zu erleiden; dem Licht des Herrn dadurch nahe zu kommen, daß sie sein Dunkel teilen und dem Heil der Welt dienen, indem sie ihr Heil zurücklassen für die anderen. In solcher Frömmigkeit ist nichts von der furchtbaren Wirklichkeit der Hölle aufgehoben; sie ist so real, daß sie ins eigene Dasein hereinreicht. Hoffnung kann ihr nur entgegengehalten werden im Miterleiden ihrer Nacht an der Seite dessen, der unser aller Nacht umzuleiden gekommen ist. Hoffnung kommt nicht aus der neutralen Logik des Systems, aus der Verharmlosung des Menschen, sondern aus der Preisgabe der Harmlosigkeit und dem Bestehen der Realität an der Seite Jesu Christi. Solche Hoffnung aber wird nicht zu eigenmächtiger Behauptung; sie legt ihre Bitte in die Hände des Herrn hinein und läßt sie dort. Das Dogma behält seinen realen Gehalt; der Gedanke der Barmherzigkeit, der es in der einen und anderen Form während der ganzen Geschichte begleitete, wird nicht zur Theorie, sondern zum Gebet des leidenden und hoffenden Glaubens.

II. Das Fegfeuer

1. Die Probleme des historischen Befunds

Die katholische Lehre vom Fegfeuer hat ihre definitive kirchliche Gestalt in jenen beiden Konzilien des Mittelalters gefunden, die eine Union mit den Kirchen des Ostens herbeiführen wollten; sie wurde dann noch einmal zusammenfassend auf dem Trienter Konzil in Auseinandersetzung mit den reformatorischen Bewegungen formuliert. Mit diesen Feststellungen ist auch schon ihr geschichtlicher Ort und ihre ökumenische Problematik angedeutet. Wir hatten in § 5 (bes. III u. IV 1 u. 2) gesehen, daß das Neue Testament die Frage des »Zwischenzustandes« zwischen Tod und Auferstehung am Jüngsten Tag unfertig, in einer offenen Situation zurückgelassen hatte, die sich erst allmählich mit der Entfaltung der christlichen Anthropologie und ihrer Stellung zur Christologie klären konnte. In diesen Klärungsprozeß gehört die Fegfeuerlehre hinein; in ihr hat die Kirche ein Stück des Gedankens vom »Zwischenzustand« festgehalten: Auch wenn die Lebensentscheidung mit dem Tod endgültig abgeschlossen und unverrückbar ist (DS 1000, siehe § 5 III), so muß sein endgültiges Geschick nicht notwendig schon augenblicklich erreicht sein; es kann sein, daß der Grundentscheid eines Menschen von sekundären Entscheidungen überdeckt ist und gleichsam erst freigelegt werden muß: Dieser »Zwischenzustand« heißt in der abendländischen Tradition »Fegfeuer«. Die östliche Kirche war aber den Weg der abendländischen Theologie nicht mitgegangen, der zu den früher bedachten Präzisierungen über das jenseitige Geschick des Menschen führte. Sie hielt an dem Stand der Idee des Zwischenzustandes fest, der bei Johannes Chrysostomus († 407) erreicht war, so daß bei den Unionsversuchen von Lyon (1274) und Ferrara-Florenz (Unionsbulle für die Griechen 6. 7. 1439) die Fegfeuerlehre als Kontroverspunkt erschien. Die Differenz lag freilich anders als 100 Jahre später in Trient bei der Auseinandersetzung mit den Reformatoren: Die Griechen lehnen die Lehre einer jenseitigen Strafe und Sühne ab, haben aber mit den Lateinern die Fürbitte für die Verstorbenen gemeinsam, die in Gebet, Almosen, guten Werken und besonders auch in der Darbringung der Eucharistie für die Verstorbenen geschieht (Karmiris 116 f). Die Reformatoren sehen gerade darin, besonders in der »Totenmesse« einen Angriff auf die sühnende Allgenugsamkeit von Christi Kreuzestod (vgl. CA XXIV), konnten freilich auch der jenseitigen Sühne von ihrer Rechtfertigungslehre her keinen Raum geben.

Bevor wir den geschichtlichen Voraussetzungen der Frage nachgehen und sie von da aus zu klären versuchen, muß noch kurz gesagt werden, was denn nun eigentlich die katholische Kirche in den drei genannten Konzilien als ihre Lehre vorgelegt hat. Zunächst dürfte nützlich sein, festzuhalten, daß der Ausdruck »Fegefeuer« den amtlichen Lehrtexten fremd ist. Sie vermeiden das Bildwort »Feuer« und sprechen schlicht von poenae purgatoriae seu catharteriae (reinigende Strafen: DS 856; vgl. 1304) oder auch vom »Purgatorium« (DS 1580 u. 1820; gewöhnlich übersetzt mit »Reinigungsort«, doch fehlt das Wort »Ort« im Lateinischen, klingt aber durch die beigefügte Bezeichnung *in* purgatorio an). Die drei in Frage stehenden Konzilien vollziehen in ihren einschlägigen Aussagen jeweils eine »Relecture« des Vorhergegangenen und werden dabei in ihrer Formulierung jeweils einfacher und präziser. So ist die Trienter Formel die knappste: »Erleuchtet vom Heiligen Geist, schöpfend aus der Heiligen Schrift und der alten Überlieferung der Väter, hat die katholische Kirche auf den heiligen Konzilien und zuletzt auf dieser allgemeinen Versammlung gelehrt: Es gibt einen ›Reinigungsort‹ (Purgatorium), und die dort festgehaltenen Seelen finden eine Hilfe in den Fürbitten der Gläubigen, vor allem aber in dem Gott wohlgefälligen Opfer des Altares« (DS 1820). Trient fügt dann noch eine nachdrückliche Mahnung an die Bischöfe hinzu, Spitzfindigkeit, Neugierde und Aberglaube entschieden entgegenzutreten: Der reformatorische Protest gegen die herrschende Praxis und ihre Mißbräuche wird aufgenommen und in einen Reformauftrag umgesetzt; die Bestreitung der in den Mißbräuchen verdunkelten Lehre und der ihr zugeordneten Weise gläubigen Tuns wird abgewiesen.

Die ersten Wurzeln der Fegfeuerlehre weisen uns wieder, wie die ganze Frage nach dem Zwischenzustand, in den frühjüdischen Bereich: In 2 Makk 12,32–46 (1. Jhdt. v. Chr.) wird berichtet, daß bei den jüdischen Gefallenen heidnische Amulette gefunden wurden. Ihr Tod wurde nun als Strafe für den Abfall vom Gesetz gedeutet. Nach dem Bericht wurde für die Gefallenen ein Bittgottesdienst gehalten »und gebetet, daß die begangene Sünde wieder völlig ausgelöscht würde«. Ferner wurde für ein Sündopfer in Jerusalem Sorge getragen. Der Autor lobt solches Verhalten als Ausdruck des Glaubens an die Auferstehung der Toten. Wie näherhin die reinigende Wirkung der Fürbitte und wie etwa ein »Zwischenzustand« der sündigen Toten gedacht wird – darüber sagt der Text freilich nichts. Deutlicher wird das apokryphe »Leben Adams und Evas« (1. Jhdt. n. Chr.), das von der Trauer Seths über den gestorbenen Adam berichtet und von Gottes Erbarmen, das Michael verkündet: »Stehe auf vom Leibe deines Vaters, komme her zu mir und sieh, was Gott der Herr über ihn verordnet. Sein Gebilde ist er, darum hat er sich seiner erbarmt.« Aber dieses Erbarmen schließt doch Strafe ein: »Da sah Seth, wie Gott Adam in der ausgestreckten Hand hielt und ihn Michael übergab mit den Worten: In deiner Hand sei er bis zum Tage der Veranstaltung, in Strafe bis zu den letzten Jahren, da ich sein Leid in Freude verwandeln werde. Dann soll er sitzen auf dem Thron dessen, der ihm ein Bein gestellt hat« (Kap. 47). In dem von Strack-Billerbeck vorgelegten, teils ins 2. Jahrhundert n. Chr. zu datierenden Material (IV 2, 1044–1047; 1050–1056; 1101 f) findet man dann ganz deutlich die Vorstellung von einem als Purgatorium gefaßten zwischenzeitlichen Gehinnom, in dem das Sühneleiden der Seelen die Bereitung auf das endgültige Heil darstellt. Auch hier berührt sich das Jüdische, wie in so vielen Jenseitsvorstellungen, eng mit manchen Strömungen der zeitgenössischen griechisch-römischen Religiosität, die um die Fürbitte für den Verstorbenen als eine Heilsmöglichkeit weiß (Schmöle 136). So sind auch in diesem Zusammenhang die Übergänge zwischen Frühjüdischem und Frühchristlichem fließend, einem einzigen Traditionskontinuum zugehörig.

Klammern wir die umstrittene Frage nach Spuren der Fegfeueridee im Neuen Testament einstweilen aus, um zunächst die unterschiedlichen Wege der Gestaltwerdung der kirchlichen Tradition in Ost und West zu erkunden; sie ist bereits im 2. Jahrhundert durch zwei so große Gestalten wie Tertullian im Westen († nach 220) und Clemens von Alexandrien im Osten († vor 215) repräsentiert. Tertullian ist in die Geschichte der Fegfeuerlehre vor allem eingegangen durch die vermutlich von ihm verfaßte oder ihm jedenfalls nahestehende Passionsgeschichte der heiligen Perpetua. Perpetua sieht im Traum ihr vorzeitig an Krebs verstorbenes Brüderchen Dinokrates verschmutzt und blaß, mit der Krebswunde, an der es verstorben war, in großer Hitze dürstend vor einem viel zu hohen Wasserbecken, aus dem es nicht zu trinken vermag. Perpetua begreift die Botschaft des Traums: Sie verrichtet Tag und Nacht Gebete für ihr unglückliches Brüderlein und darf es dann alsbald in einer zweiten Vision sauber sehen, gut gekleidet, mit vernarbter Wunde, wie es bequem Wasser schöpfen und trinken kann und vergnügt beim Spielen ist. Zu diesem Text kann man mit A. Stuiber sagen, er gebe einfach die antiken Vorstellungen vom traurigen Jenseitslos vorzeitig Verstorbener wieder, habe aber nichts mit der Fegfeuerlehre zu tun, da dieses Los nicht auf Schuld beruhe und das Elend daher auch nicht als Straf- oder Sühneleiden angesehen werden dürfe (Refrigerium interim 61 ff). Aber man muß fragen, ob hier nicht doch mit einer falschen Elle gemessen wird. Wenn man die fertigen Definitionen von Lyon-Florenz-Trient in ihrem vollen Umfang als einzig mögliche Begriffsbestimmung von Fegfeuer annimmt, kann man so urteilen, aber man beraubt sich damit zugleich der Möglichkeit, etwas von der Struktur des Gedankens und von der allmählichen geschichtlichen Zusammenfügung seiner Elemente zu begreifen. So ist es sachgerechter, mit J. A. Fischer festzustellen, daß wesentliche Elemente der Fegfeuerlehre sich hier aus dem antik-jüdisch-christlichen Traditionsgefüge herausformen – zentral der Gedanke eines durch Gebet behebbaren jenseitigen Leidens Verstorbener, wobei freilich die »Schuld« des Leidenden noch »religionsgeschichtlich«, nicht »ethisch« begründet erscheint (259 f). In Tertullians montanistischer Schrift »Über die Seele« ist dann der Schritt zu einem eigentlichen »Purgatorium« vollzogen, das freilich auch noch nicht einfach mit der Konzeption der mittelalterlichen Konzilien identisch ist: Tertullian knüpft nun an Jesu Gleichniswort an, das den Menschen auffordert, sich noch auf dem Weg zum Richter mit dem Prozeßgegner zu versöhnen, denn – geschieht dies nicht, »wirst du ins Gefängnis geworfen. Wahrlich, ich sage dir: Du wirst nicht davon herauskommen, bis du nicht den letzten Heller bezahlt hast« (Mt 5,26 par). Die Auslegung dieses Textes auf das jenseitige Geschick des Menschen war dadurch erleichtert, daß das für Gefängnis stehende griechische Wort φυλακή auch eine der gängigen Bezeichnungen für den Hades war (Stauffer 196 u. 296 Anm. 697; vgl. auch G. Bertram, in: ThWNT IX 237–240; W. Bauer, Griechisch-deutsches Wörterbuch, Berlin 1958^5 Sp. 1716, s. v. φυλακή 3). Für den zum Rigoristen gewordenen Tertullian besagt nun der Text, daß die Zeit zwischen Tod und Auferstehung Zeit der Kerkerhaft ist, in der die Seele Gelegenheit erhält, »den letzten Heller« zu bezahlen und so für die Auferstehung frei zu werden: Der Hadesaufenthalt empfängt hier eine neue theologische Begründung, »die das Interim zu einem notwendigen Purgatorium für alle macht« (Fischer 258). Cyprian († 258) hat die Vorstellung Tertullians aus der Verklammerung in den Rigorismus gelöst und ihr von den besonderen Aufgaben des Seelsorgers in der Verfolgungszeit her eine neue Fassung gegeben, in der die Ausscheidung des Heidnischen vollzogen und eine eigentlich christliche Gestalt jenes Grundwissens erarbeitet ist, das aus der jüdischen Wurzel der Kirche weitergetragen und zunächst mit griechisch-römischen Vorstellungen versetzt worden war; so konnte Cyprians Entwurf prägende Kraft für den weiteren Weg der Kirche im Westen gewinnen. Cyprian hat für die im Glauben Heimgegangenen, besonders für die Martyrer, ein endgültiges Heil sogleich nach dem Tod behauptet, andererseits auch die endgültige Hölle gewußt; sein eigentliches seelsorgliches Problem bildeten die Gutwillig-Schwachen, die Durchschnittschristen, die in der Verfolgung die Kraft zum Martyrium nicht gefunden, die Anforderungen des Staatskultes erfüllt und damit Christus öffentlich verleugnet hatten, aber christlich bleiben wollten und um die Versöhnung mit der Kirche baten. Die Stelle Mt 5,26 bietet ihm nun den Anhalt, um eine mögliche Fortsetzung der Kirchenbuße im Jenseits zu denken und das ermöglicht ihm, den Stimmen der Rigoristen entgegen, diesen Schwachen die Aufnahme in die Kirchengemeinschaft zu gewähren: Gewiß, sie können, so wie sie sind, nicht in die endgültige Christusgemeinschaft eintreten; ihre Leugnung, ihre Halbherzigkeit steht im Wege. Aber sie sind reinigungsfähig. Kirchenbuße als Weg der Reinigung gibt es nicht nur im Diesseits, sondern auch im Jenseits: Mit dieser Auslegung der Reinigung in der anderen Welt ist der Grundgedanke der abendländischen Fegfeuerlehre nun deutlich formuliert (Ep 55,20 CSEL III 2,638; Fischer 267 f).

Während die hier skizzierte abendländische Frühgeschichte des Gedankens praktisch ohne Beziehung auf die antike Philosophie, nur in Anknüpfung an den antiken und an den vom Jüdischen her vorgeprägten christlichen Volksglauben verläuft, stoßen wir bei Clemens von Alexandrien auf eine völlig andere Situation: Der Alexandriner hat seine Sicht in Auseinandersetzung mit der valentinianischen Gnosis und so auch im Gespräch mit der großen philosophischen Tradition der griechischen Welt – besonders Platonismus und Stoizismus – entworfen. Clemens deutet unsere Frage, ja, die Bedeutung christlicher Existenz insgesamt unter der großen griechischen Idee der »Erziehung« (παιδεία). In sie schmilzt er die gnostische (vorher schon griechisch-römische) Idee des postmortalen Gerichtsfeuers ein und gewinnt damit zugleich Anschluß an 1 Kor 3,10–15, wo in einer später noch näher zu bedenkenden Weise gleichfalls die Vorstellung vom Gerichtsfeuer auftritt. Nach Ansicht der Valentinianer ist der Gnostiker für das Feuer unberührbar – es trifft ihn nicht, weil er die beiden Löschmittel, das Wasser der Taufe und den Geist (»Wind«), mit sich trägt, die ihn unfehlbar schützen. Der einfache Mensch aber, der »Hyliker«, wird von dem Feuer getroffen, das eine heilsame und eine vernichtende Funktion hat. Clemens spricht statt dieser Zweiteilung von einer »reinigenden« und einer »erziehenden« Kraft des Feuers (Schmöle 60 f) und deutet die eher naturalistische Idee der Gnosis ins Humane und ins Geistige um: Der Prozeß der pneumatischen Reinigung des Menschen, seiner Entschlackung aufs Göttliche hin, beginnt mit der Taufe und reicht in die Ewigkeit hinein.

Clemens hat hier das ganze Drama der christlichen Existenz – Leben und Sterben, Unsterblichkeit, Auferweckung, Jüngster Tag – in eine Synthese von großer Überzeugungskraft zusammenzufügen vermocht. In dem »Aufstieg«, der hier geschieht, wird nach ihm die Seele in ein »Soma« (»Leib«) von immer größerer pneumatischer Vollkommenheit verwandelt – eine Anschauung, die keinen Raum mehr läßt für die Unterscheidung von Seele und verklärtem Leib. Beide Komponenten verschmelzen in dem verklärten Subjekt miteinander zur Identität. Die Idee von der Läuterung nach dem Tod »erweist sich in diesem Zusammenhang gewissermaßen als vermittelndes metaphysisches Glied zwischen dem platonischen Gedanken der Unsterblichkeit der Seele und der Auferstehung« (Schmöle 135). Wie Clemens durch seine Idee der aufsteigenden Verwandlung des Menschen dem Gedanken des Auferstehungsleibes seinen Rang sichern kann, so gewinnt hier auch die ekklesiale Dimension christlicher Existenz ihren deutlichen Ort: Der Reinigungsprozeß ist auf allen seinen Stufen immer auch ein Prozeß der gegenseitigen Fürsorge. »Auch jenseits der Todesschwelle kann der vollkommene Gnostiker seine Fürsorge noch denjenigen zuwenden«, die unter ihm stehen und seiner bedürfen (Schmöle 138). Die Umwandlung der naturalistischen in eine anthropologisch-personale Sicht gibt auch der Frage nach dem Jüngsten Tag eine neue Wendung: Der wahre Gnostiker macht zum Tag des Herrn jenen Tag, an dem er die schlechte Sinnesart von sich abtut und die gnostische sich zu eigen macht; dadurch ehrt er die Auferstehung des Herrn (Schmöle 140). Damit verfällt Clemens nicht der Idee der Zeitlosigkeit, die wir früher gerügt haben; er findet gerade zu einem tief anthropologischen Zeitbegriff, der ihn sagen läßt: Wenn für den Aufsteigenden die äußerste Stufe der pneumatischen Leiblichkeit, das »Pleroma«, sich ereigne, dann sei die Vollendung (συντέλεια) erreicht und damit der eschatologische »Tag Gottes«, das ewige Heute.

Die christlich-griechische Synthese, die in dieser Sicht des Alexandriners vollzogen ist, kann hier nicht als solche diskutiert werden; sie hätte gewiß auch heutigen Bemühungen um eine sinn- und sachgemäße Aneignung der biblischen Botschaft einiges zu sagen, selbst wenn sie einer Welt verhaftet ist, deren Vorstellungen wir vielfach nicht übernehmen können. Für uns ist wichtig, daß wir in einem ganz anderen Kontext jenen zwei Grundelementen der Purgatoriums-Vorstellung wiederbegegnen, die wir auch im Westen sich allmählich herauskristallisieren fanden: Auch bei Clemens bildet das kirchliche Bußverfahren den konkreten Anhaltspunkt, von dem her er denkt; auch für ihn ist dieses Verfahren ein Prozeß, der über die Schwelle des Todes hinausreichen kann und vielfach muß; auch für ihn deckt dieses Verfahren den Unterschied auf zwischen dem gültigen Grundentscheid des Menschen, seinem grundsätzlichen Angenommensein in die Gnade hinein und der doch noch ausständigen Durchdringung der ganzen Person von diesem Entscheid. Als zweites können wir festhalten, daß die ekklesiale Verankerung des Menschen an der Todesschwelle nicht unterbrochen oder aufgehoben wird, sondern daß vielmehr Menschen über die Schwelle von Diesseits und Jenseits hinweg einander tragen und ertragen, einander geben, füreinander leiden und voneinander empfangen können. Deutlicher als in der westlichen Tradition wird, daß diese Vorstellung auf dem paulinisch-johanneischen Gedanken (Phil 1,21; Joh 3,16–21) aufruht, wonach die eigentliche Grenze der Unterscheidung nicht zwischen irdischem Leben und Nicht-Leben, sondern zwischen Sein-mit-Christus und Sein ohne oder gegen ihn verläuft. So ist in der Taufe der eigentliche Überschritt erfolgt, dessen Entscheidung zwar mit dem irdischen Sterben endgültig wird, dessen Ausfaltung und Reinigung jedoch im Durchschreiten des richtenden Feuers der Nähe Christi und im Umfangensein von der Gemeinschaft der Kirche über die Todesschwelle hinausreichen kann.

Die Sicht des Clemens wurde mit entsprechenden Modifikationen von Origenes weitergeführt und dort beibehalten, wo man sich dem Denken des großen Alexandriners verpflichtet fühlte; sie wird zum letzten Mal – in ihrem Kern kaum verändert – von Gregor von Nazianz († um 390) vorgetragen (vgl. Gnilka 27 f). Ihre Zugehörigkeit zum origenischen Lehrgefüge wurde ihr Verhängnis; sie geriet mit in den Streit um Origenes hinein und wurde mit seinem Erbe getilgt. Den entscheidenden Schritt hat hier Johannes Chrysostomos († 407) getan. In seinen Homilien über 1 Kor 3,1–17 verbannt er den Gedanken der allgemeinen Wiederherstellung (ἀποκατάστασις), der sich inzwischen mit der Idee des Läuterungsfeuers verbunden hatte. Chrysostomos wurde so zum Begründer des bis heute in den Ostkirchen gültigen Lehrstatus. Nach der Ausscheidung der von den Alexandrinern bestimmten Versuche einer Synthese griechischen und biblischen Denkens wird dort seither in unserer Frage eine ziemlich archaische Anschauungsform festgehalten: Für alle gilt zwischen Tod und Auferstehung der Zwischenzustand, der »Hades«, der aber entsprechend den verschiedenen Stufen der irdischen Rechtfertigung und Heiligung »verschiedene Stufen der Seligkeit und des Elends« umfaßt. Die Heiligen treten für ihre auf Erden lebenden Brüder ein und werden um ihre Fürsprache angerufen; die Lebenden können für die im Hades weilenden Seelen durch die Eucharistie, durch Gebet und Almosen »Erholung und Erfrischung« wirken – ein reinigendes oder sühnendes Leiden wird dagegen in der »Trübsal« nicht gesehen, der durch solches Tun abgeholfen werden soll (Karmiris 113–117).

2. *Der bleibende Gehalt der Fegfeuer-Lehre*

Nach dem Erkundungsgang in die Geschichte bleibt die Frage: Was ist der gültige Kern der Fegfeuerlehre? Was sind ihre Gründe? Wir waren bei unserem Gespräch mit den Vätern auf 1 Kor 3, 10–15 gestoßen. Dort wird davon gesprochen, daß auf dem gelegten Grund – Jesus Christus – die einen Gold bauen oder Silber oder Edelstein; die anderen Holz, Heu oder Stroh. Was aber einer gebaut hat, wird der Tag des Herrn ans Licht bringen, »weil die Offenbarung im Feuer geschieht und, wie das Werk eines jeden ist, wird das Feuer erproben. Wenn das Werk von einem, das er darauf gebaut hat, standhält, wird er Lohn empfangen. Verbrennt aber das Werk von einem, so wird er Schaden leiden; er selbst wird gerettet werden, jedoch so wie durch Feuer.« J. Gnilka hat gezeigt, daß dieses prüfende Feuer auf den kommenden Herrn selbst verweist, daß es (im Anschluß an Jes 66,15 f) »Bild für die Majestät des sich offenbarenden Gottes ... die Unnahbarkeit des Allheiligen« ist (126). Damit ist für ihn (gegen J. Jeremias ThWNT I 656,24 f) jede Auslegung in Richtung Fegfeuer erledigt; denn es gibt kein Feuer – das ist der Herr; es gibt keine Zeit, weil es um die eschatologische Begegnung mit dem Richter geht; es gibt keine Reinigung, sondern allein die Aussage, ein solcher Mensch werde »mit Mühe und Not gerettet werden« (LThK IV 51). Gerade wenn man dieser Exegese folgt, wird man wieder überlegen müssen, ob ihre Fragestellung richtig oder ob nicht doch wiederum ihre Elle zu kurz geraten ist. Wenn man einen naiv-objektivierenden Fegfeuerbegriff voraussetzt, ist da freilich nichts zu finden. Aber kommt nicht genau umgekehrt gerade dann das »Fegfeuer« auf seinen genauen christlichen Begriff, wenn es christologisch verstanden und wenn erklärt wird, daß der Herr selbst das richtende Feuer ist, das den Menschen umwandelt, seinem verherrlichten Leib »konform« macht (Röm 8,29; Phil 3,21)? Liegt die wahre Verchristlichung des frühjüdischen Fegfeuergedankens nicht eben in der Erkenntnis, daß die Reinigung nicht durch irgend etwas geschieht, sondern durch die umwandelnde Kraft des Herrn, der unser verschlossenes Herz freibrennt und umschmilzt, so daß es taugt in den lebendigen Organismus seines Leibes hinein? Und was besagt es nun eigentlich konkret, wenn Gnilka feststellt, die Menschen würden »mit Mühe und Not« gerettet? Worin besteht diese Mühe und Not? Wird dies nicht zu einer mythischen Aussage, wenn es nicht etwas über den Menschen selbst feststellt, über die Weise *seines* Weges ins Heil, so daß diese »Mühe und Not« nicht irgend etwas außerhalb seiner selbst, sondern eben das mühselige Hineinreichen seines schwachgläubigen Herzens in das Feuer des Herrn bedeutet, das ihn herausreißt aus sich und heraufreinigt zu ihm hin? So kann schließlich auch die Aussage hier nicht entgegenstehen, daß es sich ja allein um das Geschehen des Letzten Tages handle, denn das wäre nun eine hermeneutische Naivität im umgekehrten Sinn gegenüber jenen Versuchen, mit denen wir uns in §§ 5 und 6 auseinanderzusetzen hatten: Der Mensch streift zwar seine Zeitlichkeit nicht ab, um nur noch »ewig« zu sein, aber Christus der Richter ist der »Eschatos«, und so läßt sich von ihm her nun doch nicht unterscheiden zwischen dem Richter des Letzten Tages und dem Richter nach dem Tode; das Hineintreten des Menschen in den Raum seiner offenbaren Wirklichkeit ist Hineintreten ins endgültige Geschick und damit Hineingehaltenwerden ins eschatologische Feuer. Der verwandelnde »Augenblick« dieser Begegnung entzieht sich irdischen Zeitmaßen – er ist nicht ewig, sondern Übergang, aber ihn als ganz kurz oder als lang nach den aus der Physik übernommenen Zeitmaßen qualifizieren zu wollen, wäre gleich naiv und in der Sache durchaus dasselbe. Sein »Zeitmaß« liegt in der Tiefe der Abgründe dieser Existenz, die ausgeschritten, umgebrannt werden; solche »Existenzzeit« auf Weltzeit zu verrechnen, verkennt das Besondere des menschlichen Geistes in seiner Bezogenheit auf Welt und in seiner Abgehobenheit von ihr (grundlegend für diese Sicht Balthasar I 411).

Damit hat sich uns nun die christliche Wesensdeutung des Fegfeuers erschlossen: Es ist nicht eine Art von jenseitigem Konzentrationslager (wie bei Tertullian), in dem der Mensch Strafen verbüßen muß, die ihm in einer mehr oder weniger positivistischen Weise zudiktiert sind. Es ist vielmehr der von innen her notwendige Prozeß der Umwandlung des Menschen, in dem er christus-fähig, gott-fähig und so fähig zur Einheit mit der ganzen Communio sanctorum wird. Wer nur einigermaßen realistisch den Menschen betrachtet, wird die Notwendigkeit solchen Geschehens begreifen, in dem nicht etwa die Gnade durch Werke ersetzt wird, sondern erst zu ihrem vollen Sieg als Gnade kommt. Das zentrale Ja des Glaubens rettet – aber diese Grundentscheidung ist in den allermeisten von uns eben wirklich von viel Heu, Holz und Stroh verdeckt; nur mühsam blickt sie aus dem Gitterwerk des Egoismus hervor, das der Mensch nicht abzustreifen vermochte. Er empfängt Erbarmen, aber er muß verwandelt werden. Die Begegnung mit dem Herrn ist diese Verwandlung, das Feuer, das ihn umbrennt zu jener schlackenlosen Gestalt, die Gefäß ewiger Freude werden kann (vgl. dazu Balthasar II 443). Solche Einsicht würde der Gnadenlehre nur dann entgegenstehen, wenn Buße ein Gegensatz zur Gnade wäre und nicht ihre Form, die geschenkte Möglichkeit, die aus ihr wächst. An Cyprians und Clemens' Gleichsetzung von Fegfeuer und Kirchenbuße ist dies wichtig, daß die christliche Fegfeuerlehre, die ihre Gestalt von der Christologie nimmt, ihren Grund in der christologischen Gnade der Buße hat und aus dem Gedanken der Buße, der verwandelnden Bereitschaft des von der Vergebung Beschenkten, mit innerer Notwendigkeit folgt.

Nun aber entsteht hier noch einmal eine wichtige Frage. Wie wir sahen, gehört das Gebet für die Verstorbenen in seinen vielfältigen Formen zu den Urdaten der jüdisch-christlichen Überlieferung. Aber setzt dieses Gebet nicht voraus, daß es sich beim Fegfeuer doch um eine Art von äußeren Strafen handelt, die auf dem Gnadenweg erlassen bzw. durch eine Art von geistlichem Tausch von anderen übernommen werden können? Kann denn in den höchst persönlichen Vorgang der Begegnung mit Christus, des Umgeformtwerdens eines Ich durch das Feuer seiner Nähe jemand anders eindringen? Ist dies nicht ein Geschehen an je diesem Menschen, das Ersatz oder Vertretung nicht zuläßt? Beruht die ganze Armeseelen-Frömmigkeit nicht darauf, daß das Leiden dieser Seelen nach der Weise des »Habens« behandelt wird, während es nach dem jetzt Bedachten um ihr »Sein« – um das Unvertretbare ginge? Hier muß eingewandt werden, daß gerade auch das Sein des Menschen nicht verschlossene Monade ist, sondern in Liebe und Haß auf die anderen bezogen, in sie hineingehalten ist; das eigene Sein ist in den anderen als Schuld oder als Gnade gegenwärtig. Der Mensch ist nie bloß er selbst, oder richtiger: er ist er selbst in den anderen, mit den anderen, durch die anderen. Ob die anderen ihm fluchen oder ihn segnen, ihm vergeben und seine Schuld in Liebe umwandeln – das ist ein Teil seines eigenen Geschicks (vgl. § 6 I 3). Daß auch die Heiligen »richten« (§ 6 II 1c), das heißt, daß die Begegnung mit Christus eine Begegnung mit seinem ganzen Leib, mit meiner Schuld gegen die leidenden Glieder dieses Leibes und mit seiner aus Christus quellenden verzeihenden Liebe ist. »Die Fürbitte der Heiligen beim Richter ist nicht ... eine rein äußerliche, deren Erfolg je nach dem unberechenbaren Gutdünken des Richters zweifelhaft bleibt; sie ist vor allem ein inneres Gewicht, das, auf die Waagschale gelegt, sie zum Sinken bringen kann« (Balthasar II 441). Diese Fürbitte ist der eine, grundlegende Aspekt ihres »Richtens« – eben durch ihr Richten gehören sie als Betende und Rettende in die Fegfeuerlehre und die ihr entsprechende christliche Praxis hinein. »J'espère en toi pour moi« – ich hoffe in dir für mich, hat Péguy einmal großartig gesagt (vgl. LThK V 422); gerade wenn es um das Ich geht, ist das Du als Hoffnung angerufen.

Man wird sagen müssen, daß dieser zweite Gedankenkreis noch wichtiger ist als der erste, der nach unseren Einsichten auf dem Bußgedanken beruht. Stellvertretende Liebe ist eine zentrale christliche Gegebenheit, und die Fegfeuerlehre sagt aus, daß es für diese Liebe die Todesgrenze nicht gibt. Die Möglichkeiten des Helfens und des Schenkens erlöschen für den Christen mit dem Tod nicht, sondern umgreifen die ganze Communio sanctorum diesseits und jenseits der Todesschwelle. Möglichkeit und Auftrag zu solcher Liebe über die Gräber hinweg sind sogar das eigentliche Urdatum dieses Überlieferungsbereichs, das in 2 Makk 12,42–45 (vielleicht schon in Sirach 7,33) einen ersten klaren Ausdruck findet; dieses Grunddatum ist auch zwischen West und Ost stets unstrittig geblieben und (gewiß angesichts einer zum Teil bedenklich verformten Praxis) erst von den reformatorischen Bekenntnissen in Frage gezogen worden. Vielleicht sollte hier, mindestens zwischen Ost und West, auch der Weg der Ökumene in unserer Frage liegen: Die Praxis des Beten-könnens und -sollens ist das eigentlich Primäre; wie ihre jenseitige Entsprechung ausgelegt wird, müßte wohl in einer Kircheneinigung nicht zwingend einheitlich fixiert werden, auch wenn Gehalt und Gründe der westlichen Lehre, wie gezeigt wurde, in ältester Überlieferung und in zentralen Motiven des Glaubens verankert sind.

III. Der Himmel

Mit dem Bildwort Himmel, das an die natürliche Symbolkraft des »Oben«, der Höhe anknüpft, benennt die christliche Überlieferung die endgültige Erfüllung der menschlichen Existenz durch die erfüllte Liebe, auf die der Glaube zugeht. Solche Erfüllung ist für den Christen nicht bloße Zukunftsmusik, sondern die reine Darstellung dessen, was in der Begegnung mit Christus geschieht und in ihr grundlegend, seinen Wesenskomponenten nach, schon gegenwärtig ist. Nach dem »Himmel« fragen, heißt daher nicht, in schwärmerische Phantasie abgleiten, sondern jene verborgene Gegenwart tiefer erkennen, die uns wahrhaft leben läßt und die wir uns doch immer wieder durch das Vordergründige verdecken und entziehen lassen.

Himmel ist folglich zunächst christologisch bestimmt. Er ist nicht ein geschichtsloser Ort, »in den« man kommt; daß es »Himmel« gibt, beruht darauf, daß Jesus Christus als Gott Mensch ist, dem menschlichen Sein einen Ort im Sein Gottes selbst gegeben hat (vgl. Rahner, Schriften II 221). Der Mensch ist im Himmel dann und in dem Maß, in dem er bei Christus ist, womit er den Ort seines Seins als Mensch im Sein Gottes findet. So ist Himmel primär eine personale Wirklichkeit, die auf immer von ihrem geschichtlichen Ursprung im österlichen Geheimnis von Tod und Auferstehung geprägt bleibt. Aus dieser christologischen Mitte lassen sich alle weiteren, von der Überlieferung benannten Komponenten des »Himmels« ableiten. Zunächst folgt aus der christologischen eine theo-logische Aussage: Der verklärte Christus steht in der immerwährenden Selbstübergabe an den Vater – er *ist* diese Selbstübergabe; das österliche Opfer ist in ihm bleibende Gegenwart. Himmel als Einswerden mit Christus hat somit den Charakter der Anbetung; in ihm ist der vordeutende Sinn jedes Kultes erfüllt: Christus ist der endzeitliche Tempel (Joh 2,19), der Himmel das neue Jerusalem, die Kultstätte Gottes. Der Bewegung der mit Christus vereinten Menschheit auf den Vater hin antwortet die Gegenbewegung der Liebe Gottes, die sich dem Menschen schenkt. So schließt der Kult in seiner himmlischen Vollendungsform die trennungslose Unmittelbarkeit von Gott und Mensch ein, die von der theologischen Überlieferung als Anschauung Gottes bezeichnet wird. Die zwischen Thomisten und Skotisten umstrittene Frage, ob dieser Grundakt besser als Anschauung Gottes oder als Liebe zu bezeichnen ist, hängt vom anthropologischen Ansatz ab; im letzten geht es immer um das eine – die reine Durchdringung des ganzen Menschen von der Fülle Gottes und seine reine Offenheit, die Gott »alles in allem« und so ihn selbst grenzenlos erfüllt sein läßt.

Die christologische Aussage schließt aber auch ein ekklesiologisches Moment ein: Wenn Himmel auf dem Insein in Christus gründet, dann schließt er das Mitsein all derer ein, die zusammen den einen Leib Christi bilden. Der Himmel kennt keine Isolierung; er ist die offene Gemeinschaft der Heiligen und so auch die Erfüllung alles menschlichen Miteinander, die nicht Konkurrenz zu, sondern Konsequenz aus dem reinen Geöffnetsein für Gottes Angesicht ist. Auf solchem Wissen beruht die christliche Heiligenverehrung, die nicht eine mythische Allwissenheit der Heiligen unterstellt, sondern einfach die trennungslose Offenheit des ganzen Leibes Christi aufeinander hin und die durch nichts begrenzte Nähe der Liebe voraussetzt, die im anderen Gott und in Gott den anderen zu erreichen sicher ist. So ergibt sich auch eine anthropologische Komponente: Die Einschmelzung des Ich in den Leib Christi, seine Brauchbarmachung für den Herrn und füreinander ist nicht eine Auflösung des Ich, sondern seine Reinigung, die zugleich seine höchsten Möglichkeiten erfüllt. Deshalb ist der Himmel nun doch auch wieder für jeden individuell – jeder sieht Gott auf seine Weise, jeder empfängt die Liebe des Ganzen in seiner unvertauschbaren Einzigkeit: »Dem Sieger werde ich von dem verborgenen Manna geben, und ich werde ihm einen weißen Stein geben, und auf dem Stein ist ein neuer Name geschrieben, den nur der kennt, der ihn empfängt« (Offb 2,17 b). Von da aus ist zu verstehen, daß der Himmel im Neuen Testament (wie in der ganzen Überlieferung) einerseits »Lohn« heißt – das will sagen Antwort auf *diesen* Weg, auf *dieses* Leben, auf *diesen* Menschen mit seinem Tun und seinen Erleidnissen, daß er aber zugleich doch ganz Gnade geschenkter Liebe ist. Die Scholastik hat diese Einsichten weiter systematisiert; sie spricht (in Aufnahme zum Teil sehr alter Überlieferungen) von einer besonderen »Krone« für Martyrer, Jungfrauen und Lehrer. Mit solchen Aussagen sind wir heute vorsichtiger geworden; es genügt, zu wissen, daß Gott jeden auf seine Weise und jeden ganz erfüllt. Was aus solchen Überlegungen folgen mag, kann also nicht die Privilegierung dieses oder jenes Weges sein, sondern der Auftrag, das Gefäß des eigenen Lebens zu weiten, und dies wieder nicht, um sozusagen für sich selbst einen möglichst großen Vorrat an jenseitigem Reichtum sicherzustellen, sondern um mehr austeilen zu können, denn in der Communio des Leibes Christi kann Besitz nur im Geben, Reichtum der Erfüllung nur im Weiterschenken sein.

Die kosmische Dimension der christologischen Aussage hat uns in früheren Überlegungen schon eingehend beschäftigt. Die »Erhöhung« Christi, d. h. das Hineintreten seines Menschseins in den trinitarischen Gott durch die Auferstehung, bedeutet ja nicht sein Weggehen aus der Welt, sondern eine neue Weise der Anwesenheit in ihr: Die Existenzweise des Auferstandenen ist in der Bildsprache der alten Symbole das »Sitzen zur Rechten des Vaters«, d. h. die Teilhabe an der königlichen Macht Gottes über die Geschichte, die auch in der Verborgenheit wirklich ist. So ist der erhöhte Christus nicht »entweltlicht«, sondern weltüberlegen und darin auf die Welt bezogen. »Himmel« bedeutet Teilhabe an dieser Existenzform Christi und so wiederum Vollendung dessen, was mit der Taufe beginnt. Der Himmel kann deshalb nicht räumlich bestimmt werden, weder außerhalb noch innerhalb unseres Raumgefüges, aber er kann auch nicht einfach als »Zustand« vom Zusammenhang des Kosmos abgelöst werden. Vielmehr bedeutet er jene Weltmächtigkeit, die dem neuen »Raum« des Leibes Christi – der Communio der Heiligen – zukommt. So ist Himmel nicht räumlich, sondern essentiell »oben«. Von da aus ist Recht und Grenze der überlieferten Bildwörter zu bestimmen: Sie bleiben wahr, wenn sie die Überlegenheit, die Freiheit von den Zwängen der Welt und die weltbezogene Macht der Liebe darstellen. Sie werden falsch, wenn sie den »Himmel« gänzlich aus der Welt ausgrenzen oder ihn auf irgendeine Art, als oberstes Stockwerk etwa, in sie eingrenzen. Die Schrift hat demgemäß nie eine Alleinherrschaft eines einzigen Bildes geduldet, sondern in einer Vielfalt von Bildern die Perspektive aufs Unsagbare hin offengehalten und vor allem durch die Ankündigung eines *neuen* Himmels und einer neuen *Erde* deutlich gemacht, daß die gesamte Schöpfung dazu bestimmt ist, Gefäß göttlicher Herrlichkeit zu werden. Die ganze geschaffene Wirklichkeit wird in die Seligkeit einbezogen; Gottes Geschöpf Welt ist – wie die Scholastiker sagen – ein »akzidentelles« Stück der endgültigen Freude der Geretteten.

Himmel ist als solcher »eschatologische« Wirklichkeit, das Aufgehen des Endgültigen und Ganz-anderen. Von der Endgültigkeit der unwiderruflichen und unteilbaren Liebe Gottes rührt seine eigene Endgültigkeit her; aus der Offenheit der sich noch erfüllenden Geschichte des Leibes Christi wie der ganzen Schöpfung kommt seine Offenheit auf das volle Eschaton hin. Der Himmel wird erst dann ganz erfüllt sein, wenn alle Glieder des Herrenleibes versammelt sind. Dieses Vollsein des Christusleibes schließt, wie wir hörten, die »Auferstehung des Fleisches« mit ein; es heißt »Parusie«, sofern damit die bislang bloß begonnene Anwesenheit Christi vollendet ist, alle zu Rettenden und mit ihnen das All umfaßt. So kennt der Himmel zwei geschichtliche Stadien: Die Erhöhung des Herrn gründet das neue Einssein von Gott und Mensch und damit den »Himmel«; die Vollendung des Herrenleibes zum »Pleroma« des »ganzen Christus« vollendet ihn zu seiner realen kosmischen Ganzheit. Das Heil des einzelnen, sagen wir es zum Abschluß noch einmal, ist erst ganz und voll, wenn das Heil des Alls und aller Erwählten vollzogen ist, die ja nicht einfach nebeneinander *im* Himmel, sondern miteinander als der eine Christus *der* Himmel sind. Dann wird die ganze Schöpfung »Gesang« sein, selbstvergessene Gebärde der Entschränkung des Seins ins Ganze hinein und zugleich Eintreten des Ganzen ins Eigene, Freude, in der alles Fragen aufgelöst und erfüllt ist.

NAMENREGISTER
(ausgenommen biblische Namen)

SACHREGISTER

STELLENREGISTER

Altes Testament

Neues Testament

Mattäus

Markus

Lukas

VERGLEICHSTABELLE
Denzinger-Schönmetzer zu Neuner-Roos, 8. Auflage

DS	NR⁸	DS	NR⁸
2	–	684	–
5	–	801	896, 919
10–64	(911–914)	856–858	926
72	–	902	329
76	916	1000	901, 902, 903
150	250	1002	905
325	–	1304	–
411	891	1351	381
540	892–894	1580	848
		1820	907, 908

Johann Auer — Joseph Ratzinger

KLEINE KATHOLISCHE DOGMATIK

Gliederung des Gesamtwerkes:

I *Johann Auer* Einführung in die dogmatische Theologie

II *Johann Auer* Gott der Eine und Dreieine
In Vorbereitung

III *Johann Auer* Die Welt — Gottes Schöpfung
Erschienen

IV *Johann Auer — Joseph Ratzinger* Das Mysterium Christi

V *Johann Auer* Das Evangelium der Gnade
Erschienen

VI *Johann Auer* Das Mysterium der Eucharistie
Erschienen

VII *Johann Auer* Die Sakramente der Kirche
Erschienen

VIII *Johann Auer* Kirche
In Vorbereitung

IX *Joseph Ratzinger* Eschatologie — Tod und ewiges Leben
Erschienen